U0145548

多層次模型分析導論

ta Kreft 、Jan De Leeuw 著　　邱皓政 譯

TRODUCING MULTILEVEL MODELING

五南圖書出版公司 印行

Introducing Multilevel Modeling

Ita Kreft, Jan de Leeuw

原序

這一本書是寫給社會科學領域中，沒有很深的統計與線性代數基礎，但是對於傳統的線性模型，例如 ANOVA 與迴歸有相當認識的研究者或學生。

本書主要是以隨機係數模型來處理多層次模型，這種模型具有固定變數與隨機係數。第一章介紹了這個模型的基本概念與專有名詞，並利用一些研究範例來說明他的使用時機。第四章則以 NELS88（National Education Longitudinal Study of 1988; 詳細的編碼請見附錄）的實際資料來進行分析與解釋的示範。對於這個資料庫，讀者可以從下列網站得到（ftp://ftp.stat.ucla.edu/pub/faculty/deleeuw/sagebook）[1]。本書所使用的軟體是由英國倫敦大學教育學院研究人員所發展的 MLn，可以處理層次的資料。本書的實作部分，我們會以 MLn 的符號和語法來轉換各種不同模型的方程式。在書中，MLn 的語法是放在方框當中，隨著模型的變化，列出語法的變化，這些語法非常容易理解與閱讀，讀者並不需要花費太多力氣去記憶指令和符號，我們會適時的加以說明。本書對於 MLn 的使用者來說非常的實用，但是本書的內容並不只限於 MLn 的使用者來閱讀。

本書與其他著作的不同，在於他是從研究者的角度出發，書中所引用的例子都是可能實際用來檢驗的模型，透過報表，可以看到一些重要的數據與資訊。從實務操作的角度來看，本書特別著重於問題的澄清與方法學素養的提升。對於隨機係數模型，我們也是採取保留與審慎的態度，尤其是傳統模型與多層次模型的適用性與使用時機問題，我們認爲其中有著一些兩權消長、各有優劣的空間。本書所提到的多層次巢套資料一些分析流程與替代作法，都是基於我們在教學與研究過程當中的經驗。以及我們在多層次模型的網路社群當中所討論的心得，如果讀者有

譯註：

[1] 該連結已不復提供資料檔，經與作者聯繫，新連結爲http://gifi.stat.ucla.edu/sagebook，讀者可自行下載資料庫，轉換成所熟悉的資料格式來進行演練。

興趣參與討論社群，可以寄發電子郵件到 mailbase@mailbase.ac.uk，主旨爲 "join multilevel your name"。

最後，我們要感謝 UCLA 的 Mahtash Esfandiary 與荷蘭萊頓大學 University of Leiden 的 Rien van der Leeden 對於本書部分章節的審閱，他們的意見提高了本書的可讀性。

作者的提醒

由於本書的目的在介紹統計方法，讀者必須瞭解背後的一些限制，只有在一些前提要件滿足的情況下，本書的目的才可能達成。

第一個條件是讀者必須瞭解，此一方法跟其他方法一樣，所能夠提供的答案跟資料的本質與蒐集的方法有關，對於複雜的人類世界而言，統計方法不可能是完美的工具。

第二個條件是讀者必須瞭解，多層次分析是另一種用來找到資料背後的結構，進而能瞥見真相的策略。就像其他的策略一樣，有時候可能會不管用。

第三個條件是讀者必須瞭解，本書所介紹的多層次模型是基於某些假設成立的情況下，如果這些假設不成立，或許還是可以進行多層次分析，但是標準誤、顯著性考驗等一些統計程序都可能會有問題，當然諸如斜率爲隨機的這種假設，可以藉由樣本資料來進行確認，但是如果研究結論是斜率爲非隨機，並不意味著這個假設一定是錯誤的，很可能只是在某一個樣本上得到這種的結果。可能真相是支持這個假設的，只是統計方法無法證明他而已。

第四個條件是多層次模型的使用者必須瞭解，統計模型是一種數學的模型，如果統計模型所建構出來的資料近似於作者所假設的狀況，那麼研究結論符合真相的機會會較大。事實上，由於研究者所探討的問題的複雜性，統計模型的提出往往偏離真相。複雜的模型雖然可以模擬真相，但是由於過於複雜，卻削弱了統計方法的效用。如何整理、分析複雜的資料不是一蹴可幾的工作，複雜的統計模型尤其難以解釋，而且不容易重複觀測到相同的結論。複雜的模型先天上就會對於微小的變化非常敏感，造成參數估計因爲小小的變動而有很大的不穩定性。

第五個也是最後一個條件是，多層次模型的使用者必須瞭解，這種統計工具之所以有效，是因爲資料具有多層次的結構，或是因爲理論背景支持使用這種分析，或是因爲我們對於資料本身有相當的瞭解。因此，在進行多層次分析之前，有必要對於資料進行先期的探索檢驗。

多層次模型這種複雜的統計模型或許是符合真實現象的模型，但是在資料探索的階段我們並不建議使用，我們也不建議使用過於複雜的模型，例如帶有許多解釋變數的模型，或是帶有複雜的跨層級交互作用的模型。

本書當中，都是以小模型來進行示範，變數的選擇都是具有理論基礎，對於資料的性質也有充分的掌握。

譯序

Kreft 與 de Leeuw 的這本書，是一本十分有趣且內容豐富的小書。今年初過春節的時候，閒來把他翻了一遍，發現他們能夠在不到 140 頁中，把多層次模型分析的概念、操作與解釋，乃至於一些重要的議題，不拖泥帶水的交代清楚，十分佩服，因此決意把他譯成中文書，讓國內研究者與學生可以很快的進入多層次模型的世界。

唯一遺憾的是，我自己以及諸位同事在分析多層次模型時，多使用美國 SSI（Scientific Software International）的 HLM6 軟體，但是 Kreft 與 de Leeuw 是以英國倫敦大學發展的 MLn 爲主，因此在閱讀範例與數據時覺得格格不入。爲了兼顧翻譯的信達雅，以及個人的偏好，並考量市場上 HLM6 的高度佔有率以及未來的普及趨勢，原文中有關 MLn 的介紹、運用與結果雖都完全保留下來，但是我另外以 HLM6 軟體重新把作者所提出的絕大部分模型進行分析，分析的步驟與結果，列在第二、三、四章的最後，有部分模型並不是多層次模型，我則以 SPSS13 來處理。有興趣的讀者可以按圖索驥，利用本書所附的資料庫進行演練，將會事半功倍。此外，本書列舉了很多網路連結與文獻，如果想要深入瞭解階層線性模式（Hierarchical Linear Modeling）或其他多層次模型的讀者，可以自行搜尋有關的資訊，相信會有豐碩的收穫。

本書的翻譯並不困難，最大的收穫是我個人從中的學習與體驗。雖然我很早就處理過多層次資料分析的問題，也在課堂上教授這些高等統計的應用，但是總是點到爲止，並沒有機會好好深入瞭解這門學問。或許可以歸咎於分析工具普及與便利性不高，但是最大的障礙是「隔行如隔山」的學門隔閡，如果不是身在量化方法與計量領域的有利位置，我還真沒有機會一探多層次模型分析的究竟，尤其是要把這些東西寫給別人來看時，要求徹底瞭解的壓力就更明確了，有趣的是，翻譯這本書，原本是想把這種新興的技術介紹給更多的朋友，到最後受惠最大的卻是我自己。

如同過去一樣，這本書的完成，還是要感謝家人的支持與身邊一些朋友的鼎力相助，像溫福星老師與林碧芳老師費心的校閱修訂，他們的協助讓本書的可看性與正確性提高了不少。

譯完這本書的最大心得是，我們真的是活在一個知識爆炸的時代。科技發展的腳步實在驚人，新知識、新科技、新想法不斷提出，令人目不暇給，如果自己一直停留在自己舒適的空間，真是會有生於憂患死於安樂的遺憾。就像我們「台灣統計方法學學會」的好朋友們一起努力探討結構方程模式（Structural Equation Modeling）的正確運用的同時，階層線性模式又在學術圈快速燎原。很感動的是學會的伙伴們十分能夠理解這個發展趨勢，大家在 SEM 的探究之外，又「分案」開啓了另一個有關 HLM 的探索空間。除了我以外，近期內還會有其他的 HLM 相關著作推出，例如東吳大學國貿系的溫福星教授將會有一本 HLM 的專書出版。我們看好 HLM 的一個主要原因，是因爲 HLM 的方法論與技術取向，在社會科學研究中，佔有相當重要的地位。甚至可以用「相見恨晚」來描述我們的心情。

爲什麼說相見恨晚，因爲我們早就應該使用 HLM 技術來處理多層次的資料分析了。社會科學的量化研究，除了實驗方法之外，多是以問卷、量表蒐集眾人們的意見與經驗，樣本的取得很難做到隨機，因此一群群、一落落的受測者，就可能因爲具有組內的同質性，必須利用階層化分析技術來處理組內相關（ICC）的問題。我實在很難想像，如果不用多層次模型分析就會得到扭曲的結果的話，那麼我們過去幾十年來所從事的各種組織、教育、社會、心理學等等的社會科學研究，究竟產生了什麼知識與發現。這早已超越型一錯誤或型二錯誤的決策觀，這實實在在的是一個嚴肅的方法學問題。無法迴避，只能面對。

相見恨晚不要緊，怕的是再次擦身而過，那就會是永遠的遺憾了。

邱皓政
2006 年春謹識於
輔仁大學心理學系
心理計量實驗室

目　　錄

■第 4 章 範例分析 Analysis

■第 5 章 多層次分析的重要議題 Frequently Asked Questions

第 1 章

概説 *Introduction*

◆◆◆◆◆◆◆◆◆◆◆◆◆◆◆◆◆◆◆◆◆◆◆◆◆◆◆◆◆◆◆◆◆

1.1 緒論

本章的目的在簡介多層次模型的發展歷史、使用時機、以及軟體的應用。有關應用的部分，本章將從幾個不同領域的研究實例來說明。針對階層性巢套資料分析的一些概念與名詞也將在本章介紹。最後，則對多層次模型的歷史進行簡要回顧，並以幾種軟體的介紹作為結語。

1.1.1 階層、總體與個體

階層資料結構（hierarchical data structure）在社會與行為科學領域非常常見。如果個體身處於不同的組（團體），此時有些變數與個體有關，有些變數則與團體有關。例如在學校所蒐集的學生資料，可能包含一些用來描述學生特徵的變數，如社經地位、對於寫作業的態度、性別、種族背景；此外，另外則有一些變數則在描述學校，例如公私立別或學校類型。**學校效能**（school effectiveness）的研究者在進行他們的研究時，同時會蒐集這個種層次的資料，藉以瞭解學生個體層次與學校整體層次對於學習成就的影響。這種在學校所從事的研究的例子以及其他許多類似的狀況，說明了我們需要一種可以同時處理多層次測量資料的各層次數據的技術。

多層次模型被設計用來分析階層結構的資料。在進入詳細的介紹之前，我們先將「階層」一詞加以介紹。所謂**階層**（hierarchy）係由較低層次觀察資料**巢套**（nested）[1]在較高層次之內的這種資料結構所組成。例如學生巢套在學校之內、員工巢套在公司之內、重複測量巢

譯註

[1] nested 除了被譯成巢套以外，亦可被翻譯成內屬、嵌套、內嵌等。在本書當中，這幾個翻譯可互換使用。

套在個體之內。最低層次的測量稱為**個體層次**（micro level），其他高層次的測量則屬**總體層次**（macro level）。總體層次通常係由不同的**組別**（groups）構成，更正式的說法是不同的**脈絡**（contexts）。因此所謂**脈絡模型**（contextual models）一詞是指兼具個體與總體層次數據的模型。脈絡模型有時僅有兩個層次，例如學生（個體層次）巢套於學校（總體層次）之內，亦有可能超過兩個層次，例如學生巢套於班級，而班級則巢套在學校之內。當然研究者可以想到更多的層級，例如學生巢套於班級、學校、州別、國家地區等等。一旦能夠理解階層的特性，我們可以發現它幾乎無所不在。

1.1.2 多層次模型

如果一個模型包含了不同層次的測量變數，稱為**多層次模型**（multilevel model）。在多層次模型中，各脈絡可估計出一條低層次的個別直線方程式。在這條迴歸線中，通常各脈絡都有相同的**解釋變數**（explanatory variables）[2]與**結果**（outcome）[3]，但是有不同的迴歸係數。這些個別迴歸方程式被一個高層次模型所聯結，在高層次模型中，第一層次的迴歸係數可被第二層次的解釋變數所解釋。

用來聯結這些個別迴歸方程式的高階模型的特性，決定了整個模型對於資料分析的方式。在實務上有多種處理方式，最開始的起點是沒有高層模式來整合個別方程式的模式，此時每一個脈絡各擁有一個迴歸方程式。雖然這是很自然應該為之的作法，但是從統計的觀點來看，此一作法並沒有任何新意。

譯註

[2] 解釋變數（explanatory variable）即為自變數（independent variable），在迴歸分析又稱為預測變數（predictor or predictive variable）。

[3] 結果（outcome）即為依變數（dependent variable），在本書多以反應變數（response variable）稱呼之，有時則稱為結果變數（outcome variable）。

進一步的，將第一階層各脈絡的迴歸係數做爲第二階層的**反應變數**（response variable），稱爲「**斜率結果**」（slope-as-outcome）分析（Burstein, et al., 1978）。從統計的觀點來看，在各組內與各組間所進行的迴歸分析彼此並無關聯。他們仍是個別進行的分析。不論是未經聯結或已被高層模式聯結的分析，迴歸係數都是固定數值（fixed），而非隨機變動（random）。如果一個模型利用了全部資料進行分析，被稱爲**變動係數模型**（varying coefficient model），此種模型的分析方法即如其名，是把每一個組分開進行估計，因此每一組擁有各自的一組迴歸係數。

每一個組進行個別迴歸分析之後，再以高層解釋變數來解釋第一層係數的這種說法，尚不足以說明多層次模型的內涵。基本上，多層次模型的基本特性是將研究者所關心的特定層次的資料，以不同的模型透過統計的整合來加以分析。

最簡單的整合模型是**隨機係數模型**（random coefficient model），這種模型中，第一層的迴歸係數在第二層被以隨機變數來處理，這意味著第一層迴歸係數是從某個機率分配取樣而得，此一分配最重要的參數：平均數與變異數，可從多層次模型中估計得出的參數所獲得。一般來說，在隨機係數模型中加入第二階層的解釋變數是一般通則性的作法，也是非常有用的策略，因此一般被通稱爲多層次模型。

在本書中，對於組（groups）與脈絡（contexts）視爲同義詞而交互使用，指階層資料當中第二層（或較高層）的分析單位。爲避免混淆，本書所使用的組別概念有別於實驗心理學所慣用的實驗組與對照組的組別概念。本書所談的組別是自然形成的歸類結果，例如學校或公司。而脈絡則是指與組別相同的概念，而非涉及社會學所談到更廣義的概念。在以下的章節中，我們將以實際的例子來說明階層性巢套資料的形貌。

1.2 範例

在本節當中，我們將介紹一些在不同領域涉及階層巢套資料的實際範例。第一個例子是企業員工巢套在公司之內。研究發現指出，在不同階層所進行的不同層次分析所得到的結果不盡相同。在這個例子中，我們會討論到各脈絡的觀察值具有相依性。第二個例子則是學生巢套於學校的班級之內。其他的例子則爲不同領域的實際範例。

1.2.1 企業員工的薪資水準

第一個例子是 Kreft 等人（1995）所進行的研究。研究資料是從 12 個不同的公司所獲得，個體層次的解釋變數是教育水準，反應變數爲薪資收入。公司的類型，例如公營與民營，爲第二個階層解釋變數。對於員工層次的分析發現，教育水準與收入具有正向關係，教育水準較高者，薪資收入較高。以 12 個公司爲觀察對象的公司層次分析發現相反的結果：教育水準與薪資收入呈現負向關係，當一個公司的平均教育水準越高時，該公司員工的平均薪資收入越低。

在此例中，公司層次變數爲**聚合測量**（aggregated measurement），也就是以公司的平均教育水準爲解釋變數，反應變數是公司的平均薪資。分析結果顯示，不同層次的分析得到不同的結果。高層次聚合資料的分析結果與原先個體層次的結果不同的這種現象，在 Robinson（1950）的研究中即已發現，此種聚合偏誤現象稱爲 Robinson **效果**（Robinson effect）。前面的組織研究資料中，個體層次的分析發現教育水準對於收入有正向效果，但整體層次的分析發現負向效果，邏輯上來說，兩個層次的[教育水準]變項是在測量不同的東西，取決於分析的單位。此一結果顯示我們有必要將兩個層次的分析同時加以處理，因爲兩層次的結果都非常重要，而且彼此具有關聯。

此一範例顯示出階層巢套資料的一個重要特性，亦即同一個公司的員工比起其他公司的員工更為相像。公司內員工的同質性可以透過公司的特徵來反應，更具體來說可由**組內相關**（intra-class correlation）（註 1）來衡量。如果組內相關很高，團體內具有同質性，而且可能與其他團體的差異很大。此一現象也出現在本範例的結果中，亦即教育水準對於員工收入的解釋，在公營企業遠高於私人企業。一般而言，如果組內相關較低時。團體間僅有些微差異。如果組內相關低至近乎 0，則研究者所關心的變數無組間差異，換言之，同一組內的個體間差異，就像該組個體與其他組個體之間具有相同的差異程度。一個數值為 0 的組內相關意味著資料的叢集不影響研究變數關係，因此可以忽略組間的差異。如果組內相關存在，資料的巢狀結構就必須加以考量。忽略組內相關會導致結果的信度問題。但是組內相關必須具有統計的顯著性，並且有相當的強度，有關此點可參見 Cochran（1977）的詳細討論。

1.2.2 藥物濫用預防研究

第二個例子為藥物濫用防制研究（kreft, 1994）。在該藥物防制研究中，研究者所關心的是高中青少年藥物防制計劃是否有效。實驗處理是防制計劃，測量與分析的對象是學生。變數則依不同的階層，在學校/班級層次與學生層次有所不同。參與研究的學校是隨機抽樣得來，學生所屬的班級也可以被視為是從某一類特性的學校所隨機選擇的樣本。研究所測量的變項包括學生的風險因子，例如心理因素、學業成就、貧富高低等，在學校或班級層次的風險因子則包括一個學校藥物濫用的程度、鄰近區域藥物濫用的狀況。

有關藥物防制的文獻指出，個體風險因子與藥物防制計劃之間具有交互作用，而學校風險因子也與防制計劃具有交互作用。文獻中還可以看到許多有關脈絡與學生特性的假設效果。若以多層次分析術語來說，這些關係應稱之爲**跨層級交互作用**（cross-level interaction），因爲變項的關係橫跨學校與學生層次。可以預期的是，某些學生（例如高危險群學生）容易受到某種環境的刺激而使用藥物，但是在其他的環境下則可能減少他們使用藥物的機會。爲了檢驗這些研究假設，我們所需要的不僅是巢狀的資料結構，而且要能夠估計跨層級的交互作用。

1.2.3 學校效能研究

第三個例子是學校中老師的教學效能研究，在這個例子中，階層結構扮演重要的角色。研究所關心的對象是學校與老師，同時也包含了學生。研究者可能對於學生個人以外的因素，例如組織結構如何影響學生的學習成果感到興趣，研究者也可能關心老師的教學經驗、智能、教學風格等因素是否影響學生的學習。典型的例子是 Cronbach 與 Wenn（1975）、Burstein 等人（1978）與 Aitkin 與 Longford（1986）所做的研究。

如果以實驗方法來比喻，不同的老師或學校可以視爲一種實驗處理，此時**共變數分析**（analysis of covariance; ANCOVA）可以說是最常用的一種分析技術。但是應用 ANCOVA 在這個例子上可能出現一些問題，也是這個研究領域最重要的一個問題，亦即雖然研究者可以把脈絡差異放入模型加以考量，但是與脈絡有關的特殊變數無法被放入模型中來進行解釋。ANCOVA 所能回答的問題，是學校間是否具有差異，然而在學校效能研究中，這並不是最重要的問題。重要的是爲何這些學校會有不同？這已超過 ANCOVA 所能夠應付的情況。

在學校效能研究所問的問題，通常是何種老師的特性或學校的組織特性會影響學生的學習？對於某些學生，是否小型的學校會比大型學校更能提升學生能力？是否私立學校會比公立學校對全體學生較有好處？那麼私立學校爲什麼會比較好？學校的規模對於特定類型的學生，例如高危險群、不同性別的學生的影響爲何？如果一個研究所關心的是特定的環境（學校規模）對於特定學生（高風險學生、不同性別學生）的影響，則必須使用特殊的分析方法來回答。基於實驗方法所發展出來的 ANCOVA，最主要的一個問題是無法處理組內相關問題。在實驗設計中，受試者被隨機分配到不同組，各觀察值被假設是相互獨立。但是在真實世界的觀察資料中，同一個組的個體具有共同的經驗，導致相同脈絡的個體之間具有相依性，這個問題必須加以處理。

1.2.4 臨床治療研究

另一個與多層次分析有關的領域是臨床心理學，特別是對於團體治療研究的評估研究。在團體治療中，治療型態是由研究者控制的影響因子，但是團體動力則不是研究者所能夠控制的變因。對於個案以團體方式接受治療，此時每一個團體中的個案分配可以說是一種隨機選擇的程序，亦即接受團體治療的個案一開始可以被視爲是相互獨立的個體。但是隨著時間的經過，團體的狀態可能會有所改變。每一個團體內部的互動受到團體動力的影響，而團體動力則隨著時間產生無法預期的變化。

如果現在有指導式團體與非指導式兩種不同的治療方法，使用相同方式的治療團體可能會發展出不同的團體動力型態，尤其是非指導式的團體，所發展出來的團體動力更無法預期。基本上，每一個接受治療的個案的行爲，一方面反應了治療的效果，同時也受到該治療團體所發展出來的團體動力的影響。團體成員的互動將使每一個團體內的成員相似性高於其他團體的成員，因而使得團體成員之間不再是統計上的獨立。

如果我們使用傳統的方法來分析這種資料，顯而易見的會出現問題。傳統的方法是固定效果的 ANCOVA。前測是接受治療個案的心理功能，作爲共變項，後測分數則作爲反應變數。各治療團體巢套於治療方法之中（不是指導式，就是非指導式）。以 ANCOVA 來分析，會忽略了隨著時間逐漸發展出來的團體動力影響（組內相關）。導致參數估計值的誤差變異數被低估。各團體雖然巢套於治療方法，而且一開始各團體是相同的狀態，但是隨著時間的變化，發展出實驗者無法控制的團體動力，這是無法被傳統的 ANCOVA 模型所處理之處，也無法被視爲治療的效果來解釋，因此需要一種新的方法來處理這種組內觀察值的相依性。而各組在模型上的差異，透過總體層次的不同團體特徵（例如治療者的特性或團體動力）的影響，也必須由特殊的分析方法來處理。第 1.2.8 節我們將討論其中一種特殊狀況。

1.2.5 成長曲線分析

在階層資料分析中，分組並不一定是一群個體的集合的這種自然社會脈絡現象。個體也可能是總體層次的觀察單位，而不限定是個體層次的資料。如果今天所分析的資料是個體重複觀測的數據，研究者所測量的數據是巢套在個體之內，而且彼此之間具有相關。此時，組內相關所測量的是同一個個體後面的行爲與他自己先前的行爲之間的相似程度。有關於重複量數隨機係數模型分析的書可參考 Lindsey（1993）與 Diggle 等人（1994），但是在第 1.5 節所介紹的幾本討論多層次模型基本原理的書，多半都有專章介紹重複量數的資料分析。

在教育研究的例子中，如果學校的學生具有重複量數的測量，即形成了一個三階層的資料結構。重複量數是第一層，巢套於學生之中，成爲第二層，而學生則巢套於學校之中，成爲第三層。

在第五章中，我們可以看到多層次的技術可以非常容易地處理重複量數的成長曲線資料，包括了帶有遺漏値的不平衡性資料。雖然在社會科學領域多半重視的是橫斷面資料，但**成長曲線分析**（growth curve analysis）可以說是多層次技術最特別的一種應用。

1.2.6 地理資訊系統

有關空間統計學的應用越來越多，例如公民投票、選舉資料、調查研究通常會以地理因素來加以組織，但是直到最近，學術領域才發展出適當的分析工具來處理地理的資訊，而多層次技術即是其中一種可以用來處理地理資訊的技術。例如城鎮或個人可以巢套於地理區域中，因此組內相關可以用來反應同一地理區域內的空間**自我相關**（autocorrelation）。Cressie（1991）的著作非常詳盡清楚的整理了空間統計的分析方法，其中也包括了階層線性模型與克利金法（kriging）[4]之間的關係。

同樣的，多層次分析技術可以很容易的應用於**地理資訊系統**（geographical information systems）的空間分析工作。在此，我們引用 McMillan 與 Berliner(1994)的研究，該研究測量了愛荷華州的 3842 個農場的玉米產量，這些農場位於 88 個郡，依其大小區分為三種不同規模。McMillan 與 Berliner（1994）的研究基本上是變異數成分模型，農場是隨機成分，88 個郡也是隨機成分。各郡的共變數矩陣可以利用馬可夫隨機場技術（Markov random field techniques）來處理。本書所介紹的其他型式的多層次技術也可以作為替代模型。也就是說，88 個郡的特徵作為第二層解釋變數，來解釋 88 條以農場為分析單位的迴歸方程式的迴歸係數。不同郡的相鄰農場並沒有空間相關，同一個郡的農場則有空間相關。

譯註：

[4] 克利金法（Kriging）是一種由地理統計學為基礎所發展用來推估未知參數的內差方法，為最小均方根差方法的應用之一，可以利用不規則的資料值內插成規則網格點上的資料值。在實際應用上常做為繪製空間等值曲線（等高線、等水位線）的方式。

1.2.7 統合分析

在**統合分析**（meta-abalysis）[5]中，不同研究的結果被整合在一起再加以研究，每一個研究會產生一個效果量或差異量的估計值，可被拿來分析。在統合研究中，通常個別觀察者的資料不會再被拿來分析，個別資料不是不可考了就是被忽略了。統合研究的數據型態是百分比、平均數或相關係數的資料。對於這些資料，我們仍然可以利用多層次分析技術，因爲研究者所蒐集的各個獨立的研究或文獻，可以被適當的歸類。雖然個別的資料已不存在，但是文中仍可找到估計標準誤的訊息。這些標準誤的資料就宛如是多層次分析的第一層估計後的結果。第二層次的分析就是研究與文獻的統合分析的部分。詳細的細節可以參考 Bryk 與 Raudenbush（1992）的著作。

1.2.8 雙生子與家庭研究

這個例子與前面的各範例的不同，在於組的規模非常小。在**雙生子研究**（twin study）中，我們可能蒐集了許多的樣本數爲 2 的雙胞胎資料，這麼多組的雙胞胎，每一組的規模都很小。在各組之內，由於只有兩個觀察值，因此無法估計各自的模型，此時統計的穩定性來自於數目較大的組數。

在心理與教育領域，長期以來有著 IQ 受先天或後天影響的辯論。此一爭議有關於 IQ 爲先天遺傳決定還是後天環境影響的結果。若我們蒐集到同卵雙生與異卵雙生的雙胞胎資料，如果 IQ 是基因遺傳所決定，同卵雙生的組內相關應該很高，而與異卵雙生的組內相關應有所差異。但若以一般的理解來看，IQ 的遺傳影響力應該是相當

譯註：

[5] 統合分析（meta analysis）又可譯爲後設分析。

的。由此類研究可知，雖然有時我們的資料庫的組內樣本規模很小，但是有很高的組內相關。在多層次分析中，我們可以利用不同的解釋變數來分別解釋個體層次的觀察值與配對資料（總體層次）。

在社會與行爲科學，另一種類似的研究是配偶資料的研究。在有關配偶的研究中，每一組的觀察單位也是兩個個體，形成一對夫妻。所不同的是在雙胞胎研究中，不分哪一個個體爲 A 或 B，兩個人可以互換，但是在配偶的研究，一個爲夫，另一個爲妻，組內資料的對稱性低於雙生子研究，但是卻是符合社會真實狀況的資料型態。

1.3 綜述與定義

在前面的章節當中，已經介紹了一些階層結構資料分析的重要名詞與概念。爲了便於後續章節的說明，以下我們將針對脈絡模型、組內相關、隨機與固定係數、縮動、預測、與跨層級相關幾個重要名詞加以定義說明。

1.3.1 脈絡模型

傳統上，脈絡模型被定義成包含有兩類變數的模型：個體層次變數與**聚合脈絡變數**（aggregated context variables），例如團體平均數或中位數。當我們蒐集到學生的資料，而學生巢套在學校之內，學生的學業成就可以被社經地位（SES）所預測，同時也被各學生所屬的學校的社經地位平均數所預測。此時 SES 變數被使用了兩次，第一次是個別學生層次變數，另一次是整合後的學校特徵。在文獻中，迴歸分析中若包含此種聚合脈絡變數稱爲脈絡模型（Duncan et al., 1966）。

本書對於脈絡模型的概念，擴大了傳統的觀點。脈絡模型是指在任何一種線性迴歸模型中，若包含了低層次變數與高階層變數，而高層次變數則可能是整合後的脈絡變數，也可能是其他類型的整體特徵的測量結果。**總體特徵**（global characteristics）被定義成對於脈絡特性直接加以測量所得的變數（參見 Lazarsfeld & Menzel, 1969），而不是從個體層次測量得到的變數所整合得出。任何具有個體變數與脈絡層次特徵的迴歸模型，在本書中均視爲脈絡模型。基於此一定義，帶有高層次變數的隨機係數模型也是一種脈絡模型。

1.3.2 組內相關

有關**組內相關**（intra-class correlation; ICC）的概念，我們以學校效能研究的範例來說明。當學生巢套在學校之內，學生與學校都可能是研究者所關心的對象。基本上，在同一個時間與空間所蒐集的觀測資料會較相似，在不同時間與空間所蒐集的觀測資料則較有差異，因此，基於生活經驗與環境的相似性，同一個學校的學生會較相似，不同學校的學生的狀況則較不同。相同脈絡的共同性導致了觀察資料的相依性。

組內相關即是組內的個體間相依程度的測量。當個體間因爲時間與空間因素導致有較高的相同經驗與共通性時，彼此的相似性提高，當相似性高到了某個程度時，每一個人甚至可以說是完全相似的複製品。最高的相似性通常發生在當兩個個體是雙胞胎，或是在同一個家庭中成長的小孩。另一個常見的高度組內相關的例子是同一個個體的重複測量。

檢驗資料中是否具有高度的組內相關是一件重要的工作，因爲組內相關會影響傳統線性迴歸模型的誤差變異數。誤差變異數代表了所有遺漏的解釋變數與測量誤差的影響，而且這些誤差具有相互獨立之基本假設。在傳統的線性模型，解釋變數的遺漏被假設爲一種隨機、非結構性的現象。但是當資料具有叢集結構的特性時，此一假設是受到威脅的。例如，在學校效能的研究中，學校氣氛或同儕壓力可能是一個沒有被測量到但具有結構性影響的變數。同一個學校或班級的學生的誤差項共變數，即會以組內相關係數的型態浮現。

組內相關一般以 ρ 表示，可以以幾種方式來解釋。前面是以相同的時空下，個體所共同經驗的程度來界定，此時可以被稱爲團體**同質性**（homogeneity）指標。組內相關更正式的定義，是指當資料具有兩個層級的結構時，高層次觀察單位之間的變異數（組間變異數）佔結果變數變異數的比例。不論從哪一個方法來界定，組內相關所反應的都是組內（或脈絡內）相依性的存在，這意味著如果組內相關存在時，表示這一群個體是屬於一個叢集，此時，傳統線性模型對於觀察值需爲獨立的假設即遭到違反。

在文獻上，當組內相關存在所造成上述假設違反的影響，會反應在型一錯誤率（alpha 水準）的增加。當組內相關存在時，30 個在同一個班級的學生已非 30 個獨立的個體。學生之間獨立性的流失，取決於班級內個體的相似性或是組內的同質性的高低。組內相關的強度決定了觀察值間真實存在的獨立性。由於顯著性考驗是以觀察值的獨立性爲基礎，當組內相關存在時，將造成傳統線性模型的顯著性考驗過於寬鬆（參見 Barcikowski, 1988）。Barcikowski 指出了在多數的 ANOVA 檢定中，參數估計的標準誤都是被低估的，一個很小的組內相關（假設 ρ =0.01），即可能造成型一錯誤率的實質擴大，如表 1.1 所示（表 1.1 是以 ANOVA 的情況來說明）。對於一個大樣本（N=100），ρ =0.01 的低度組內相關即會使型一錯誤率由 0.05 提高到 0.17；對於一個小樣本（N=10），ρ =0.20 的組內相關會使觀察到的型一錯誤率提高到 0.28，而非原本假定的 0.05。一般來說，當一個大樣本具有低度的組內相關，與一個小樣本具有高度的組內相關，對於型一錯誤率的膨脹具有相同的影響力。然而，低度組內相關對於小樣本的型一錯誤率的影響雖然較小，但是隨著樣本數增大，對於型一錯誤率膨脹的負面影響程度便會擴大。

表 1.1 當組內相關存在時，α=0.05 的型一錯誤率的膨脹現象

	組內相關 ρ		
組樣本數 Ni	0.01	0.05	0.20
10	0.06	0.11	0.28
25	0.08	0.19	0.46
50	0.11	0.30	0.59
100	0.17	0.43	0.70

表中的數值爲觀察到的 alpha 水準；Ni 爲組內的觀察值數目。

組內相關對於型一錯誤率的影響程度，類似於傳統相關係數的特性：低度的相關係數在小樣本不顯著，但是在大樣本會顯著。有關於這些議題的討論，可以參考 Barcikowski（1981）與 Cochran（1977）的著作。

1.3.3 固定與隨機係數

一般人對於「隨機」（random）與「固定」（fixed）兩個名詞有諸多混淆之處。在線性模型當中，這兩個名詞有三種不同的說法：隨機與固定效果、隨機與固定變數、隨機與固定係數。

固定與隨機效果的概念普遍應用在實驗研究當中，涉及實驗處理與實驗組的設定，這些資料多以變異數分析（ANOVA）來分析。A 因子若爲不同的實驗處理，當研究者所關心的每一種可能的實驗狀況都被包含在 A 因子中時，A 因子被稱爲**固定效果**（fixed effect）。**隨機效果**（random effect）則是指當 A 因子中的各個實驗處理，是所有可能狀況的一個樣本。有關固定與隨機效果的經典論述，可參考 Scheffe（1956）與 Wilk & Kempthorne (1955)的文章。

例如，今天有一個精密控制的實驗室實驗研究，用來檢驗某一種藥物的藥效。實驗組是施以該藥，控制組則是給予安慰劑。實驗過程中，受試者的一些相關反應被蒐集作爲反應變數。很清楚的，這兩個實驗組形成了一個固定效果，因爲這個研究目的的本質僅涉及這兩種狀況。但是在真實環境中，以真實生活當中的分組狀態所進行的準實驗研究，固定實驗處理的假設幾乎無法完全符合。前面所舉出的學校效能研究的例子即說明了這個難題。不同型態的藥物濫用防治計畫的實驗研究，所使用的受試者爲真實的學校學生，也無法符合實驗室實驗隨機化的要求，各組的受試者並非完全相等，參與研究的各校實際上是從所有可能參加研究的學校當中的一個隨機樣本。藥物濫用防制計畫對於某個學校的影響理應被視爲隨機而非固定。因此實驗效果應爲隨機效果而非固定效果。

固定效果與隨機效果的區分是非常重要的，因爲所造成的推論結果，以及研究發現所能夠推論的範圍有別。例如，固定效果僅允許對於研究當中所發生的各種狀況的推論，「效果」的本身是被假設爲固定常數而無測量誤差。相對的，在隨機效果模型中，例如前面所提及的學校效能研究，推論的範圍可以擴及到參與實驗的學校以外。此時，研究者的目的是在學校母體的推論，而非實驗當中的學校。實驗的效果並不假設爲常數，而是具有些微差異，或帶有抽樣誤差的測量。這是因爲被選擇的學校是抽樣得來所導致的結果，我們所欲推論的是母體的本身。我們可以預期若以另一組樣本重複研究，得到的結果多多少少會有差異。

相同的，常數與隨機兩個名詞在對一個變數的描述上也是有預設的定義方法，背後同樣也涉及了測量抽樣誤差的問題。對於一個變數來說，隨機化一詞與隨機係數模型當中的「隨機」是不同的概念。隨機係數模型假設變數是固定的。我們在這裡討論隨機變數一詞，目的在於區分隨機變數與隨機係數。

固定與隨機變數是統計理論上的概念。對於**隨機變數**（random variable）較鬆散的定義，是指一個變數的數值是來自於機率分配。因此，一個隨機變數會有一個期望值（亦即平均數）與變異數（可能是已知或未知）。一般來說，我們會假設隨機變數在測量時是帶有抽樣誤差，每一次測量都不一樣，IQ 的分數就是一個例子。一個人的智力可以在同一個情況下反覆多次測量，每一次都得出不同的數值。相對的，**固定變數**（fixed variable）表示一個變數的數值是已知的，是固定的數值。例如性別，每一次某一個人被測量他的性別時，我們假設相同的性別將會出現。傳統上的迴歸模型中的預測變數與變異數分析當中的**設計變數**（design variables）通常都被視為固定變數，表示該分析具有固定的設計。但是在線性結構關係的分析中，變數多都被視為是隨機的。以鬆散的定義來說，固定變數所關心的，是變數當中所出現的那幾個數值，隨機變數所關心的則是參數背後所存在的機率分配。在本書中，解釋變數皆假定為固定變數。

至於**固定係數**（fixed coefficient）與**隨機係數**（random coefficient）與線性模型的參數特性有關，是伴隨著隨機係數模型而來的新名詞。在傳統的迴歸模型中，迴歸線當中所估計的參數包括斜率與截距。傳統上，這些係數均被假設為固定數值而不會變動，係數數值是從觀察資料中所估計得出。而隨機係數是指係數的數值為機率函數分配的抽樣觀察值，一個機率分配即有其期望值與變異數。在多層次模型架構中，第一階層的迴歸模型係數被以隨機係數來處理。有時研究者的興趣在於這些參數的期望值，有時則是這些隨機係數的變異數，有時是兩者。

以斜率來說，斜率的隨機係數被區分為兩個部分：第一是整體斜率（overall slope）的數值，是從所有的個體所估計得出，無關乎這些個體屬於哪一個組。第二是斜率變異數（slope variance），表示每一個組的斜率與整體斜率有所差異的變動情形。在多層次模型，若為隨機係數模型，則允許各組從平均數處存在變異，不論是截距或斜率上的變異，進而可以估計變異情形。在本書中，我們將對於這些模型的各種變化加以詳細說明。

1.3.4 跨層級交互作用

跨層級交互作用（cross-level interaction）是指在階層結構資料中，不同層級變數對於反應變數的交互作用。例如學生與脈絡（學校）之間的交互作用，學生的特性如性別，脈絡的特性如老師對於性別的態度。在教育領域，Cronbach 與 Webb（1975）最早提到了跨層級的交互作用。

Cronbach 與 Webb（1975）的研究假設認為，一個有效能的教師並不是針對所有的學生的有效，而是針對某一種學生。如果某一種老師對於資優學生有較佳的效能，那麼意味著這些學生個人的性向與成就表現之間的關係，受到這種老師的強化影響。我們可以說這一種老師擁有菁英領導式（meritocratic）教學風格。另一方面，如果某種教師較為擅長指導學習遲緩的學生，那麼性向與學習成就之間的關係就可能被弱化，我們可以說這一種老師是一種平等主義式（egalitarian）的教學風格者。前面一種教師可能會強化高低成就學生之間的差距，後面一種教師則可能縮小之間的差距。在教育的文獻上，將這種效果稱為**性向與處理交互作用**（aptitude-treatment interaction; ATI）。此時學生屬於個體層次，老師是總體層次，老師與學生的交互作用即個體與總體的跨層級交互作用。

1.3.5 預測

對於一個迴歸模型，不論是固定係數或隨機係數，都具有**預測**（prediction）與**解釋**（description）的功能。預測可能是實際現象的預測，或是虛擬狀況的預測。如果是實際現象的預測，研究者可以從實際發生的狀況來檢驗預測效果的好壞。如果是虛擬的預測，研究者所假設的狀況無法藉由實證資料來檢驗。例如，研究者預測，在其他資料維持不變的情況下，父母的社經地位每增加一個單位，學生在 SAT 考試將會增加 40 分。很明顯的，此種研究者所構思出來的實驗研究無法在真實世界中驗證，也無法從資料的操弄來驗證假設預測的對錯。

迴歸模型也可以用來描述變項間的關係。我們可以計算出在特定社經地位水準的學生的 SAT 平均成績，此分數與社經地位分數之間的關係爲線性函數。更精確的來說，這些組內學生分數的變異歸因於迴歸（due to regression）。再一次的，如同「預測」一樣，我們可以看出這些「描述」基本上仍有其限制，無法藉由實驗程序來驗證。

統計的角色是在取代重複實驗的角色。背後的基本假設，是這些實驗若被重複一百次，每一次的結果會有些許的不同。更精確來說，在所有的 100 次觀察值中，有 95%不會超出真值的兩個標準誤以外。值得注意的是，這些理論上的「重複」仍是一種無法被實現的實驗。

在這個脈絡之下，多層次分析的目的是去得到更有效的預測，同時也在正確描述資料所呈現的關係。我們必須瞭解，多層次分析通常可以藉由引入額外的參數或變異數與共變數（第一層次觀察單位間的關係）成分，來改善對於變項關係的描述。然而，增加額外的參數必須付出代價，因爲迴歸係數的估計會失去原先的精確性。事實上，**精確性**（precision）一詞在我們追求估計的不偏性時已經不是最重要的考量。在統計的世界中，處處可見到此種**兩權消長**（trade-off）的現象。在這裡所遇到的消長問題是增加參數但各參數估計的精確性會有所減損。如果在一個模型中，有太多的參數需要估計，研究結果的精確性將會大幅度的降低，造成預測上的無效。

1.3.6 縮動與借力

隨機係數模型是兩種模型的折衷妥協版：其一是每一個脈絡分別

建立自己的模型，另一種狀況是所有的脈絡同時使用同一個模型。前面的一種狀況是非常浪費奢侈的做法，因爲每一個脈絡都要進行參數的估計，每一個模型至少有三個參數：截距、斜率、誤差變異數。進一步的，不同的脈絡需要不同的分析這個做法，與我們認爲各組是有關聯的認知是相衝突的。因爲每一個學校都是身處於同一個教育體系。但以單一模型應用在每一個脈絡是太過於簡略的作法，因爲，沒有足夠的參數可用於描述我們的觀察對象。

此一兩權消長的現象在統計上十分常見。我們可以選擇介於參數很多與參數很少之間的模型（參數的合理數目需與樣本數的比較）。如果我們所估計的參數數目較少，所估計的參數會有較高的精確度，但是可能付出得到偏誤結果的代價。之所以會比較精確，是因爲我們有較小的抽樣誤差；之所以會偏誤（biased），因爲變異是圍繞著不正確的估計值。當有較多的參數，我們可能會有較小的偏誤，但是有較差的精確性，也就是有較大的標準誤圍繞著較正確的數值。過於兩極端都是不足取，我們必須去找到一個最適切的居中平衡點。在很多地方都可以看到這類的討論，例如 de Leeuw（1994）。

最近在國家研究委員會（National Research Council, 1992）出現了另一種觀點，認爲每一個研究都可能因爲規模太小，導致研究者對於所關切的現象無法得到足夠精確的研究結果。但是，藉由合併不同的研究或學校，我們得以從其他研究或學校「**借力**」（borrow strength），藉以獲得較爲強而有力的結果。這種想法或許讓某些人覺得驚訝，但這種作法也僅適用於當學校是研究者所關心的對象。

「借力」的效果並不會改變單獨的一個學校的個別估計值會有所**縮動**（skrinkage）這個事實。當個別脈絡的觀察值數目很少時，縮動的結果特別容易被看到。隨機係數模型所計算得出的參數估計，是以全部脈絡整合得出的估計值，以及以個別脈絡分別估計得出的估計值的折衷。很清楚的，「借力」的想法是統合研究（meta analysis）的一種變形。

1.4 簡史

在本節中，我們將針對多層次模型的歷史做一簡要回顧。本節從 De Leeuw 與 Kreft（1986）的介紹再加以延伸，將不同領域的一些重要論文加以整理，探究彼此的關係。我們特別將重點放在回顧文獻與教科書的整理，目的是在凸顯出在教育統計與其他領域，多層次分析的發展脈絡是非常類似的。此外，本節也對於不同領域的文獻進行概論性質的介紹。

在某一個領域所發展的工具往往會被其他領域所引用。統計學作爲一個學術領域，其中一個功能即是作爲各學門之間的整合者，提供資料分析的紀錄。透過本節的整理，我們可以發現多層次模型分析是彙聚了各種已被提出的模型概念，例如變異數成分模型（1.4.1）、經濟學的隨機係數模型（1.4.2）、變動係數模型（1.4.3 與 1.4.4）、區塊資料分析（1.4.5）、成長曲線模型（1.4.6），以及貝式與實證貝式估計法（1.4.7）。至於調節變數（1.4.8）與「斜率結果」（1.4.9）的概念也與多層次模型有關。

1.4.1 變異數成分

變異數成分分析（variance component analysis）（**或混合模型分析**；mixed model analysis）具有很長及複雜的歷史，在 Searle 等人（1992）的書中有詳細的介紹。變異數成分分析最早是由 Airy（1861）應用於天文學中，進一步的發展則由 Fisher（1918; 1925）完成。有關固定效果與隨機效果的區分，以及混合模型的誕生，則是 Eisenhart（1947）的貢獻。在 1950 到 1970 年間，這一個領域則由 Henderson（1953）變異數成分估計法所主導。在 1970 年左右，電腦革命使得最大概似估計得以盛行(參見 Harley & Rao, 1967; Hemmerle & Hartley,

1973; Harville, 1977; Searle, 1979; Thomson, 1980）。從 1970 年開始，大量的討論集中於計算過程，這時期的研究讓研究者對於爲何需要進行變異數分析（ANOVA）有更深一層的理解，建議參考 Engel（1990）的討論。另外 Speed（1987）與 Samuels 等人（1991）的論文也值得參考。

1.4.2 隨機係數

隨機係數模型（random coefficient model）是由經濟計量領域的 Wald（1947）與 Rubin（1950）所提出，電腦革命使得此種模型得以成爲實際可行的技術。在 1970 年代，Rosenberg（1973）、Spjøtvoll（1977）與 Swamy（1971）等人的專文對於此一模型做了詳細的說明。Johnson（1977, 1980）出版了詳細的操作手冊，最近的發展趨勢則是企圖將隨機係數模型以**準參數**（semiparametric）形式來操作，也就是隨機效果的分配不是假設爲常態的情況，而由資料中直接加以估計。有關線性的狀況，可參考 Beran 與 Hall（1992）的書，有關非線性的狀況，則可參考 Davidian 與 Gallant（1992）的著作。

1.4.3 變動係數

變動係數模型（variable coefficient model）是一種一般化的模型。每一個組有其自己的一套迴歸係數，透過非線性的方式來計算得出。基本上，此種模型的估計是由平滑程序等計算法則來進行。最近的文獻可以參考 Hastie 與 Tibshirani（1993）的著作，該著作也討論了進一步延伸出來的加成模型（Hastie 與 Tibshirani, 1990）。這些模型中的係數是固定的。

1.4.4 變化係數

在隨機係數模型中，結果變數與解釋變數的關係是以線性迴歸模型來處理，但是在特定的時間點 t 之下，有一組迴歸係數，此時不同時間點的迴歸係數是爲**變化係數**（changing coefficient）。爲了不讓估計參數過度膨脹，我們可以假設有一個第二階層模型來處理不同時間下的迴歸係數。通常會假設迴歸係數帶有**自我迴歸的路徑模型**（autoregressive path model）。最近對於此一模型的關注頗多，Chow（1984）有一篇論文回顧至 1984 年的文獻。而 Kalman 的控制系統理論與此一模型有著密切的關係。

1.4.5 縱橫面資料

在經濟學領域，至少在個體經濟學，一群個體在不同的時間下進行觀察的**縱橫面資料**（panel data），是非常受到重視的一種資料型態。我們推薦 Chamberlain（1984）的論文以及 Hsiao（1986）的專書。這種模型通常是變動係數迴歸模型，有時則是隨機係數模型。在許多情況下，他們即是混合模型或變異成分模型（Wansbeek, 1980）。

1.4.6 成長曲線與重複量數

成長曲線模型（growth curve model）是由生物計量領域所研究的課題。關鍵文獻是 Pothoff 與 Roy（1964）的論文。文中他們利用多變量線性模型來處理一個平衡的兩階層模型，而在第二層沒有隨機成分。Rao（1965）結合了成長曲線與隨機係數模型。另一方面，利用 MANOVA 來處理成長曲線模型，並延伸到重複量數模型的討論，則可參見 Geisser（1980）與 Timm（1980）的著作。有關成長曲線模型與多層次模型之間關係的詳細討論，可參見 Strenio et al.（1983）與 Jennrich & Schluchter（1986）的著作。

1.4.7 貝氏線性模型與實徵貝氏估計

多層次模型與線性模型貝氏分析之間具有非常密切的正式關係，在 Lindley, Smith, Leamer, Zellner 與一些其他學者作品中有詳細討論（Lindley & Smith, 1972; Smith, 1973）。我們會說他們具有「正式」的關係，是因爲貝氏方法就是假定係數爲隨機。若以**頻率混合模型**（frequentist mixture models）來解釋多層次模型，可以解釋的一樣好。

利用 James-Stein 的理論，線性模型中的**縮動估計值**（shrinkage estimator），也可以以誤差均方的形式來考量。Efron 與 Morris（1975）與 Morris（1983）的經典論文詮釋了縮動估計的資料分析的層次。國家研究委員會（NRC）（1992）討論了「借力」的名詞，並有詳細的說明。該報告雖專注於統合研究並據以做爲主要的應用範圍，但文中有關方法學的討論也具有參考價值

1.4.8 調節變數

調節變數（moderator variable）的概念並不容易定義，Baron 與 Kenny（1986）的著作有相當深入的回顧。Velicer（1972）從不同組別下的不同迴歸模型的角度來介紹此一概念。更早的一篇論文，Saunders（1956）則明示可將迴歸方程式當中的係數作爲第二組迴歸方程式的反應變數。

1.4.9 斜率結果

「**斜率結果**」分析（'slope-as-outcome' analysis）是由 Burstein 等人（1978）所提出來代替 Cronbach 的變異拆解技術。Burstein 等人（1989）的著作是很好的歷史回顧。該取向的技術其實是兩階段**最小平方迴歸分析**（ordinary least squares; OLS），但是其背後的計算原理並不是很清楚。也就是說，隨機係數模型是斜率結果取向的嚴謹版本。

1.5 進一步的讀物

據我們所知，有三本有關隨機係數迴歸或多層次分析的書，都比本書談得更為深入。讀者若具有深厚的統計、矩陣代數基礎，這些書是非常理想的入門教材。以下分別就這三本書的大略內容進行介紹。

Bryk 與 Raudenbush（1992）是從教育統計學的角度來切入，適用於教育界或學校研究。書中所介紹的多層次材料利用 HLM 軟體來做示範說明，利用該軟體的介面來介紹多層次分析的一些變化。書中的例子多為教育領域，因此變數的數目較少。對於模型的評鑑與替代模型的使用則討論得較少。書中有專章討論統合分析的應用，這種應用是在變異數與共變數成分是假設為已知的情況下進行。同時也有章節介紹重複量數與成長曲線的應用。整體來說，這本書對於多層次分析這種新技術介紹得非常詳盡清楚，對於教育與社會學領域的研究問題的有效解決向前邁進了重要的一步[6]。

譯著：

[6] Bryk 與 Raudenbush（1992）的著作係以他們所發展的 HLM 軟體作為論述的基礎，對於 HLM 軟體的熟悉與運用，閱讀 Bryk 與 Raudenbush（1992）的著作十分有助益。

Longford（1993）的書比起 Bryk 與 Raudenbush（1992）的書偏向技術層面，而較不專注於多層次模型與「斜率結果」策略。就如同書名（*Random Coefficient Models*）所言，該書是以隨機係數模型這種特殊的混合線性模型爲主，模型中的變異數與共變數成分是從隨機迴歸係數（包括截距）中獲得。書中對於隨機係數模型的處理說明的非常完整清楚，以隨機共變數分析爲起點，並延伸到類別與多變量的結果變數的應用。

Goldstein（1987, 1995）的書則有兩個版本，最近一版的書是 1987 年版的延伸與擴充，因此可以完全取代舊的版本。該書針對多層次模型的基本原則詳加說明，並進一步的把這些原則應用到一些基本的統計模型的分析步驟中。雖然細節談的不多，但是所延伸出來的重要概念則反覆加以強調。書中的章節包括了類別反應變數、事件歷史分析、變數中的誤差與聯立方程式模型、廣義線性模型等等。Goldstein 的書並非是一本概論性的書，而是針對一組模型詳加解釋的進階性專書。甚至比較像做研究的指南，報告了這些模型截至目前的發展，也試圖描繪未來的應用前景。

1.6 軟體

目前有多種軟體可以用來分析線性模型中的階層資料。這些模型可以說是**混合線性模型**（mixed linear model）的特殊情況。因此可以利用混合線性模型的原理來分析資料[7]。另一方面，一些特殊的混合線性模型則必須利用特殊的軟體來分析特殊的模型。因此，在前面的篇

[7] 在 SPSS 第 12 版之後，新增的混合模型模組（mixed models）可進行多層次模型分析，包括階層線性模型與隨機係數模型。亦即在本書所介紹的各種軟體之外，SPSS 也是一種可處理本書所提及各種模型的應用軟體。

幅中，先簡略介紹一些一般性的統計軟體，並指出優缺。其他更進一步的說明軟體的應用，可參考 Kreft 等人（1994）與 Kreft 等人（1990）的介紹。

本書將以 Rasbash 等人（1991）在英國所發展的 MLn 軟體來進行示範，此舉並不是說 MLn 軟體優於其他軟體（雖然有人如此認為），主要在於 MLn 使用傳統的符號系統來描述資料與模型。同時此一符號系統與數學方程式的使用方式相同，有助於不善於處理數學方程式的讀者來研習。然而本書也不是 MLn 的操作手冊，有關 MLn 的詳細介紹與說明可參考 Woodhouse(1995), Rashash & Woodhouse(1995)與 Prosser et al. (1991)的著作。

1.6.1 HLM

在教育統計中，HLM 軟體扮演重要的角色。在美國，HLM 軟體已經被正式出版，成為分析多層次分析的正式軟體[8]。其操作手冊非常詳細，軟體的操作介面簡單，沒有太多需要設定之處。軟體的運作模式遵循典型的斜率結果，對於教育研究者可以說是非常熟悉。軟體的操作介面非常簡單，是一些簡單的問答，同時軟體也提供有用的統計考驗與描述統計的資料。進一步的消息可以參考下列網址。

http://www.ssicentral.com/hlm/index.html

譯註：

[8] HLM 的第六版已經在 2005 年出版，並有學生版供自由下載，第六版的使用者介面與繪圖功能更加完善，有關軟體的詳細資料、指導手冊與學生版軟體下載請參考下列網站：http://www.ssicentral.com。國內則有台灣統計方法學學會舉辦研習工作坊，相關資訊請參考下列網站：http://www.tasm-sem.org。

1.6.2 VARCL

VARCL 軟體由 Longford（1990）所發展，可應用於階層資料的變異數成分分析。VARCL 是設計給隨機係數分析之用，並非專門寫給多層次分析的軟體，因此使用者必須自己決定各變數的係數的固定與隨機部分，無法以簡單的設定來檢驗跨層級的交互作用。VARCL 使用一般的量尺法，延伸到布拉松與二項分配反應形式。VARCL 有兩種版本，第一版分析最多到三階層的隨機斜率與截距，第二版則可處理最高達九個階層的隨機截距與斜率。進一步的訊息可參考網址：

http://www.gamma.rug.nl/iechome.html

1.6.3 BMDP5-V

BMDP5-V 是著名的 BMDP 軟體的一部份，由 Jennrich 與 Schluchter（1986）所發展，這套軟體目的在分析重複量數的資料，也就是說，適用於當第二層各分析單位下具有少數平衡觀察資料（重複個數相同）。它也可以應用於分析多層次的資料，但是必須撰寫複雜的語法指令。BMDP-5V 可以選擇不同的算則技術，也可以描繪出第二層的殘差分佈狀態。有關的資訊可參考下列網址：

http://www.spss.com/software/science/bmdp/

1.6.4 MLn

MLn 是由倫敦大學教育學院的多層次專案（multilevel project）所發展的軟體。MLn 的一項特別有用的功能是整合了一般統計分析的

NANOSTAT 軟體，使得一些基本的統計運算與檢定可以一併完成。MLn 可以分析多達 15 層的跨層級巢狀結構資料。他也具有巨集語言的功能，可以用來發展結果變數爲類別變數的模組。有關 MLn 的進一步訊息可以參考下列網站：

http://www.ioe.ac.uk/multilevel/

1.6.5 PROC MIXED

PRO MIXED 是 SAS 軟體當中的混合模型分析模組，此一模組與 BMDP5-V 版本軟體相容。進一步的訊息可參考下列網址：

http://www.sas.com/

1.6.6 MIXOR and MIXREG

MIXOR 與 MIXREG 由 Don Hedeker 所發展（Hedeker & Gibbobs, 1993a, 1993b）。Hedeker 在其博士論文（Hedeker, 1989）與 Hedeker 與 Gibbons（1994）的論文中說明了理論基礎。MIXOR 可以處理結果變數爲順序變數的多層次分析，MIXREG 則可處理具有自我相關誤差項的多層次分析。這兩個軟體都有 PC 版與 Macintosh 版本，手冊與軟體可自下列網站下載，此一軟體使用的是 Newton-Raphson 算則來處理兩層次的模型。

http://www.uic.edu/~hedeker/mixdos.html

1.7 摘要

本章作爲本書的緒論，介紹了有關多層次分析的各種重要概念。文中說明了一些舊概念被賦予了新意義，例如脈絡模型與個體/總體層次的概念，對於一些更細節的概念，例如隨機與固定係數，以及組內相關等也予以簡單介紹。此外，我們利用一些真實研究的範例，說明了多層次模型的用途，特別是應用於複雜脈絡下，人類行爲的新理論與新觀點的檢驗，例如將跨層級的交互作用納入模型中。文中並簡述了多層次分析的歷史，顯示了此一技術在各領域都可應用，以解決不同的研究課題。最後，文中介紹了分析軟體最近的發展，顯示多層次技術已經越來越普及，操作上也更爲便捷容易。

註解：

1. 組內相關是指組間變異數佔全體變異數的比例。

第 2 章

脈絡模型概述

Overview of contextual models

2.1 緒論

本章我們將討論傳統的迴歸模型在變異拆解上所造成的不同。**整體迴歸模型**（total regression model）僅允許個體變異存在，而**聚合模型**（aggregated model）恰好相反，僅允許脈絡間（總體層次）存在變異。傳統的脈絡模型、共變數模型、Cronbach 模型與不同型態的多層次模型雖然都將資料的變異拆解成脈絡間與脈絡內兩個部分，但是各有不同的作法。爲了解釋這些模型的差異，本章使用**美國全國教育縱貫研究**（1988）（National Education Longitudinal Study; NELS88）的一部分資料分析結果爲範例[1]。

2.2 模型

在本章當中，我們將討論一系列傳統的線性模型與 OLS 迴歸模型的變化運用。從**整體迴歸**（total or pooled regression）：完全忽視組間變異，到**聚合迴歸**（aggregate regression）：完全忽略組內變異。若另一個向度來看，模型的變化從每一組個別進行迴歸，可以得到多組迴歸係數，變化到只有一組參數的單一迴歸。

譯註：

[1] 在台灣也有兩個類似的資料庫正在執行中，其一爲「台灣教育長期追蹤資料庫」(Taiwan Education Panel Survey，簡稱 TEPS)，由中央研究院、教育部和國科會共同資助，中央研究院、社會學研究所和歐美研究所共同負責規劃與執行的全國性長期的資料庫計畫。這個資料庫從 2001 年開始，對當年爲國中一年級以及高中、高職和五專二年級之學生、學生家長、老師和學校，進行爲期七年二至四次的蒐集資料。更多訊息請參考網址http://www.teps.sinica.edu.tw。第二個資料庫爲「台灣高等教育資料庫」，由國科會贊助、教育部支持，清華大學高等教育研究中心負責執行，自 2003 年 7 月起開始，蒐集有關全國高教院校特質與狀況、各科系在校學生素質、各學門畢業生、課程、教職員、經費以及校園環境設備等資料的全國性資料庫，並供研究人員做分析高教問題之用。更多訊息請參考網址http://www.cher.nthu.edu.tw。

在許多情況下，把總體的結構特性更清楚的納入模型有其必要，若我們把個體層次與總體層次的解釋變數同時納入迴歸模型，稱為**脈絡分析**（contextual analysis）。在脈絡分析中，組別資料是不能被忽略的資訊，此時觀察單位為組別，顯示研究者的興趣不僅在個體，更是在脈絡層次。

從脈絡分析的技術層面來看，線性模型的自由參數是以下列的模型來估計：$\underline{y}$ 為反應變數，x 是個體層次解釋變數，z 是脈絡層次解釋變數（註 1）。下標 i 表示個體，j 表示脈絡。模型如下：

$$\underline{y}_{ij} = a + bx_{ij} + cz_j + \underline{\varepsilon}_{ij} \tag{2.1}$$

$\underline{\varepsilon}_{ij}$ 為**殘差項**（disturbance），具有中心化、等分散性、獨立性等特徵。$\underline{\varepsilon}_{ij}$ 的分配的期望值為 0，變異數為 σ^2。一般來說，兩層都有可能具有一個以上的解釋變數。公式 2.1 可以另一種可展現結構特性的不同形式來表示：

$$\underline{y}_{ij} = a_j + bx_{ij} + \underline{\varepsilon}_{ij} \tag{2.2a}$$

$$a_j = a + cz_j \tag{2.2b}$$

公式 2.2b 顯示公式 2.1 的脈絡模型是一個**變動截距模型**（varing intercept model），也就是每一個組的迴歸模型都具有相同的斜率，因此有相同的誤差變異數 σ^2，但是各組截距不同。本章所討論的各種模型，差別在於變動截距與總體層次解釋變數間關係的不同設定。

2.3 資料

在本章當中，我們將舉出幾個以 NELS88 資料庫來進行分析的研究範例。此一資料庫是由美國教育部國家教育統計中心所蒐集的長期縱貫資料。縱貫資料的第一波測量是八年級的學生，測量範圍涵蓋將近 1000 所學校（800 所公立、200 所私立），第一年（1988）將近有 20000 名學生參與調查。在 1988 年時，美國全國超過 38000 所學校的八年級學生總數約有三百萬人，這個樣本具有母體的代表性。本章所使用的資料是從 NELS88 資料庫所選取的部分資料，以作爲示範說明之用，在後續的章節中，我們則會使用全部的資料來進行分析，討論較爲實際的分析問題。

我們所選取的資料庫是由 NELS88 的 1003 所學校中，以人工方式選擇了 10 所，包含 260 位學生，爲全部資料 21580 學生當中的一小部分。模型中所使用的變數爲家庭作業時數（爲個體層次變數）與

表 2.1　NELS88 資料庫中 10 所被取樣的學校的各校平均數

學校	組樣本規模	數學成績平均	做作業時數平均
1	23	45.8	1.39
2	20	42.2	2.35
3	24	53.2	1.83
4	22	43.6	1.64
5	22	49.7	0.86
6	20	46.4	1.15
7	67	62.8	3.30
8	21	49.6	2.10
9	21	46.3	1.33
10	20	47.8	1.60

數學成績；前者將做為我們的解釋變數，後者做為我們的反應變數。因此，我們希望能夠發現做作業的時數[家庭作業]會導致或能預測[數學成績]（註 2）的高低。我們所關心的學校層次特徵為公私立別（以[公立]表示），每一個學校可被歸為某一種類型，公立學校編為 1，私立學校編為 0。我們對於學校的選擇，係考慮數學成績與做作業時間具有高度正向關係與高度負向關係的兩個極端，如此選擇的原因是想讓我們的迴歸線顯現出有明顯的變異。

表 2.2　NELS88 中 10 所被取樣學校的各校兩變數變異與相關

學校	變異/共變		相關
A	55.20	-4.24	-0.52
	-4.24	1.19	
B	65.10	-4.65	-0.45
	-4.65	1.63	
C	126.30	9.62	0.77
	9.62	1.22	
D	94.10	11.9	0.84
	11.90	2.14	
E	69.20	-2.71	-0.43
	-2.71	0.57	
F	17.00	-1.56	-0.48
	-1.56	0.63	
G	31.20	3.24	0.34
	3.24	2.92	
H	101.10	7.94	0.71
	7.94	1.22	
I	86.60	4.61	0.56
	4.61	0.79	
J	120.90	12.30	0.80
	12.30	1.94	

在 NELS88 的資料庫中，大多數學校的做作業時間與數學成就之間都具有正向的關係。表 2.1 與 2.2 列出了這 10 所學校的狀況。表 2.1 列出了 10 所學校的平均數學成績（答對題數）與做作業時間（每週幾個小時）；表 2.2 則列出了變異數、共變數與相關係數。有關變數的詳細內容列於附錄。在針對不同模型的分析結果進行討論之前，我們先把組間（或脈絡間）與組內（或脈絡內）的參數估計的差別再做一次詳細說明。

2.4 變異拆解

在兩層結構的階層巢套資料中，觀察變數的變異數與共變數可以被切割成組間與組內矩陣兩個部分。變數的組間與組內變異的切割並不全然是直接的，每一種分析技術之下又有所不同。為了說明不同模型的迴歸係數的定義，我們使用相關比的符號來說明。**相關比**（correlation ratio；或以η^2表示）是指組間變異佔一個變數變異數的比例，解釋於下。（在本書稍早所使用的公式，例如 x 為解釋變數，y 為反應變數，可以切割成組間與組內兩個部分。）以變異切割關係式表示如下：

$$V_T(x) = V_B(x) + V_W(x) \quad (2.3a)$$

$$V_T(y) = V_B(y) + V_W(y) \quad (2.3b)$$

其中下標 T、B、W 分別表示總變異、組間變異、組內變異。如果熟悉 ANCOVA 的符號，變數 x 與 y 的總共變數也可以以相同的方式切割成組間與組內兩個部分，其中 C 表示共變數：

$$C_T(x, y) = C_B(x, y) + C_W(x, y) \quad (2.3c)$$

以所有樣本計算出來的迴歸係數爲 b_T，以組爲觀察單位所計算出來的迴歸係數爲 b_B ，以組內資料所計算出來的迴歸係數爲 b_W ，這三者可以利用組間或組內相對於全體變異的角度來定義（註 3）：

$$b_T \stackrel{\Delta}{=} \frac{C_T(x, y)}{V_T(x)} \tag{2.4a}$$

$$b_B \stackrel{\Delta}{=} \frac{C_B(x, y)}{V_B(x)} \tag{2.4b}$$

$$b_W \stackrel{\Delta}{=} \frac{C_W(x, y)}{V_W(x)} \tag{2.4c}$$

上述三個係數與相關比（ η^2 ）有關，x 與 y 變項相關比的關係式分別如下：

$$\eta^2(x) \stackrel{\Delta}{=} \frac{V_B(x)}{V_T(x)} \tag{2.5a}$$

$$\eta^2(y) \stackrel{\Delta}{=} \frac{V_B(y)}{V_T(y)} \tag{2.5b}$$

上述公式顯示，反應變數的組間變異是 y 變數在組間的變異佔總變異的比例。亦即與第一章所介紹的組內相關的定義一樣。同時，

$$1-\eta^2(x) = \frac{V_W(x)}{V_T(x)} \tag{2.6a}$$

$$1-\eta^2(y)=\frac{V_W(y)}{V_T(y)} \tag{2.6b}$$

組內變異的百分比是$1-\eta^2(x)$，等於組內變異與總變異的比值。從一般的迴歸分析可知，對於整體樣本的迴歸，係數 b 的最佳估計值是b_T，此一估計不涉及組間的比較問題。b_T是組間迴歸係數b_B與組內迴歸係數b_W的加權組合的結果，如下列公式所示：

$$b_T=\eta^2(x)b_B+(1-\eta^2(x))b_W \tag{2.7}$$

最早使用公式 2.7 來進行脈絡分析的是 Duncan 等人（1966），之後 Boyd 與 Iversen（1979）與 Burstein（1980）加以沿用。

一個整體模型（未將脈絡效果從個體效果中加以分離的模型），只有在$b_T=b_W$且b_B=0，或是$\eta^2(x)$=0 的情況下才會得到可信賴的估計值，也就是沒有脈絡效果的情況下。從公式 2.7 可以很清楚的看出，在沒有脈絡效果的情況下（$\eta^2(x)$=0），b_T才是個體層次斜率的有效估計。沒有脈絡效果意味著 x 與 y 的關係在所有的脈絡下是一樣的，沒有組間的差異。

當$b_T=b_B$，也就是b_W=0 或$\eta^2(x)$=1 的情況，情況則與上面相反，迴歸的效果完全是脈絡間的差異（脈絡效果），並沒有任何的個體效果。x 與 y 的關係對於同一個脈絡下的每一個個體是一樣的。在很多情況下，變數在各層次都有測量數據，而b_T是b_B與b_W的加權組合，權數分別為$\eta^2(x)$與 $1-\eta^2(x)$。如果一個研究的目的是在發現脈絡效果，那麼整體模型就不是一個理想的模型。在我們的範例中，脈絡效果是學校類型（公私立）的差異，每一個學校有不同的數學成績表現的解釋型態，以整體模型來分析並不是一個適當的模型。

2.5 整體迴歸

首先，我們所討論的技術相對上比較簡單，既非多層次分析，甚至於不是脈絡性的分析。我們如果把所有的樣本放在一起，求出單一條迴歸線來描述家庭作業時數對於數學成績的影響，此時並沒有使用到任何有關學校的資訊。也就是某一群學生來自同一個學校，另外一群學生來自另一個學校的這種樣本結構特性並沒有反應在模型當中。

對於全部的個別觀察值進行迴歸分析，忽略其組別特性，就如同我們拿掉公式 2.1 中的下標 j，模型變成下述形式：

$$\underline{y}_{ij} = a + bx_{ij} + \underline{\varepsilon}_{ij} \tag{2.8}$$

其中 $\underline{\varepsilon}_{ij}$ 爲獨立的隨機變數，平均數爲 0，變異數爲常數 σ^2。爲了完整說明，並爲了後續的比較，我們可以提出一個相對應的模型：**虛無模型**（null model），沒有任何解釋變數，僅帶有截距 a：

$$\underline{y}_{ij} = a + \underline{\varepsilon}_{ij} \tag{2.9}$$

對於所有的個別觀察值所進行的迴歸分析稱爲**整體迴歸**（total regression），此時個體爲分析的單位，也是抽樣與做決策的單位。這樣的分析意味著我們並不預期學校的差別對於數學成績會有系統性的影響，所有有關於學校的影響是囊括在誤差項之內。而個體巢套於組別之中的此一抽樣特性是被忽略的事實，且被假定對於研究目的沒有什麼重要性。公式 2.2a 的脈絡模型的截距 a_j，在整體迴歸中被假設對 j 個組都是相同的數值。分析結果列於表 2.3，從表中我們可以看到每增加一小時的做作業時間，將會增加 3.6 分的數學預測分數。

表 2.3　10 個學校的整體迴歸分析結果[譯者分析 1]

	虛無模型		帶有[家庭作業]模型	
	估計值	標準誤	估計值	標準誤
截距	51.3	0.69	44.1	0.98
斜率 b_T	N/A[1]		3.6	0.39
R^2	0.00		0.25	
$\hat{\sigma}$	11.10		9.60	

[1] 爲英文的 none available 的縮寫，表示無法提供之意。

2.6 聚合迴歸

另一個比較原始、未加工的方法，可以將脈絡因素（學生來自的校別）在迴歸中加以考量，是取用學校的平均值來進行迴歸分析，稱爲**聚合分析**（aggregate analysis）。基本上，我們並沒有什麼理由來說整體迴歸所得到的迴歸係數，與以聚合資料來進行迴歸分析得到的迴歸係數會相同。事實上，我們可以很容易的透過例子來顯示者兩種方法得到的結果是非常不一樣。

若 10 個學校的家庭作業平均數爲 $x_{.j}$，數學成績平均數爲 $\underline{y}_{.j}$，可以得到下列模型：

$$\underline{y}_{.j} = a + bx_{.j} + \underline{\varepsilon}_j \tag{2.10}$$

公式中下標的句點「.」取代了代表個體的 i，表示現在的 x 與 y 變數是將個體的數據加總求平均的形式。同樣的，我們假設 $\underline{\varepsilon}_{ij}$ 的平均數爲 0，但變異數爲 $n_j^{-1}\sigma^2$，與整體迴歸相比，多了一項 n_j^{-1}，是因爲誤差變異數是 j 個組（n_j）的殘差（每一組的變異數爲 σ^2）的平均

表 2.4 10 個學校的聚合迴歸分析結果[譯者分析 2]

	虛無模型		帶有[家庭作業]模型	
	估計值	標準誤	估計值	標準誤
截距	51.3	2.44	37.1	4.03
斜率 b_B	N/A		7.0	1.84
R^2	0.00		0.64	
$\hat{\sigma}$	39.30		24.9	

值。此時的迴歸模型是加權迴歸，權數等於 n_j ，此時的迴歸是**異分散性**（heteroscedastic），因爲每一組的誤差變異並不相等。

很明顯的，聚合迴歸忽略了所有組內（學校內）的變異，因此流失了大量可能是很重要的變異。

表 2.4 列出了（加權）聚合迴歸的結果，我們可以看到把組內變異排除之後，R^2（多元相關平方）大幅提高，但是標準誤也擴大很多，因爲這個迴歸分析是基於 10 個學校的觀察單位的結果。

聚合迴歸的解釋必須十分謹慎，從預測的觀點來看，我們僅能說，平均而言，若 A 校學生比起 B 校學生每多做一個小時的作業，A 校數學成績會比 B 校多 7 分。此一說法並不涉及任何有關學生個體成績的預測，但是如果以聚合迴歸的結果來進行學生的成績預測，即是一種區位謬誤或**生態謬誤**（ecological fallacy）（Robinsion, 1950）。

2.7 脈絡模型

脈絡模型（contextual model）在過去已經被大量使用於探討團體效果對於個體行爲的影響的研究之中。典型的分析方法，是把個體層次的變項取組平均數後，作爲**脈絡變數**（contextual variable）。例如學

表 2.5　10 個學校的脈絡模型分析結果[譯者分析 3]

	虛無模型		帶有[家庭作業]模型	
	估計值	標準誤	估計值	標準誤
截距	51.3	0.69	37.1	1.46
斜率 b_W	N/A		2.1	0.43
脈絡效果 b_B	N/A		4.9	0.79
R^2	0.00		0.34	
$\hat{\sigma}$	11.1		9.0	

校的特徵爲學生們的平均做作業時間 $x_{.j}$ ，個別學生做作業時間則爲 x_{ij}。在同一個迴歸模型中，相同的測量被使用兩次，第一次是原來學生做作業時間，第二次是計算出每校的平均時間。家庭作業的平均數是從每一個學校聚合而得。此時模型如下：

$$\underline{y}_{ij} = a + bx_{ij} + \underline{\varepsilon}_{ij} \tag{2.11a}$$

$$a_j = a + cx_{.j} \tag{2.11b}$$

整理之後，可以得到脈絡模型的整體方程式如下：

$$\underline{y}_{ij} = a + bx_{ij} + cx_{.j} + \underline{\varepsilon}_{ij} \tag{2.12}$$

脈絡模型分析的結果列於表 2.5。由表 2.5 的結果顯示，公式 2.12 中的 b 係數最佳估計值是 b_W ，c 的最佳估計值是 $b_B - b_W$ ，有關更詳細的討論，可參考 Duncan 等人（1966）、Boyd & Iversen（1979）與

Burstein（1980）有關脈絡模型中的組內迴歸係數 b_W 與組間迴歸係數 b_B 的混淆問題的討論。

脈絡模型存在一些技術上的問題。其一是多元共線性，另一個問題是分析的層次。**多元共線性**（multicollinearity）因爲個體解釋變數[家庭作業]與總體層次的家庭作業平均數的相關而存在。另一方面，分析層次的問題在於，由於反應變數是個體層次的測量數據，因此分析層次實則是針對個體層次而爲。聚合變數基本上仍是個體層次的測量，如此仍然只是針對其中一個層次進行迴歸分析而忽略資料的階層巢套特性。從數據可知，脈絡模型當中的脈絡效果是 b_B 與 b_W 的差，亦即表 2.4 的 b_B（7.0）減去表 2.5 的 b_W（2.1）所得到的 4.9，此一結果在表 2.5 中也可以看到。很明顯的個體與總體效果在 c 參數上是有所混淆的，導致有關分析結果與關係的解釋可能受到扭曲。

2.8 Cronbach 模型

Cronbach 模型（Cronbach & Webb, 1975）對於個體效果與團體平均效果兩種效果一起對反應變數產生影響的分析，提出一個較爲清楚的圖像。個體層次的解釋變數事先經過組平均中心化（組平減）處理，也就是將各組觀察值的數值減去組平均數，如公式 2.13 所示：

$$\underline{y}_{ij} = a + b_1(x_{ij} - x_{.j}) + b_2(x_{.j} - x_{..}) + \underline{\varepsilon}_{ij} \tag{2.13}$$

公式 2.13 當中，經過組平減的個體分數 $x_{ij} - x_{.j}$ 所形成的變數，與組平減的總體層次分數 $x_{.j} - x_{..}$ 爲直交關係。以我們的例子來說，10 個學校的平減分數 $x_{ij} - x_{.j}$，爲某一所學校當中每一個學生做家庭作業的時間減去這個學校的平均時間而得到。換句話說，原始分數以組平

表 2.6 10 個學校的 Cronbach 模型分析結果[譯者分析 4]

	虛無模型		帶有[家庭作業]模型	
	估計值	標準誤	估計值	標準誤
截距	51.3	0.69	37.1	1.46
斜率 b_B	N/A		2.1	0.43
脈絡效果 $b_B - b_W$	N/A		7.0	0.67
R^2	0.00		0.34	
σ^2	11.1		9.0	

均數爲中心轉換成**離差分數**（deviation score）。模型當中的這個中心化解釋變數，是一個讓兩個層次同時以[家庭作業]這個變數分別得到兩個解釋變數，避免他們具有相關的簡便方法。在 Cronbach 模型中，用於迴歸分析的兩個預測變數是中心化（組平減）的個體層次解釋變數[家庭作業]與中心化的家庭作業組平均數，結果列於表 2.6。由於兩個預測變數呈現直交，b_1 的最佳估計值爲 b_W，也等於前一節脈絡模型的估計值。

Cronbach 模型與脈絡模型的差異在於脈絡效果的估計。在 Cronbach 模型，b_2 等於 b_B，也就是聚合模型 b_B 的效果。因此在 Cronbach 模型，組間與組內效果不會有所混淆。

雖然 Cronbach 模型解決了個體層次與聚合變數之間存在相關的共線性問題，但參數的顯著性考驗仍然像脈絡模型一樣仍具有疑義。在這兩種脈絡模型，分析都是以低階層資料來處理，導致團體平均數參數的標準誤都被低估，造成顯著性考驗的第一類型錯誤膨脹。團體平均數的數目與組數相同。我們的資料庫中有 10 所學校，每所 22 個觀察值，因此總觀察值爲 220，分析中的標準誤是以這 220 個觀察值爲基礎所計算得到，而不是真正的 10 所學校。另一方面，脈絡模型中還有另一個因素：組內相關，也會影響到標準誤的正確性。在第一章我們已經討論過，當組內相關越高，也會提高 α 水準。在第 5.2 節有關中心化的問題討論中，我們還會再就 Cronbach 模型的特性加以說明。

2.9 共變數分析

共變數分析（analysis of covariance; ANCOVA）是另一種可以用來分析分組資料的一種統計技術。ANCOVA 模型同時包含學校與學生層次的分析，但是角色各有不同。個體層次解釋變數涉及迴歸分析，學校則影響截距。換言之，ANCOVA 同時納入量化與質化變數於模型之中，因而具有混合模型的特性，可以說是帶有虛擬變數的迴歸分析，虛擬變數的使用可以將團體特性納入迴歸模型。迴歸模型可以分析量化因子（例如學生做作業的時間）的影響，ANCOVA 模型則可以把質性因子（例如學校差異）納入模型。

ANCOVA 可以應用於不同目的的脈絡分析之上。ANCOVA 可以調整既存組間差異之後來探討組別的效果，例如把各校學生在做作業時間上的差異進行調整（控制）之後，檢驗是否各學校的數學成績有無差異。這樣的分析讓我們可以得知學校的平均成績是否不同，以及哪一個學校平均來說表現較佳。在 ANCOVA，個體效果是被忽略的，或被視為是干擾，所強調的是組間的效果。

在 ANCOVA 中，個體解釋變數的功能是**共變項**（covariate），而分組變數則是分析的重點，由於這種設計源自於實驗研究，在 ANCOVA 中的分組通常是指不同的實驗處理。共變數分析模型如下：

$$\underline{y}_{ij} = a_j + bx_{ij} + \underline{\varepsilon}_{ij} \tag{2.14}$$

公式 2.14 中，截距 a_j 的不同數值表示各校在數學成績上有不同的**起始值**（starting value），有的學校較高，有的學校較低。ANCOVA 的基本假設是各校都有相同的斜率（模型中的 b 係數），表示我們假設各校的家庭作業時間與數學成績表現之間的關係強度相同。以 NELS88 的資料爲範例所得到的結果列於表 2.7。

我們允許不同的學校有不同的起始值（不同的截距 a），然後假設各校每增加一單位做作業時間所增加的數學成績幅度是相同的，公式 2.14 與公式 2.2a 相同，但是公式 2.2b 則消失。也就是說，對於截距 a_j 並沒有額外結構上的限定，它可以爲任何數值。

因爲 ANCOVA 是比較 k 組之間的差異，自由度皆爲 k-1，因此模型提供了可以歸因於脈絡的整體差異變異數的上限。

表 2.7　10 個學校的共變數分析結果[譯者分析 5]

	虛無模型		帶有[家庭作業]模型	
	估計值	標準誤	估計值	標準誤
A	45.8	1.77	42.8	1.75
B	42.2	1.90	37.1	2.00
C	53.2	1.73	49.3	1.78
D	43.6	1.81	40.1	1.82
E	49.7	1.81	47.9	1.74
F	46.4	1.90	44.0	1.84
G	62.8	1.03	55.7	1.60
H	49.6	1.85	45.1	1.92
I	46.3	1.85	43.5	1.82
J	47.8	1.90	44.4	1.89
斜率	N/A		2.1	0.38
R^2	0.44		0.50	
$\hat{\sigma}$	8.5		8.0	

相對於傳統的脈絡模型（公式 2.1），ANCOVA 並無法告訴我們哪些脈絡（學校）的特性可以解釋脈絡間的差異，它所能提供的訊息是組間的效果（整體而言）有多大，這是透過截距項的組間**被解釋變異**（explained variance）指標所反應。

ANCOVA 最重要的優勢是比傳統的脈絡模型（公式 2.2a 與 2.2b）有較高的預測檢定力。ANCOVA 把脈絡平均數之間的變異全部納入分析，其中包含了脈絡模型中與脈絡有關的解釋變數的解釋變異。但是脈絡模型的一個強處是可以辨識出影響組間差異的脈絡特性爲何。多數研究者認爲，在進行脈絡分析之前，可利用 ANOVA 或 ANCOVA 檢驗整個組間效果的強度。基本上，如果截距 a_j 只能提供有限的解釋變異，在後續的模型中，是不會有什麼脈絡特性可以用來解釋反應變數的變異量。但是，值得注意的是，這個說法是當脈絡間變異是從截距的部分（主要效果）來加以研究時才成立。越來越多的研究關心解釋變數與反應變數間關係的脈絡差異，也就是模型 2.14 中的 b 係數。ANCOVA 假設 k 個解釋變數（或共變數）的每一個對於反應變數在所有的脈絡下都有一樣的影響力，這是不切實際的假設，我們在下一章還會加以說明。每一個學校都可能需要發展一個自己的解釋模型，有他獨特的解釋變數（家庭作業時數）與反應變數（數學成績）的關係模式。

2.10 脈絡模型的 MLn 分析

假設我們今天有一個資料檔 school.dat，其中有四個變數，第一個是學生的身份變數，第二是學校的身份變數，第三是學生花費在數學作業的時間，第四是學生的數學成績。檔案中每一個學生有一筆資料，四個變數之間以空格隔開。

我們可以開始 MLn 分析。首先會給我們一個空白的工作視窗，在工作表中，我們設定電腦讀取四個變數，放入四個變數欄位中：

```
DINPUT C1-C4
```

電腦軟體將會出現一個游標要求輸入檔案名稱，我們告訴電腦檔名是 schools.dat，電腦就會把四個變數的資料讀入，然後我們必須各給一個名字：

```
NAME C1 'student'
NAME C2 'school'
NAME C3 'homew'
NAME C4 'math'
```

為了進行脈絡分析，我們需要一些其他變數。一個常數項，家庭作業與數學成績的各校平均數，做作業時間與數學成績我們以組平減來處理。此時我們必須先給定這些欄位的名稱：

```
NAME C5 'cons'
NAME C6 'meanhomew'
NAME C7 'meanmath'
NAME C8 'devhomew'
NAME C9 'devmath'
```

然後我們使用 MLn 的一些輔助功能來把這些數據填進去。第一個是 PUT，產生第一欄。第二與第三欄則利用 MLAV 來計算平均數。最後兩欄則以 CALC 來進行簡單的計算：

```
PUT 260 1 C5
MLAV C1 C3 C6
MLAV C1 C4 C7
CALC C8=C3-C6
CALC C9=C4-C7
```

爲了 ANCOVA，我們需要進行虛擬編碼來編定不同學校，爲了不影響各欄的名稱，我們輸入下列文字：

```
DUMMY C1 C10-C19
```

到目前爲止，我們已經有 19 個變數，已經足以用來分析本章的所有模型。首先我們先進行第 2.5 節的整體迴歸分析，我們必須告知電腦哪一個變數爲解釋變數，哪一個是反應變數：

```
EXPL    C3 C5
RESP    C4
IDEN 1  C2
IDEN 2  C1
```

進一步的建立模型，必須指出哪一個變數是固定效果，哪一個隨機效果。電腦預設所有的解釋變數被設定爲固定效果。CONS 是唯一帶有變異數成分的解釋變數。

```
FPAR      C6-C19
SETV 1    C5
```

然後我們必須把批次（batch）模式設定打開，不然電腦就不會進行疊代估計，最後開始分析：

```
BATCH
START
```

2.11 摘要

本章我們討論了一些分析兩層（個體層次與脈絡層次）的分組資料的傳統方法。這些模型的資料分析都是在某一層中進行，不是個體層次就是脈絡層次。在個體層次所進行的分析，會因爲對於變異部分的不同處理方式而有不同，導致不同的模型對於脈絡效果的迴歸估計值的結果都有不同。從本章對於模型以及分析結果的討論，我們可以得知我們需要較爲一般化的模型。我們需要一個模型來分析資料所在的測量層次，在不考慮階層結構或變數是如何聚合而來的情況下，來檢驗所有解釋變數對於反應變數的影響，此種模型將在下一章討論。

註解：

1. 本書所使用的方程式，我們使用底線來表示隨機變數（Hemelrijk, 1996）。這不完全是一種正式的統計符號，但是我們認為此一標示有助於不同模型間的固定與隨機係數的比較。

2. 此處有一個符號運用的問題。我們必須區分數學成績這個名詞的概念與在 NELS88 資料庫的測量指標的標示。當我們在陳述概念的時候，我們直接以文字表述而不附加[]符號。如果是變數或測量指標，我們會在文字外部增加[]以為標示，例如[數學成績]。

3. 我們以作為$\stackrel{\Delta}{=}$「定義」的意思。

※譯者分析：

1. **整體迴歸**：本範例利用 SPSS 軟體進行迴歸分析語法如下（讀者可以開啓 School10.sav 檔，開啓一個新的語法檔，複製下列語法後得到相同報表，也可以利用滑鼠點選迴歸分析視窗來進行分析）：

```
REGRESSION
  /DEPENDENT MathAch
  /METHOD=ENTER HomeWork   /METHOD=REMOVE HomeWork   .
```

對照表 2.3 的 SPSS 結果如下，其中模式 1 爲帶有[家庭作業]的模型，模式 2 爲虛無模型。數據與表 2.3 的內容相同（數值如有差異應爲計算過程取用小數位數與進退位的差異）。

模式摘要

模式	R	R 平方	調過後的 R 平方	估計的標準誤
1	.497[a]	.247	.244	9.682
2	.000[b]	.000	.000	11.136

a. 預測變數：(常數), HomeWork time spent on math homework

b. 預測變數：(常數)

係數[a]

模式		未標準化係數		標準化係數		
		B 之估計值	標準誤	Beta 分配	t	顯著性
1	(常數)	44.074	.989		44.580	.000
	HomeWork time spent on math homework	3.572	.388	.497	9.200	.000
2	(常數)	51.300	.691		74.283	.000

a. 依變數：MathAch math score'

2. **加權聚合迴歸**：利用 SPSS 軟體進行迴歸分析語法如下（資料檔爲 School10_l2.sav 檔）。由於爲加權迴歸，讀者必須自行以資料庫當中的 weight 變數進行加權。然後進行迴歸分析。

```
WEIGHT BY Weight .
REGRESSION
```

```
/DEPENDENT MathAch_mean
/METHOD=ENTER HomeWork_mean  /METHOD=REMOVE HomeWork_mean  .
```

對照表 2.4 的 SPSS 結果如下，其中模式 1 為帶有[家庭作業]的模型，模式 2 為虛無模型。數據與表 2.4 在標準誤部分不同，其餘在 R^2，斜率與截距部分則相同，顯示作者在標準誤的計算並非加權之後的估計值。讀者可自行對照之。

模式摘要

模式	R	R 平方	調過後的 R 平方	估計的標準誤
1	.801[a]	.642	.640	4.41438
2	.000[b]	.000	.000	7.36016

a. 預測變數：(常數), HomeWork_mean HomeWork_mean
b. 預測變數：(常數)

係數[a]

模式		未標準化係數		標準化係數	t	顯著性
		B 之估計值	標準誤	Beta 分配		
1	(常數)	37.109	.715		51.918	.000
	HomeWork_mean HomeWork_mean	7.015	.326	.801	21.494	.000
2	(常數)	51.300	.456		112.387	.000

a. 依變數：MathAch_mean MathAch_mean

3. **脈絡模型**：虛無模型與脈絡模型分析的資料檔為 School10_l1.sav（階層一）與 School10_l2.sav（階層二）。描述統計與 HLM6 分析報表列舉如下。數值與表 2.5 相同。

```
                LEVEL-1 DESCRIPTIVE STATISTICS

VARIABLE NAME     N      MEAN        SD       MINIMUM     MAXIMUM
 HOMEWORK        260      2.02      1.55        0.00        7.00
  MATHACH        260     51.30     11.14       31.00       71.00

                LEVEL-2 DESCRIPTIVE STATISTICS

VARIABLE NAME     N      MEAN        SD       MINIMUM     MAXIMUM
 HOMEWORK         10      1.76      0.70        0.86        3.30
```

虛無模型

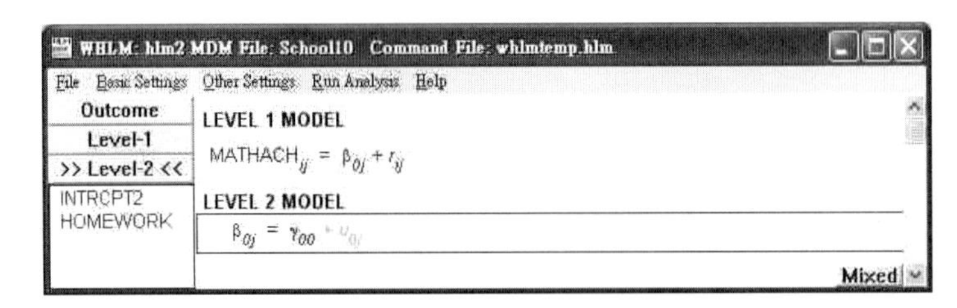

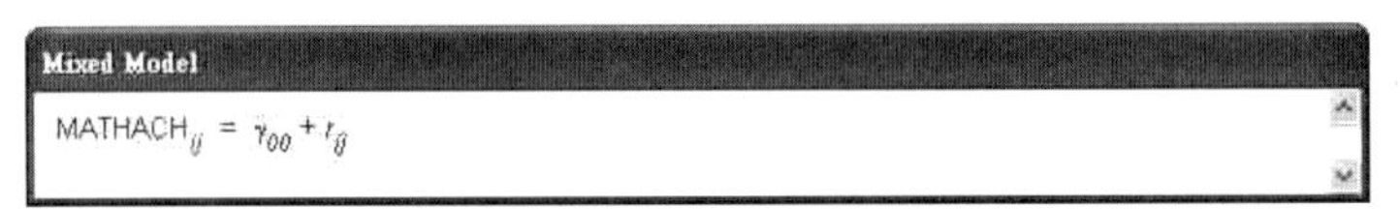

Final estimation of fixed effects:

Fixed Effect	Coefficient	Standard Error	T-ratio	Approx. d.f.	P-value
For INTRCPT1, B0					
INTRCPT2, G00	51.300000	0.690603	74.283	259	0.000

脈絡模型

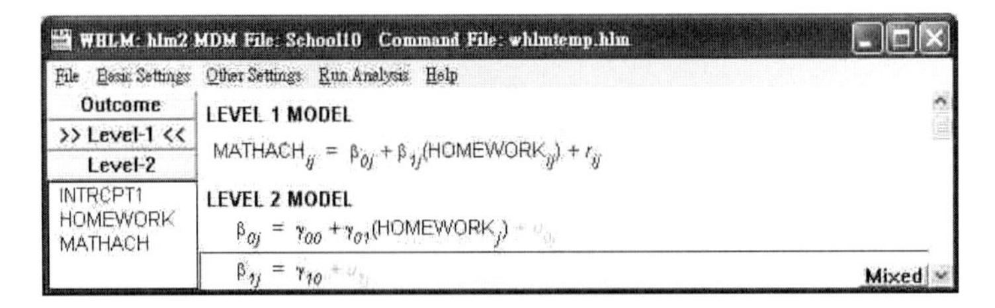

Mixed Model

MATHACH$_{ij}$ = γ_{00} + γ_{01}*HOMEWORK$_j$ + γ_{10}*HOMEWORK$_{ij}$ + r_{ij}

Final estimation of fixed effects:

脈絡效果 b_B　　斜率 b_W

Fixed Effect	Coefficient	Standard Error	T-ratio	Approx. d.f.	P-value
For INTRCPT1, B0					
INTRCPT2, G00	41.431209	1.705614	24.248	257	0.000
HOMEWORK, G01	4.878109	0.797556	6.116	257	0.000
For HOMEWORK slope, B1					
INTRCPT2, G10	2.136635	0.432608	4.939	257	0.000

4. Cronbach **模型**：利用 HLM6.02 軟體進行分析視窗如下，與前面脈絡模型不同的是固體層次解釋變數經過組平減處理。結果數值與表 2.6 相同。

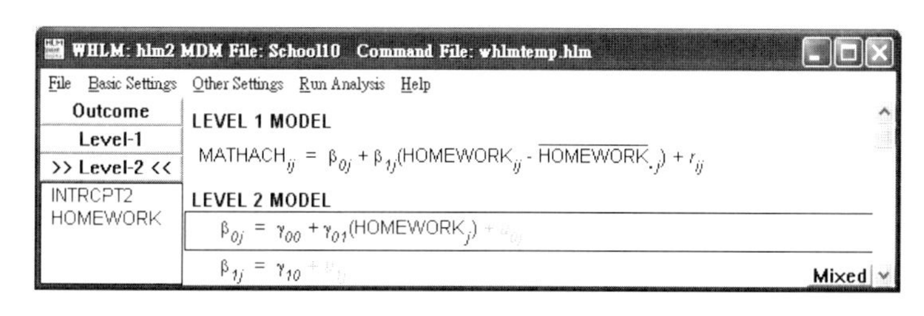

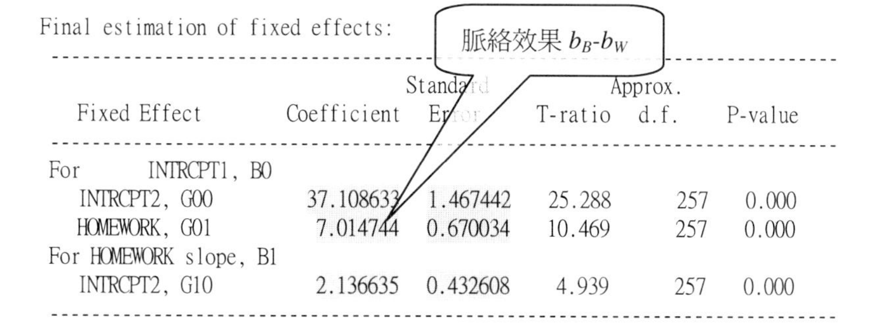
Final estimation of fixed effects:

脈絡效果 b_B-b_W

Fixed Effect	Coefficient	Standard Error	T-ratio	Approx. d.f.	P-value
For INTRCPT1, B0					
INTRCPT2, G00	37.108633	1.467442	25.288	257	0.000
HOMEWORK, G01	7.014744	0.670034	10.469	257	0.000
For HOMEWORK slope, B1					
INTRCPT2, G10	2.136635	0.432608	4.939	257	0.000

5. **共變數分析**：利用 SPSS 軟體進行 ANCOVA 語法如下（資料檔為 School10_11.sav 檔）。表 2.7 的虛無模型為不包含共變數的 ANOVA 模型，語法只需把第一行的 WITH HomeWork 刪除即可。

```
UNIANOVA MathAch  BY schoolid  WITH HomeWork
  /METHOD = SSTYPE(3)
  /INTERCEPT = INCLUDE
  /PRINT = DESCRIPTIVE ETASQ OPOWER
  /CRITERIA = ALPHA(.05)
  /DESIGN = HomeWork schoolid .
```

對照表 2.7 的 SPSS 結果如下，R^2 數值相同。其餘數據讀者可自行對照之。

ANOVA

Tests of Between-Subjects Effects

Dependent Variable: MathAch math score'

Source	Type III Sum of Squares	df	Mean Square	F	Sig.	Partial Eta Squared
Corrected Model	14030.536[b]	9	1558.948	21.549	.000	.437
Intercept	545077.651	1	545077.651	7534.498	.000	.968
schoolid	14030.536	9	1558.948	21.549	.000	.437
Error	18086.064	250	72.344			
Total	716356.000	260				
Corrected Total	32116.600	259				

a. Computed using alpha = .05

b. R Squared = .437 (Adjusted R Squared = .417)

R^2 數值與表 2.7 同

ANCOVA

Tests of Between-Subjects Effects

Dependent Variable: MathAch math score'

Source	Type III Sum of Squares	df	Mean Square	F	Sig.	Partial Eta Squared
Corrected Model	16034.203[b]	10	1603.420	24.825	.000	.499
Intercept	178018.604	1	178018.604	2756.220	.000	.917
HomeWork	2003.667	1	2003.667	31.022	.000	.111
schoolid	8100.396	9	900.044	13.935	.000	.335
Error	16082.397	249	64.588			
Total	716356.000	260				
Corrected Total	32116.600	259				

a. Computed using alpha = .05

b. R Squared = .499 (Adjusted R Squared = .479)

R^2 數值與表 2.7 同

第 3 章

變動與隨機係數模型

Varying and Random Coefficient Models

◆◆◆◆◆◆◆◆◆◆◆◆◆◆◆◆◆◆◆◆◆◆◆◆◆◆◆◆◆◆◆◆◆◆

3.1 緒論

本章的主要目的在說明**變動係數模型**（varing coefficient model）與較進階的**隨機係數模型**（random coefficient model; RC）之間的差異。本章使用與前章相同的資料庫，也就是 NELS88 的 10 個學校的資料來說明隨機係數模型的應用。在進行資料分析之前，首先利用四個假想學校的狀況來說明這兩種模型分析的異同。而兩種模型的比較是在下列三個假設情境下進行：

1. 變動截距
2. 變動斜率
3. 變動截距與斜率

其中變動係數模型也被稱為「斜率結果」取向（'slope-as-outcomes' approach）。

利用四所假想學校的資料，我們可以發現兩種模型具有相同的概念，但是 RC 模型是一個更具有統計學理意味的變動係數模型。此外，這兩種模型具有相同的分析目的，但是 RC 模型更具有統計正確性、簡效性、以及便利性。在概念的解釋上，以「斜率結果」取向來說明會比較清楚，但是對於分析的結果，則以 RC 模型的結果較容易解釋。

在介紹完這兩種多層次模式的基本假設與公式之後，我們將把兩種模型與第二章所討論的傳統迴歸模型與 ANCOVA 模型來一起比較。本章的最後，則以前一章的 10 校資料庫來說明兩種模型在分析結果上的差異。

3.2 分組迴歸

傳統上，對於分組資料的分析，多利用不同形式的迴歸分析來處理，包括了 ANCOVA。基本的線性方程式如下：

$$\underline{y}_{ij} = a_j + b_j x_{ij} + \underline{\varepsilon}_{ij} \tag{3.1}$$

公式 3.1 與第二章的公式 2.2a 相似。x 是個體解釋變數，y 是反應變數。而 a_j 為截距，b_j 為斜率。公式中各項係數使用複數型態，是因為每一個不同的組會有不同的係數。兩個係數不會是單一數值。下標 j 加在 a 與 b 兩個係數，表示第 j 組對於其中的 i 個個體提供的共同的脈絡背景。而 $\underline{\varepsilon}_{ij}$ 則為個體的誤差項，為平均數為 0，變異數為 σ^2 的隨機分配。在公式 3.1 中，僅有 $\underline{y}_{ij}$ 和 $\underline{\varepsilon}_{ij}$ 為隨機變數。到了後面有關變動係數模型的討論時，這兩個變數也將保持有底線的狀態（表視為隨機變數）（註 1）。

從 NELS88 的 10 校資料中。學生是個體層次的觀察單位，學校則為不同的脈絡（或分組）。解釋變數 x 為[家庭作業]，反應變數為[數學成績]。

3.3 變動係數

在傳統的固定效果線性模型中，「斜率結果」取向可以被視為多階層分析，也是通往進階的多層次模型的第一步。在此一取向中，由於有不同的學校（組），研究者利用一套帶有個體解釋變數與一個個體反應變數的線性模型來估計各分組下的參數。此時允許各脈絡（亦即各校）擁有自己的**個體模型**（micro model）。圖 3.1 到圖 3.3 說明了四所學校的線性模型的三種不同情況。

基本上，四所學校具有類似的特性。在圖 3.1 中，四所學校具有相同的斜率但是截距不同。圖 3.2 中，四所學校具有相同的截距但是斜率不同。圖 3.3 中，四所學校不僅斜率不同，截距也不同。

這三個圖作爲本章解釋「斜率結果」分析取向的圖示。在圖 3.1 中，四所學校的迴歸方程式是平行的，平行意味著反應變數 y（數學成績）對解釋變數 x（家庭作業）作迴歸時，在各組中具有相等的斜率。但是由於這些直線的起點不同，表示各校數學成績的平均水準有所差異。不相等的截距表示當個別學生的[家庭作業]狀況被考慮進來後，有的學校數學成績表現較好，有的較差。圖 3.1 的狀態即是一個 ANCOVA 模型，ANCOVA 模型假設各組的 x 與 y 關聯情形相同（迴歸線呈現平行），來比較各組截距的差異。

圖 3.2 的四所學校，迴歸直線有同一個起點，但是各有不同程度的斜率。也就是說，某些學校的 y 在 x 的迴歸較強，導致較大的斜率。越陡峭的直線，表示越強的數學成績對家庭作業的迴歸效果。

最後，圖 3.3 中的四所學校狀況可以說最符合實際的狀況。四所學校的迴歸模型具有不同的斜率與截距，說明了「斜率結果」模型在分析上的重要性，四個學校都有獨特的一套模型，比我們去強迫相信各校有相同的特性更符合實際。

這三個圖形說明了分組資料的分析，每一個不同的組（學校）必須分別估計其斜率或截距，說明了「斜率結果」策略的第一步工作是去分別估計各組的方程式，然後才把估計得到的參數作爲帶有總體層次解釋變數的總體層次迴歸的反應變數。

上述這種作法又被稱爲**兩階段分析**（two-step analysis），因爲第一步先對個別的脈絡進行個體（個體層次）的參數估計，然後作爲第二步的反應變數，被總體層次的解釋變數所預測。在這兩個步驟中，都是以 OLS 法來進行參數估計（註 2）。

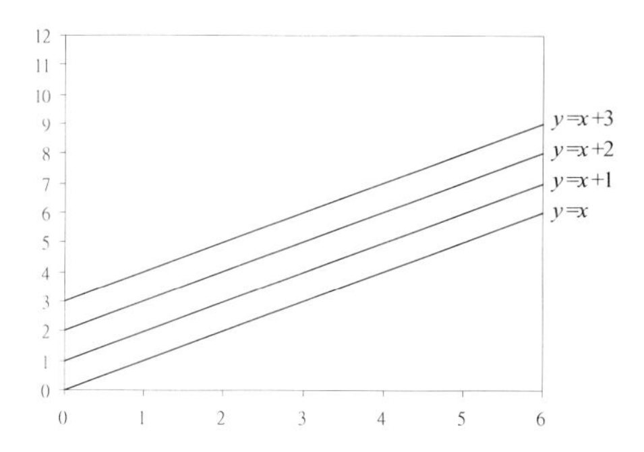

圖 3.1 變動截距的四條迴歸線

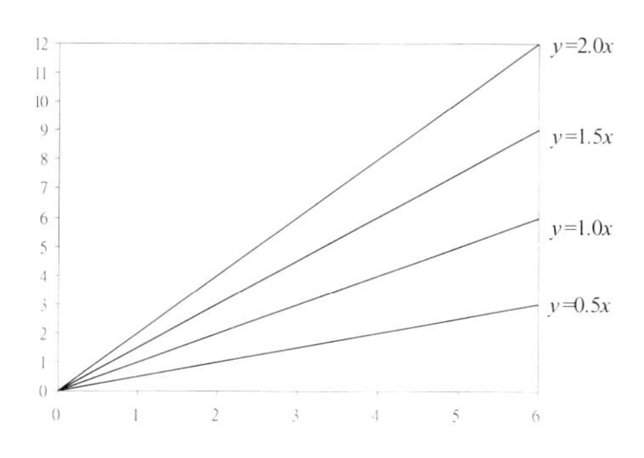

圖 3.2 變動斜率的四條迴歸線

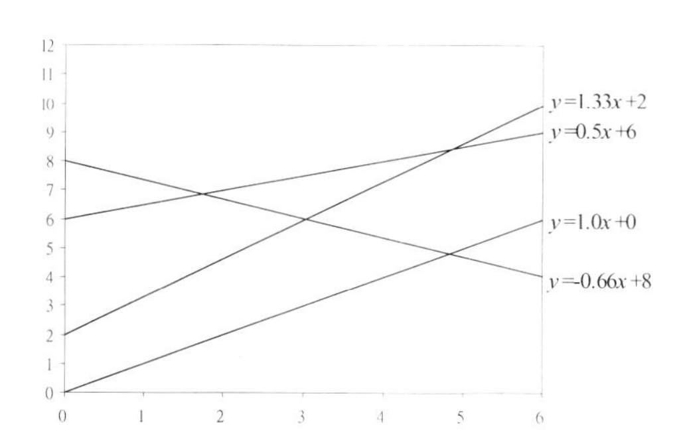

圖 3.3 變動截距與斜率的四條迴歸線

兩階段分析的第二步方程式（總體層次）如下：

$$a_j = c_0 + c_1 z_j \tag{3.2a}$$

$$b_j = d_0 + d_1 z_j \tag{3.2b}$$

其中 a_j 與 b_j 分別是截距與斜率兩種迴歸係數，有關他們的應用與操作，可參考 Burstein 等人（1978）或 Tate（1985）的說明。

在兩階段方法中，每一個步驟的觀察值個數不同。在第一步的個體層次中，各組內的觀察值個數（各校學生數目）可能不同（如第二章的表 2.1 所列出的 10 個學校的各校人數）。在總體層次的分析，以斜率或截距爲反應變數時，總體層次的觀察值個數則相同。在本範例中均爲 10，亦即 10 個學校產生 10 個截距 a_j 與 10 個斜率 b_j。總體層次的截距（c_0 與 d_0）與斜率（c_1 與 d_1）如同公式 3.2a 與 3.2b 所示。這兩個公式列爲一組，表示都是以同一個解釋變數 z 去解釋截距與斜率的變化。在本章的範例中，此一解釋變數爲[公立]或整合得到的[家庭作業平均]（註 3）。

「斜率結果」取向是一種探討傳統資料分析上被忽略的關係或特性的有效策略。但是這種策略有一個實務上的缺點，是必須針對不同的脈絡分別進行分析。分別估計所得到的資料或是可以用以描述個別脈絡獨特性，但是如果脈絡複雜（學校數目眾多），那麼分析工作就非常繁雜而不夠簡效，更可能因而忽略了各校之間所具有的共通性。

爲了解決上述的問題，最好的方法就是利用以下我們將要詳細介紹的 RC 模型來進行分析。RC 模型合併了前述「斜率結果」取向的優點與統計簡效性，不但保留個別學校的特殊性，也兼顧了各校間的共通性。

3.4 隨機係數模型

概念上，RC 模型是基於「斜率結果」模型的一種應用，所不同的是，雖然各脈絡下的斜率、截距、或兩者可能存在差異，RC 模型並不分別對於個別脈絡下的參數進行估計。圖 3.1 到圖 3.3 描繪四個學校的不同狀態，每一個學校各自有其特色，因此可以建立自己的模型。爲了進行比較，以下也舉出對應的三個圖形（圖 3.4 到 3.6），來說明 RC 模型如何以單一模型來說明四個學校的狀態。

在概念上，圖 3.4 到 3.6 等同於圖 3.1 到 3.3。所不同的是圖 3.4 到 3.6 中只有一條實線，在實線的兩側爲兩條虛線。這兩條虛線說明的是四個學校從平均線離散的情形，相對應的就是前面圖 3.1 到 3.3 的「固定但變動的係數」的變異數。在圖 3.1 中，變動的是截距，圖 3.2 與 3.3 則涉及了斜率的變動，而圖 3.4 到 3.6 也分別反應了這三種狀況。

與圖 3.1 相同，圖 3.4 的截距變動但是斜率維持固定，但虛線表示了實線以外所可能存在的變異，而且是在不同的 x 之下，變異情形相同。同理，圖 3.5 與圖 3.2 均是斜率變動但截距不變的模型，而圖 3.5 的虛線說明了不同的 x 之下，數據的變異情形不同。RC 模型所預期的就是這種結果，因爲斜率的變動與個體解釋變數 x 的數值有關，當 x 越高，平均線上下的散佈區域就越大。

最後，圖 3.6 與圖 3.3 都是四所學校的斜率與截距雙雙變動的狀態。在圖 3.6 中，圍繞平均線的散佈就成了特殊的變動現象。虛線的趨勢，合併了截距的變異數與斜率變異數，以及截距與斜率的共變數（covariance）。因爲斜率的變動與 x 的數值大小有關，同樣的，共變數也會與 x 的數值大小有關。圍繞在平均線周圍的總變異數，是這三個變異數/共變數的加總。導致圖 3.6 的散佈，在 x 變數最大值與最小值範圍內，呈現不規則的狀態。

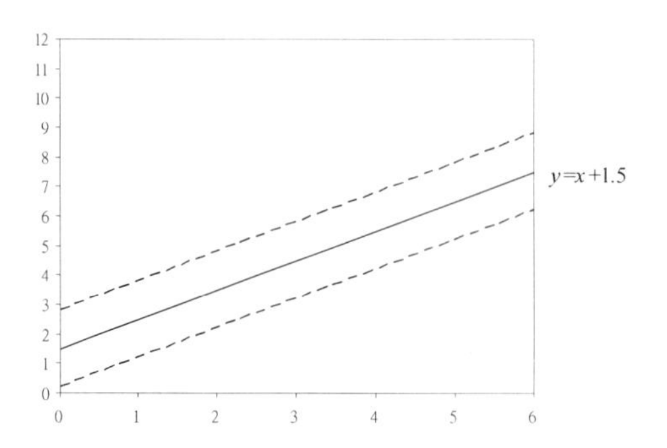

圖 3.4 帶有隨機截距的隨機係數模型

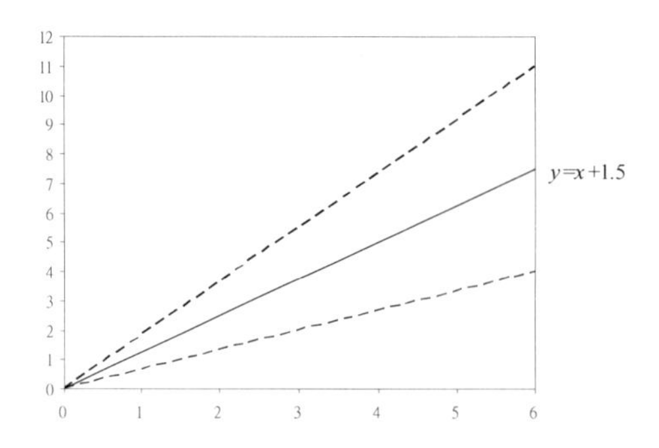

圖 3.5 帶有隨機斜率的隨機係數模型

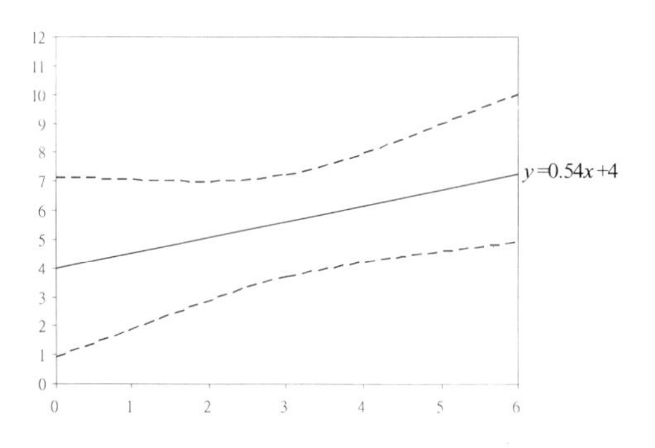

圖 3.6 帶有隨機截距與斜率的隨機係數模型

如果平均線附近的散佈點的變異量（可由總變異數來計算其數值）很大，我們即可以說該平均線無法等量的來反應各組的狀況。由於該直線為平均的結果，我們可以從係數的離散情形或變異數的大小可知，有不少學校高於或低於該直線。相對的，如果平均線附近的散佈點的變異量很小，該平均線就會等量接近各組的迴歸線。此時，利用單一層次迴歸方程式就可以反應各組的變項關係，反應的一樣好。

值得注意的是，各學校有可能往上或往下變化，因為不僅斜率有別，截距不同，也可能兩者同時存在差異，導致同一個學校可能在不同的 x 數值下，高於或低於平均線。

在 RC 模型，每一個係數都有變異數，反應了各校的獨特性。用統計的語言來說，每一個脈絡（學校）的獨特性由各校由平均線往外離散的變異量來表示。在本章的後面，此一變異量（或稱為誤差）可以用來計算**事後平均數**（posterior means）。事後平均數是指每一個不同的脈絡（學校）各自的斜率與截距的數值。非常接近「斜率結果」策略得到的結果。

圖 3.4 到圖 3.6 說明了 RC 模型的基本原則，也說明了 RC 模型與「斜率結果」模型的差異。以下，我們將把這些原則以數學方程式的形式來表述。圖 3.4 到圖 3.6 的平均線上下的散佈狀況，說明了各脈絡下個別估計得到的係數的差異性。由此可知，RC 模型由兩個部分所組成：平均數（固定部分）與變異數（隨機部分）。RC 模型的隨機部分由總體層次的變異數來描述，反應了統計模型從一個總體模型會發生變動、變化的程度。此一變異數被用來指涉總體層次的變異數，因為係數會不同，是因為組與組之間（各脈絡間）的差異所造成，是高層而非個體層次的變異。

代表各校存在變動的隨機模型的公式，係從我們熟知的迴歸公式推演得到，如公式 3.3（加底線者仍表示為隨機變數）：

$$\underline{y}_{ij} = \underline{a}_j + \underline{b}_j x_{ij} + \underline{\varepsilon}_{ij} \tag{3.3}$$

下標 i 仍是指個體，j 仍是指組別，$\underline{y}_{ij}$ 是第 j 組的第 i 個人的反應變數的分數。 x_{ij} 是同一個個體在個體層次解釋變數數值，變數 $\underline{a}_j$ 是隨機截距，變數 $\underline{b}_j$ 是隨機斜率， $\underline{\varepsilon}_{ij}$ 是殘差項， $\underline{\varepsilon}_{ij}$ 被假設爲期望值等於 0（平均數爲 0），各殘差項 $\underline{\varepsilon}_{ij}$ 相互獨立沒有相關，$\underline{\varepsilon}_{ij}$ 的變異數爲 σ^2。

值得注意的是公式 3.3 的 $\underline{a}_j$ 與 $\underline{b}_j$ 所附加的底線，是前面公式所不曾有的新特徵，反應了這兩個係數爲隨機係數。這也是公式 3.3 與公式 2.2a（「斜率結果」模型）的唯一差異。

到目前爲止，我們所討論的模型都具固定係數。在 RC 模型的係數，則可能是固定或隨機。而係數應爲固定或隨機的決定，在 RC 模型中，可以針對不同的係數分別考量。

在 RC 模型中，係數被視爲是帶有變異數的主要效果，此一變異數表示各脈絡從總體水平（或主要效果）產生變動的程度。更具體來說，所謂隨機係數，是一個固定成分（fixed components）加上一個殘差項（disturbances）所組成。這些殘差反應的是組別的變化，其特性類似於個體層次的 $\underline{\varepsilon}_{ij}$ ，被假設平均數爲 0 的獨立隨機變數。

總體層次的方程式，透過一個固定參數加上誤差，來描述出隨機斜率與隨機截距的特性，如下所示：

$$\underline{a}_j = \gamma_{00} + \underline{u}_{0j} \tag{3.4a}$$

$$\underline{b}_j = \gamma_{10} + \underline{u}_{1j} \tag{3.4b}$$

公式 3.4a 與 3.4b 當中，總體層次的誤差 $\underline{u}_{0j}$ 與 $\underline{u}_{1j}$ 是指截距 γ_{00} 與斜率 γ_{10} 在脈絡之間的變化。公式 3.4a 的平均截距爲 γ_{00} ，$\underline{u}_{0j}$ 爲每一個脈絡截距與平均截距的離差分數。相同的，公式 3.4b 中，綜合所有各脈絡所估計得出的平均斜率爲 γ_{10} ，$\underline{u}_{1j}$ 爲每一個脈絡的斜率與平均斜率的離差分數。gamma 參數的下標，第一個數值是個體層次解釋變數的編號，第二個數值表示總體層次變數的編號。因此，對於 γ_{st} ，表

示總體層次的第 t 個變數對於個體層次 x 變數迴歸係數的影響。0 表示截距，也就是說，不論在總體或個體層次，該變數的所有數值均為 +1。例如 γ_{00} 表示總體層次截距對於個體層次截距的影響。

值得注意的是，在公式 3.4a 與 3.4b 當中，係數 $\underline{a}_j$ 與 $\underline{b}_j$ 為固定效果 γ_{00} 與 γ_{10} 的函數，分別帶著隨機效果 $\underline{u}_{0j}$ 與 $\underline{u}_{1j}$。而 $\underline{u}_{0j}$ 的變異數為 τ_{00}，$\underline{u}_{1j}$ 的變異數為 τ_{11}，$\underline{u}_{0j}$ 與 $\underline{u}_{1j}$ 的共變數為 τ_{01}。公式 3.5 列出帶有一個隨機截距與隨機斜率的 RC 模型的變異數成分：

$$T = \begin{array}{c} \\ \underline{u}_{0j} \\ \underline{u}_{1j} \end{array} \begin{array}{c} \begin{array}{cc} \underline{u}_{0j} & \underline{u}_{1j} \end{array} \\ \begin{pmatrix} \tau_{00} & \tau_{01} \\ \tau_{10} & \tau_{11} \end{pmatrix} \end{array} \tag{3.5}$$

公式 3.5 的 T 矩陣各元素，為 RC 模型當中兩個被估計參數 $\underline{u}_{0j}$ 與 $\underline{u}_{1j}$ 的變異數與共變數。τ 表示各校從總平均離散的程度。

為了說明這些個別方程式不是真的被個別估計，而是模型中的一部份，我們可以將公式 3.4a 與 3.4b 帶入公式 3.3，得到下式：

$$\underline{y}_{ij} = (\gamma_{00} + \underline{u}_{0j}) + (\gamma_{10} + \underline{u}_{1j})x_{ij} + \underline{\varepsilon}_{ij} \tag{3.6}$$

重組後得出：

$$\underline{y}_{ij} = \gamma_{00} + \gamma_{10}x_{ij} + (\underline{u}_{0j} + \underline{u}_{1j}x_{ij} + \underline{\varepsilon}_{ij}) \tag{3.7}$$

重組後的方程式顯得更有組織，固定效果（gamma 參數）集合在方程式的前部，而個體層次的誤差（$\underline{\varepsilon}_{ij}$）與兩個總體層次的誤差（$\underline{u}_{0j}$ 與 $\underline{u}_{1j}x_{ij}$）這三個隨機效果則集合在後方的括弧中。此一方程式除了括弧中誤差項之外，其他均與傳統的迴歸方程式相同。在圖 3.6 中也反應總體層次斜率變異數（$\underline{u}_{1j}$ 的變異數）與 x 數值的變化具有關聯。公式 3.7 的 $\underline{u}_{1j}x_{ij}$ 即說明了此一關聯性。

每一個脈絡的**獨特變異**（uniqueness）以總體層次的誤差變異（$\underline{u}_s$）來表示，其意義為整體的模型解（迴歸方程式）的變異程度。對於各個脈絡，並不會如同前面的「斜率結果變數」策略一樣，產生各自的模型解（迴歸方程式），在 RC 模型當中，只會產生一個整體的方程式。各校的模型解的變化，會圍繞該單一方程式而變動，這條單一方程式的係數就是公式 3.7 當中的 gamma 係數，稱為**固定效果**（fixed effect），總體層次（學校間變化）的變異 $\underline{u}_{0j}$ 與 $\underline{u}_{1j}x_{ij}$ 則為**隨機效果**（random effect）。如果這些變異數顯著不為 0，我們即可宣稱脈絡的影響存在。

RC 模型的公式顯示，該模型是一個介於完全限制（忽略脈絡影響的傳統一般迴歸）與完全沒有限制（例如斜率結果變數策略，將脈絡的影響完全納入）的一種中間性的模型解。在斜率結果變數策略中，每一個脈絡（學校）以一個獨立的實體來處理，宛如它們之間沒有任何共同相似之處；相對之下，傳統一般迴歸模型則是將各脈絡視為完全相同。從統計原理的角度來看，RC 模型也是介於兩個極端之間，RC 模型所估計的固定參數比「斜率結果」策略為少，但是比一般迴歸模型多。下一節當中，我們將比較本章與第二章的模型的差別，並加以摘要整理。

表 3.1　傳統線性模型與多層次模型的比較

模型	截距	斜率
傳統線性迴歸	相等	相等
共變數分析	不等	相等
「斜率結果」	不等	不等
隨機係數	不等	相等或不等

3.5 線性模型的假設

表 3.1 摘述了迴歸與 ANOVA 兩種傳統線性模型，與「斜率結果」與隨機係數模型兩種多層次模型的差異。表 3.1 中所列出的多數模型爲固定效果線性模型，RC 模型是唯一的隨機效果線性模型。在固定模型部分，截距可以爲相等（公式 3.8a）或不相等（公式 3.8b）：

$$a_1 = a_2 = ... = a_m \tag{3.8a}$$

$$a_1 \neq a_2 \neq ... \neq a_m \tag{3.8b}$$

公式 3.8a 爲整體迴歸模型，該模型忽視了群體組別的差異，且在所有的脈絡下，假設每一個個體都有相同的效果。在 ANCOVA 模型，假設各脈絡有不同的截距，如公式 3.8b，以及圖 3.1 與 3.4 所示。

線性模型對於斜率係數可以有不同的假設設定。斜率可以被設定爲各組相等或不相等。在變異數分析模型，斜率則設定爲相等，斜率的計算是以公式 3.9a 把各組斜率合併在一起而估計得出，隨機與變動係數模型允許斜率爲變動的數值，如公式 3.9b 與圖 3.2 及 3.5 所示。

$$b_1 = b_2 = ... = b_m \tag{3.9a}$$

$$b_1 \neq b_2 \neq ... \neq b_m \tag{3.9b}$$

RC 模型與「斜率結果」模型允許研究者假設脈絡內的係數與各脈絡呈現特定函數關係的系統變化，不同的截距與不同的斜率可以設定在同一個模型中，如圖 3.3 與 3.6 所示。

比起上述兩個多層次模型，ANCOVA 與迴歸模型是限定較多的模型。多層次模型由於放寬了一些限制讓更多的參數得以自由估計，因此是較爲一般化的模型。越一般化的模型雖然較限定模型有較多的自由彈性，但是**簡效性**（parsimony）較差。在下一節，我們將討論 RC 模型與「斜率結果」模型的特性，並以第二章的 NELS88 選取的 10 校資料庫來進行實際範例的說明。分析的結果不僅進行兩者的比較，也將與 ANCOVA 模型相比。

3.6 「斜率結果」分析

現在，我們來看看以「斜率結果」取向來進行階層巢套資料的分析範例。每一個脈絡都有自己的線性模型，模型中具有一個或多個個體層次解釋變數以及一個個體層次的反應變數。組內迴歸係數將在下一個階段被拿來當作總體層次迴歸分析的反應變數，各組的斜率與截距在模型中被彙整，成爲後續總體層次的反應變數。

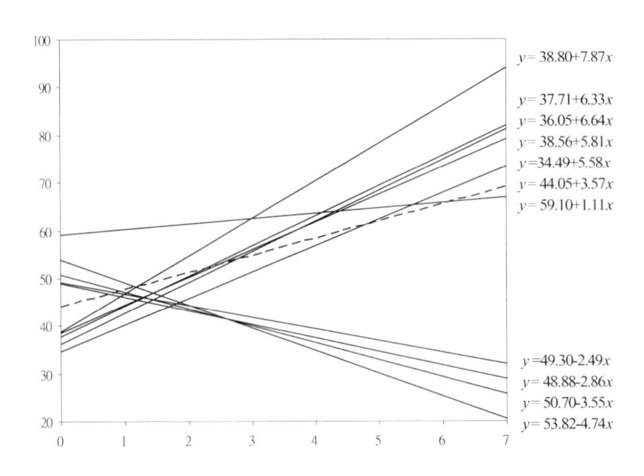

圖 3.7 10 所學校的 OLS 迴歸線

我們以 10 個學校的實際資料來進行示範，因此可以得到 10 條不同的迴歸線。結果列於表 3.2 與圖 3.7，圖 3.7 繪出了 10 條迴歸線。實線表示 10 所學校，短虛線表示把 10 個學校合併在一起所估計得到的整體迴歸線。比較這 10 所學校不同的迴歸線與整體迴歸線，我們可以看出主要的不同在於斜率，截距的差異則較小。從表 3.2 所列出的相關係數（標示為 r 的數值）也可以看出[數學成績]與[家庭作業]的相關係數的變化情形與斜率變化情形相同。顯示出各校在[數學成績]與[家庭作業]的關係上，具有實質的差異。雖然截距也有差異，但是就沒有那麼劇烈。事實上，當初我們在挑選樣本時，就是選擇這兩個變項的關係很大差異的 10 所學校，因此會得到如此的結果一點都不令人意外。基於 260 觀察值所計算出來的整體迴歸方程式的結果也列於表中。如果檢閱圖 3.7 的內容，可以發現短虛線與 10 所學校的迴歸線在斜率的差異遠大於截距的差異。整體迴歸線的斜率呈現正向斜率，但是 10 所學校當中有四所學校的斜率是負的，顯示出這些學校的斜率差異很大，以單一的整體迴歸線無法有效的反應這 10 所學校的狀況。

表 3.2　10 個學校的數學成就在家庭作業的 OLS 迴歸線[譯者分析 1]

	截距		斜率				
學校	估計值	標準誤	估計值	標準誤	r	N	Pu/Pr
1	50.70	2.24	-3.55	1.27	-0.52	23	1
2	48.88	3.56	-2.86	1.33	-0.45	20	1
3	38.80	2.94	7.87	1.37	0.77	24	1
4	34.49	1.76	5.58	0.80	0.84	22	1
5	53.82	2.55	-4.74	2.22	-0.43	22	1
6	49.30	1.51	-2.49	1.08	-0.48	20	1
7	59.10	1.42	1.11	0.38	0.34	67	0
8	36.05	3.46	6.46	1.46	0.71	21	1
9	38.56	3.19	5.81	1.99	0.56	21	1
10	37.71	2.36	6.33	1.11	0.80	20	1
全體	44.05	0.98	3.57	0.39	0.50	260	

在分析的第二個步驟，10 個學校的迴歸線的斜率與截距作爲反應變數，被第二層的解釋變數[公立]來加以預測，公立學校編碼爲 1，私立學校編碼爲 0，在公式 3.10a 與 3.10b 中，[公立]這個變數以 z 來表示。由於公立學校編碼爲 1，因此這個變數的係數反應的是公立學校的強度。

公式 3.10a 與 3.10b 列出兩個不同的總體層次模型，公式 3.10a 爲截距部分，公式 3.10b 爲斜率部分。

$$a_j = c_0 + c_1 z_j \quad (3.10a)$$

$$b_j = d_0 + d_1 z_j \quad (3.10b)$$

公式 3.10a 與 3.10b 兩個公式產生總體截距（c_0）與總體斜率（d_0），[公立]主要效果的估計值（c_1），以及[公立]與[家庭作業]的跨層級交互作用（d_1）四個估計值（註 4）。

總體迴歸的結果如下：

$$\text{截距} \approx 59.10 - 15.95 \times [\text{公立}]$$

$$\text{斜率} \approx 1.11 + 0.94 \times [\text{公立}]$$

第一個總體迴歸分析以截距爲反應變數，其中[公立]變數的負係數表示公立學校的截距較低。第二個總體迴歸分析以[家庭作業]的斜率爲反應變數，[公立]變數的正係數表示公立學校的[家庭作業]斜率較私立學校的斜率更強（較陡峭）。在控制了家庭作業時數的影響之後，[公立]的兩種學校類型的整體效果可以公式 3.10a 來計算，私立學校的效果等於總體截距（59.10），公立學校的效果則較低，爲59.10-15.95=43.15；在[家庭作業]變數上的效果可以利用公式 3.10b 的第二個總體層次迴歸公式來計算，這個公式帶有一個個體斜率與[公立]的跨層級交互作用項。由公式 3.10b 可知，公立學校在[家庭作業]變項上有較強的效果，效果爲 1.11+0.94=2.05，而私立學校的效果則爲截距（1.11）。

在這個步驟中，[公立]變數有兩種效果存在：一個發生在截距，稱爲**整體效果**（overall effect）；另一個發生在斜率，稱爲**跨層級交互作用**（cross-level interaction effect）。

「斜率結果」取向的模型有一些缺點。第一，誤差項結構的設定並不適當，導致參數估計的顯著性（p value）存有疑義。第二，第一階段所獲得的迴歸係數並沒有相同的效力，有些係數的標準誤較大，有些則較小。這些問題在第二階段的分析過程並沒有加以處理。在第二階段的分析中，每一個係數的權重是相同的，但是「斜率結果」取向的概念仍然是有其需求。在下一節當中，我們將以相同的例子，說明「斜率結果」取向如何用來進行更具簡效性的隨機係數模型分析。

3.7 隨機係數模型分析結果

對於隨機係數模型的解釋，我們仍然以同一個資料庫來進行示範。[家庭作業]爲解釋變數，[數學成績]爲反應變數，所使用的軟體仍爲 MLn（Rasbash et al., 1991）。分析的結果如下，係數下方的括弧內數值爲標準誤：

$$[\text{數學成績}] \approx \underset{(2.59)}{44.76} + \underset{(1.47)}{2.04} \times [\text{家庭作業}]$$

若與固定迴歸模型的結果相比（表 3.2 的最後一橫列）：

$$[\text{數學成績}] \approx \underset{(0.98)}{44.05} + \underset{(0.39)}{3.57} \times [\text{家庭作業}]$$

[家庭作業]（x）與[數學成績]（ y ）之間仍具有正向的關係，但是卻不顯著，越多的做作業時間會有較高的數學成績預測分數這一個說法不再有效。同一個係數在不同模型的數值差異雖然很小，但是由於標準誤的差異很大，導致結論不同。在固定模型中，[家庭作業]的係數顯著不等於 0，但是在隨機係數模型則不再顯著。

總體方程式考慮了迴歸係數的隨機變異（見表 3.3）（註 5），前面所列出的單一方程式，可以改寫成兩個分離的方程式：

$$\text{截距}_j = 44.76 \times \text{總體截距} + \text{誤差}_j$$

$$\text{斜率}_j = 2.04 \times \text{總體斜率} + \text{誤差}_j$$

表 3.3　隨機係數模型分析結果（隨機部分）譯者分析 2

	第二層	
參數	估計值	標準誤
截距變異數	60.89	29.89
[家庭作業]斜率變異數	19.79	9.53
斜率與截距共變數	-27.91	15.32
	第一層	
參數	估計值	標準誤
變異數 Variance	42.89	3.92
離異數 Deviance	1768.21	

在概念上，這兩個總體方程式可以與「斜率結果」取向的第二階段相呼應。

一般來說，比起斜率，截距是較穩定的估計值。截距會有較大的變異數，斜率變異數則較小。然而，在我們人工挑選的資料庫分析得到的結果並非如此。在表 3.3 當中，截距與斜率的變異數大致具有相等的顯著考驗結果。雖然數值都不高，除以標準誤後，一個是 z=2.04，另一個是 z=2.08。[家庭作業]（ x_{ij} ）與[數學成績]（ y_{ij} ）的關係強度在各組間的變化與截距的變化（數學成績的平均值）差不多。

3.7.1 增加一個總體層次解釋變數

以下，我們將討論隨機係數模型更進一步的分析策略。下面我們將增加一個第二層（總體層次）解釋變數[公立]進入模型之中。這個二分類別變項是用來「解釋」截距與斜率係數的變化。藉由增加一個學校層次解釋變數 z，學校間在截距（普遍性）或在斜率（特殊性）部分的變異可能會消失。如果真的發生這種現象，我們稱之爲總體層次變數「解釋」了校間變異。在個體層次，我們使用相同的變數，以[家庭作業]預測[數學成績]。

如同在「斜率結果」取向，我們可以針對截距變異數或斜率變異數進行不同的模型設定。但是在「斜率結果」取向中，我們不會在同一個步驟中同時處理這兩個變異數的估計，但是在下面的例子中，我們將示範如何同時在模型中設定這兩種總體層次的變異數。此時，我們不再像「斜率結果」取向，將總體模型拆成兩個模型，而是在同一個模型當中，同時估計所有的參數。

我們的第一個工作是處理截距變異數的解釋。此時，總體層次解釋變數 z_j 被引入了截距方程式，但是並未引入斜率方程式。我們把公式 3.4a 修改成總體層次變數[公立]（公式中的 z_j ）與截距有關：

$$\underline{a}_j = \gamma_{00} + \gamma_{01} z_j + \underline{u}_{0j} \tag{3.11}$$

對於公式 3.4b 的斜率方程式則不進行任何變動：

$$\underline{b}_j = \gamma_{10} + \underline{u}_{1j} \tag{3.12}$$

在這個模型中，我們假設僅有截距的變動與總體層次變數 z_j 具有函數關係再加上一個隨機波動，這個隨機波動代表總體層次誤差項 $\underline{u}_{0j}$（公式 3.11）。值得注意的是，我們所提出的模型爲單一方程式模型，因此我們需將公式 3.11 與公式 3.12 代入個體方程式（公式 3.3）之中，得到下列單一方程式：

$$\underline{y}_{ij} = \gamma_{00} + \gamma_{01} z_j + \underline{u}_{0j} + x_{ij}(\gamma_{10} + \underline{u}_{1j}) + \underline{\varepsilon}_{ij} \tag{3.13}$$

加以重組後，得出：

$$\underline{y}_{ij} = \gamma_{00} + \gamma_{01} z_j + \gamma_{10} x_{ij} + (\underline{u}_{0j} + x_{ij}\underline{u}_{1j} + \underline{\varepsilon}_{ij}) \tag{3.14}$$

再一次的，公式 3.14 看起來就像一般固定效果迴歸方程式，但是帶有複雜的誤差項。固定部分的分析結果如下：

$$[\text{數學成績}] \approx \underset{(2.67)}{57.98} + \underset{(1.52)}{1.93} \times [\text{家庭作業}] - \underset{(1.80)}{14.57} \times [\text{公立}]$$

表 3.4　截距爲總體解釋變數函數的隨機係數模型分析結果[譯者分析 3]

第二層		
參數	估計值	標準誤
截距變異數	40.20	20.41
[家庭作業]斜率變異數	21.58	10.30
斜率與截距共變數	-28.95	14.21
第一層		
參數	估計值	標準誤
變異數 Variance	42.78	3.90
離異數 Deviance	1749.48	

隨機部分的分析結果列於表 3.4。由表 3.4 可知，τ_{00}（截距變異數）相當程度被「解釋」掉了。公私立別具有顯著負向效果就是證據。截距變異數也發生了實質的改變，從 60.89 降爲 40.20。這兩個隨機係數模型（無[公立]變數與有[公立]變數）的適配度，可以利用兩個模型的**離異數**（deviance）的差異來評估（註 6）。判斷的大略法則，是兩個模型的離異數的差異，必須是所額外的估計參數數目的兩倍以上。如果離異數的差異達到顯著水準，那麼離異數較小的模型可被視爲是適配度較佳的模型。應用這個原則到表 3.3 與表 3.4，我們得到離異數的差爲 18.73，自由度爲 1（所增加的參數爲 1），很清楚的，帶有[公立]總體層次變數的模型爲較佳的模型，因爲增加了這個變數，改善了模型與觀察資料的適配。

我們的下一個任務是增加一個解釋變數來解釋學校間斜率的變異。從表 3.3 可知，斜率的變異數達到統計的顯著水準，因此值得進一步探討是否總體層次解釋變數[公立]可以解釋斜率的變異數的隨機性。在符號上，表示我們在總體方程式（公式 3.4b）中增加一項 z_j：

表 3.5　截距與斜率爲總體解釋變數函數的隨機係數模型結果[譯者分析 4]

第二層		
參數	估計值	標準誤
截距變異數	39.84	20.23
[家庭作業]斜率變異數	21.37	10.20
斜率與截距共變數	-28.68	14.08
第一層		
參數	估計值	標準誤
變異數 Variance	42.78	3.90
離異數 Deviance	1749.44	

$$\underline{b}_j = \gamma_{10} + \gamma_{11} z_j + \underline{u}_{1j} \quad (3.15)$$

我們還必須增加一項個體層次變數[家庭作業]與總體層次變數[公立]的交互作用項，由於私立編碼爲 0，因此得到的結果是有關公立學校的狀況。

將新的斜率總體方程式與前面公式 3.11 的截距總體方程式一起代入基本的個體方程式（公式 3.3），並加以整理後，得出：

$$\underline{y}_{ij} = \gamma_{00} + \gamma_{01} z_j + \gamma_{10} x_{ij} + \gamma_{11} x_{ij} z_j + (\underline{u}_{0j} + x_{ij} \underline{u}_{1j} + \underline{\varepsilon}_{ij}) \quad (3.16)$$

模型 3.16 與模型 3.14 的差異僅在於一個新增的參數 γ_{11}，其餘都保持不變。

固定部分的分析結果如下：

$$[\text{數學成績}] \approx \underset{(6.55)}{59.10} + \underset{(4.65)}{1.11} \times [\text{家庭作業}] - \underset{(6.92)}{15.83} \times [\text{公立}]$$

$$+ \underset{(4.92)}{0.92} \times [\text{作業} \times \text{公立}]$$

隨機部分則列於表 3.5 中。由固定部分的數據可知，跨層級交互作用項並沒有達到統計顯著水準。同樣的結果也發生在兩個模型適配度的差異檢定上，表 3.4 與表 3.5 的離異數差異爲 0.04，自由度爲 1，模型適配度的改善程度並未具有統計的顯著性。

本節主要的結論是，帶有隨機斜率與隨機截距的模型展現出較佳的模型適配度，總體層次的解釋變數[公立]在個體層次截距具有負向的效果。[公立]與[家庭作業]的跨層級交互作用對於模型並沒有顯著的改善效果。顯著的隨機效果僅部分能被學校特徵[公立]所解釋。

把隨機係數分析與「斜率結果」模型所獲得的結果拿來比較是非常有意思的。這兩種模型所估計出來的截距與斜率參數都是相同的，分別是 59.10 與 1.11，總體層次變數[公立]的參數估計也非常接近，分別是-15.95 與-15.83，交互作用項也是如此，分別是 0.94 與 0.92。主要的差別在於總體層次變數與交互作用項的標準誤的估計。

3.7.2 事後平均數

大多數統計軟體對於隨機係數模型所估計得到的結果是**事後平均數**（posterior means）。基本上，從「斜率結果」取向的第一階段所得到的事後平均數可以用來進行組與組的比較。然而，隨機係數模型的估計方法與「斜率結果」取向所估計得出的個別 OLS 迴歸分析結果非常不同。前面的示範中已經說明了 10 個學校分別進行斜率與截距估計的過程（請參考公式 3.11、3.14、3.15）。然而，隨機係數模型估計方法則是實證貝氏最大概似法（EB/ML）（MLn 軟體所使用的方法與 EB/ML 相同）。

在 EB/ML 估計過程中，考量了整體迴歸模型的估計。而個別學校的模型則是不穩定的估計值，會圍繞在整體模型四周，呈現出縮動的狀態。不穩定的估計值，係由於組內樣本數較少，或因爲資料代表性不足，導致具有較大的標準誤。當估計值不可靠時，會產生較大的**縮動**（shrinkage），當估計值可靠時，縮動則較小。由於縮動的存在，使得隨機係數模型所估計得到的事後平均數與「斜率結果」模型估計所得到的結果（表 3.2）有所不同。如果比對表 3.2 與表 3.6（註 7），表 3.6 中的事後平均數，是以整體模型估計結果加上某特定學校的 OLS 估計結果所得出，而不像「斜率結果」取向將每一個學校分開

表 3.6　10 個學校隨機係數模型的縮動 EB/ML 迴歸係數

	截距		斜率		
學校	估計值	標準誤	估計值	標準誤	樣本
1	50.28	(-)	-3.14	(-)	23
2	48.77	(-)	-2.70	(-)	20
3	39.24	(-)	7.53	(-)	24
4	35.25	(-)	5.38	(-)	22
5	52.96	(-)	-3.75	(-)	22
6	48.62	(-)	-1.77	(-)	20
7	57.94	(-)	1.35	(-)	67
8	37.16	(-)	6.02	(-)	21
9	39.21	(-)	5.38	(-)	21
10	38.17	(-)	6.09	(-)	20
MLn	44.76	(2.59)	2.04	1.47	260

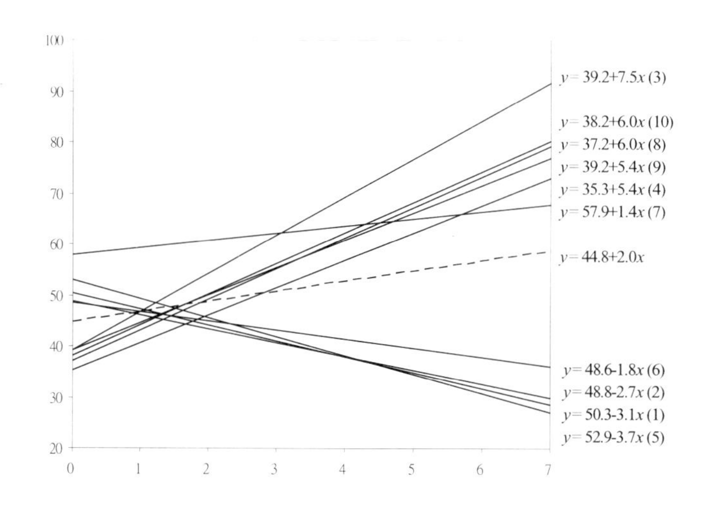

圖 3.8 10 所學校（縮動估計）的預測迴歸線

估計以獲得事後平均數。標準誤與每一個學校內的相關係數的定義不再那麼單純，因此表 3.6 中有關隨機係數模型的估計結果就不再列舉，而整體斜率與截距的估計值則再次出現在表中（最後一橫列）。

我們的範例所出現的縮動現象並沒有很大，這是因爲所有的參數的**信度**（reliability）都很高。我們可以從每一個學校的模型中看到（表 3.2），所有的 OLS 估計結果都具有統計顯著性（因爲我們挑選這 10 個學校時，就是挑那些具有顯著關係的學校）。但是我們可以看到，縮動很大的學校，標準誤都很大。例如，把兩個表當中的第 5 所學校與較穩定的第 6 所學校（或其他亦具有較可靠估計值的學校）的資料相互比較，第 5 所學校估計出來的係數的標準誤大了兩到三倍之多。在圖 3.8 中，事後平均數在代表整體迴歸模型的點虛線的上下變異，即說明了縮動的狀況。點虛線代表的是 γ 的數值，或隨機係數分析的固定效果。事後平均數我們有時會用來排學校的名次，但是因爲縮動的存在，使得這些平均數的運用具有疑義。縮動意味著事後平均數很高（或很低）但樣本少的學校，會向總體平均數移動。最後很高與很低的學校甚至會有相同的排名。隨機係數模型的一個弱點是不太適合應用到真實生活的組別（例如學校、組織）的決策研究，它的主要長處是用於社會科學的理論發展，或是檢驗資料特性之用。

3.8 替代模型：共變數分析

為了讓我們範例能夠說明的更清楚，以下我們將套用 ANCOVA 技術在 10 所學校的資料庫的分析，看看會得到什麼結果。在 ANCOVA，我們假設各組的斜率相等。但是很清楚的，以我們的資料庫的狀況，這個假設是不成立的。

在 ANCOVA，每一個學校的截距估計值並不相同。以 ANCOVA 來分析我們的資料，會得出一個[家庭作業]預測[數學成績]的迴歸係數，稱為**總體組內迴歸係數**（pooled within-regression coefficient），以我們的資料庫所得到的結果如下：

$$[\text{數學成績}] \approx \text{截距}_j + 3.57 \times [\text{家庭作業}]$$

截距差異的 F 檢定顯示差異非常顯著，$F_{(9,250)}=13.84$，$p<.0001$。表示 10 所學校的某些或全部學校，在控制了做家庭作業的時數之後，數學成績平均數具有顯著差異。記得在具有組內相關的情況下，第一類型錯誤會有顯著的擴大。經過我們的檢驗，組內相關為 0.30，非常的高，以致於不能忽視（註 8）。在 ANCOVA 中，無法檢驗為什麼這些學校的截距顯著不同，我們所能做的是指出他們具有差別而已。是否這些學校的差異是因為公私立學校的差異所造成，無法以 ANCOVA 來檢驗。這類的結論已經超過了 ANCOVA 的範圍。

3.9 參數的數目

隨機係數模型在統計上的優點，是可以明確的定義估計值的內容，此外，他們比「斜率結果」取向可以提供更爲簡效的模型。在我們的 10 校研究範例中，共有 30 個參數需要估計，每一個學校 3 個（截距、斜率、個體層次的變異數）（參見第 3.2 節）。如果總體層次解釋變數與斜率與截距有關，模型另外要增加 6 個估計參數（見公式 3.2a），使得這個「斜率結果」模型的估計參數達到 36 個。對於同一個資料庫，以隨機係數模型（公式 3.15）來進行分析，則參數數目降到 8 個，4 個變異數與 4 個固定係數。這 4 個變異數是個體層次變異數、兩個總體層次變異數與他們的共變數；4 個固定係數爲截距、[家庭作業]的個體斜率、[公立]的總體斜率，以及跨層級交互作用[作業公立]的斜率。如果把這兩種模型加以簡化，或許參數可以降到 8 個以下，例如把一些係數的變異數設定爲 0。

在我們的例子當中，可以把[家庭作業]變數的斜率的變異數設爲 0，讓模型中只保留一個隨機的截距，如此可以減少兩個參數：斜率的變異數，以及兩個總體誤差（斜率的誤差項與截距的誤差項）的共變數。另一個作法則是保留[家庭作業]斜率的變異數，因爲在我們的範例他具有統計的顯著性。然後我們去掉[家庭作業]參數的固定部分。這個設定的決定，可以從兩個斜率估計值（固定部分與隨機部分）的 t 檢定是否顯著來判斷。更好的方法是檢驗整個模型的整體適配度，也就是計算放入變數與移除變數的兩個模型的離異數的差。由於兩個模型的離異數的差服從卡方分配，因此可以利用卡方檢定來判斷某一個模型是否優於另一個模型。

減少參數的方法還包括減少交互作用項的參數數目。在我們的範例中，公式 3.12 的模型比公式 3.15 的模型少了一個參數。在下面的章節當中，我們會回來討論這些參數增減的問題，以及針對全體的 1003 所學校提出更合理的隨機係數模型來進行分析，本章所使用的

10 個學校的例子只是全部樣本的一個特殊組合（註 9）。

在以全體樣本來進行分析的情況下，有一些設定上的差別必須說明。假設我們使用 ANCOVA 模型，亦即：

$$\underline{y}_{ij} = a_j + bx_{ij} + \underline{\varepsilon}_{ij} \tag{3.17}$$

所有的學校都必須假設具有相同的變異數 σ^2。在這樣的模型中，只有一個變異成分，但是有一些其他的變異數具有探討的價值。第一是 m 個截距（a_j）的變異數（可能要以各組樣本數 n_j 來進行加權）。此一變異數的母體未知。第二個是 m 個截距（$\hat{a}_j$）的觀察變異數，得自於 ANCOVA 的最小平方估計值。我們可以暫時假設這個來自樣本的變異數可以反應母體的特性，但是它們之間的關係則非常複雜。

相同的，變動係數模型：

$$\underline{y}_{ij} = a_j + b_j x_{ij} + \underline{\varepsilon}_{ij} \tag{3.18}$$

模型中並沒有斜率與截距的共變數參數，但是我們可以計算出斜率估計值與截距估計值的共變數，然後把他當作隨機係數模型當中的共變數參數來處理。

因此，雖然 ANCOVA 與其他脈絡模型並沒有組間變異的變異數成分，我們可以把具有相似功能的數據，利用 OLS 迴歸方法把他們估計出來後加以運用。

3.10 摘要

本章中，我們比較了兩種多層次模型：固定效果迴歸模型（「斜率結果」模型）與更進階的隨機係數模型。前半段的篇幅我們從理論層次來討論這兩種模型的差異，我們挑了四個假想學校來說明在研究上可能碰到的狀況與應用上的涵義。本章的後半段，則是利用第二章的 10 所 NELS88 調查學校的資料，來具體說明「斜率結果」取向與隨機係數模型的分析過程與結果。文中我們詳細討論並比較了固定與隨機模型的分析數據異同。

本章的主要結論，是各模型間的固定效果估計值並沒有很大的差別，但是實務上，這些模型要如何選擇則有很大的差異。文中我們指出了隨機係數模型的係數估計在縮動特性上所具有的優點與缺點。優點是會有較可靠的預測結果，缺點是對於樣本數較少的學校，估計的結果較不切實際。這兩個模型的差別，在實務上的另一層涵義是隨機係數模型較爲簡效，簡效性使得隨機係數模型的適用性較高，尤其是當一個研究要處理很多組別，或是每一組的樣本數較少的時候。在本章的最後部分，我們介紹了替代性的 ANCOVA 模型，對於截距視爲固定效果的分析結果。很明顯的，ANCOVA 並不是一種分析脈絡效果的嚴謹方法。ANCOVA 能做的是檢驗不同的脈絡是否具有差異，但是卻不知道差別的原因是什麼。

註解：

1. 為了簡化公式，本章僅以單一解釋變數來進行示範，若要擴大到多元迴歸則很簡單，只要多增加解釋變數，即會得到更多的 b 係數。
2. 雖然「斜率結果」一詞表面上看起來只有把斜率作為反應變數，但事實上截距也是反應變數，因此完整稱呼應為「截距與斜率結果」。

3. 注意公式 3.2a 當中並不包括第二層誤差項。雖然誤差項並沒有在模型中設定，並不表示截距與斜率為無誤差或無變異。此處謹表示此模型並非完整定義模型。

4. 注意公式 3.10a 與 3.10b 當中，總體方程式的誤差項並不存在。在「斜率結果」模型中，總體誤差項並未設定在其中。稍後的隨機係數模型中，將可看到總體迴歸方程式中的誤差項，此舉也使得隨機係數模型有較佳的統計優越性。

5. 注意，相對於「斜率結果」模型卻少總體誤差項，在隨機係數模型中的總體誤差項則被適當的定義。

6. 巢套模型之間所計算得出的離異數差值服從卡方分配，自由度為兩個模型參數估計數目的差值。

7. 注意表 3.6 當中的參數是基於單一隨機係數模型（沒有總體解釋變數）在單一一個步驟的估計結果，過程中並不會產生標準誤的資訊。

8. 我們再次看到第一章表 1.1 中所討論到的組內相關對於第一類型錯誤膨脹的影響。表 1.1 顯示，當組內相關為 0.20 時，第一類型錯誤會從 0.05 膨脹到 0.46。

9. 注意，如果我們使用總數為 1003 所學校的資料來進行分析，隨機係數模型的參數數目不會改變，參數數目仍為 8。但是如果是「斜率結果」取向則不然，因為在第一個階段必須對 1003 個個別模型進行估計，每一個模型有三個參數。

※譯者分析：

1. **分組迴歸**：將 School10_11.sav 就 10 個學校分別進行迴歸分析語法如下。結果與表 3.2 完全相同。

```
SORT CASES BY schoolid .
SPLIT FILE LAYERED BY schoolid .
REGRESSION
  /DEPENDENT MathAch
  /METHOD=ENTER HomeWork  .
```

係數[a]

schoolid schoolid	模式		未標準化係數 B 之估計值	未標準化係數 標準誤	標準化係數 Beta 分配	t	顯著性
7472	1	(常數)	50.684	2.211		22.920	.000
		HomeWork time spent on math homework	-3.554	1.250	-.527	-2.843	.010
7829	1	(常數)	49.012	3.557		13.778	.000
		HomeWork time spent on math homework	-2.920	1.330	-.460	-2.195	.042
7930	1	(常數)	38.750	2.943		13.166	.000
		HomeWork time spent on math homework	7.909	1.375	.775	5.753	.000
24725	1	(常數)	34.394	1.796		19.150	.000
		HomeWork time spent on math homework	5.593	.818	.837	6.835	.000
25456	1	(常數)	53.939	2.523		21.377	.000
		HomeWork time spent on math homework	-4.718	2.198	-.433	-2.147	.044
25642	1	(常數)	49.259	1.547		31.842	.000
		HomeWork time spent on math homework	-2.486	1.108	-.468	-2.244	.038
62821	1	(常數)	59.210	1.431		41.366	.000
		HomeWork time spent on math homework	1.095	.385	.332	2.842	.006
68448	1	(常數)	36.055	3.464		10.407	.000
		HomeWork time spent on math homework	6.496	1.462	.714	4.445	.000
68493	1	(常數)	38.520	3.189		12.079	.000
		HomeWork time spent on math homework	5.860	1.989	.560	2.947	.008
72292	1	(常數)	37.714	2.367		15.935	.000
		HomeWork time spent on math homework	6.335	1.116	.801	5.678	.000

a. 依變數：MathAch math score'

2. **隨機係數模型（總體層次無解釋變數）**：資料庫爲 School10_l1.sav（個體層次），School10_l2.sav（總體層次），以 HLM6 分析的操作視窗、描述統計與報表列舉如下。

LEVEL-1 DESCRIPTIVE STATISTICS

VARIABLE NAME	N	MEAN	SD	MINIMUM	MAXIMUM
HOMEWORK	260	2.02	1.55	0.00	7.00
MATHACH	260	51.30	11.14	31.00	71.00

LEVEL-2 DESCRIPTIVE STATISTICS

VARIABLE NAME	N	MEAN	SD	MINIMUM	MAXIMUM
HOMEWORK	10	1.76	0.70	0.86	3.30
PUBLIC	10	0.90	0.32	0.00	1.00

WHLM: hlm2 MDM File: CH3 Command File: Ch3_2.hlm

File Basic Settings Other Settings Run Analysis Help

Outcome
Level-1
>> Level-2 <<
INTRCPT2
HOMEWORK
MEANSES
PUBLIC
SCHSIZE
WHITE
RATIO

LEVEL 1 MODEL

$MATHACH_{ij} = \beta_{0j} + \beta_{1j}(HOMEWORK_{ij}) + r_{ij}$

LEVEL 2 MODEL

$\beta_{0j} = \gamma_{00} + u_{0j}$

$\beta_{1j} = \gamma_{10} + u_{1j}$

Mixed

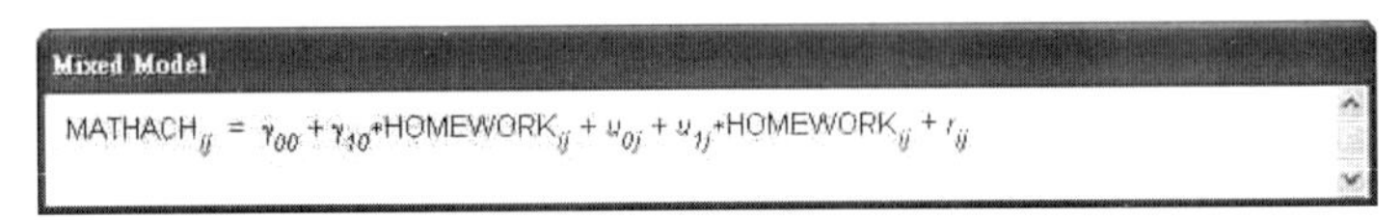


```
Tau
 INTRCPT1,B0     69.30426     -31.76171
 HOMEWORK,B1    -31.76171      22.45254

Tau (as correlations)
 INTRCPT1,B0  1.000 -0.805
 HOMEWORK,B1 -0.805  1.000

 Final estimation of fixed effects:
 ----------------------------------------------------------------------------
                                      Standard             Approx.
    Fixed Effect          Coefficient   Error      T-ratio   d.f.     P-value
 ----------------------------------------------------------------------------
```

```
For       INTRCPT1, B0
   INTRCPT2, G00          44.770591   2.743644   16.318        9   0.000
For HOMEWORK slope, B1
   INTRCPT2, G10           2.040469   1.554194    1.313        9   0.222
--------------------------------------------------------------------------

Final estimation of variance components:
--------------------------------------------------------------------------
Random Effect           Standard      Variance     df    Chi-square  P-value
                        Deviation     Component
--------------------------------------------------------------------------
INTRCPT1,        U0       8.32492      69.30426     9    153.18127    0.000
HOMEWORK slope   U1       4.73841      22.45254     9    133.36740    0.000
 level-1,        R        6.56285      43.07100
--------------------------------------------------------------------------

Statistics for current covariance components model
--------------------------------------------------
Deviance                        = 1763.954337
Number of estimated parameters = 4
```

上述結果與表 3.3 的數值相近，斜率與截距數值接近。離異數為 1763.95，與表 3.3 的 1768.21 相近。

3. **隨機係數模型(一個總體解釋變數 Public)**：在總體層次加入一個解釋變數 Public 對於截距進行解釋，並且帶有抽樣誤差的隨機效果。HLM6 分析的操作視窗與分析報表列舉如下。

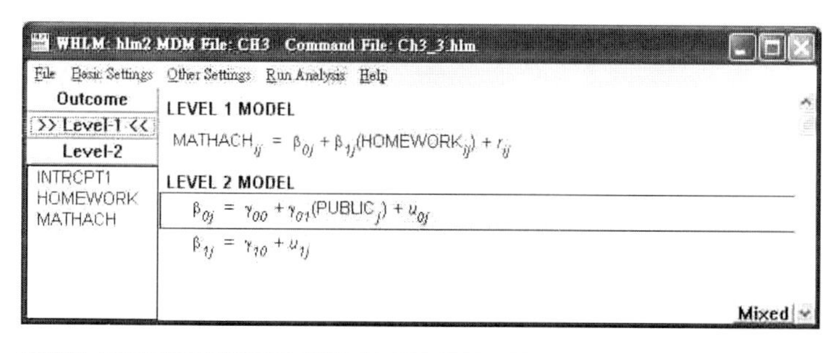

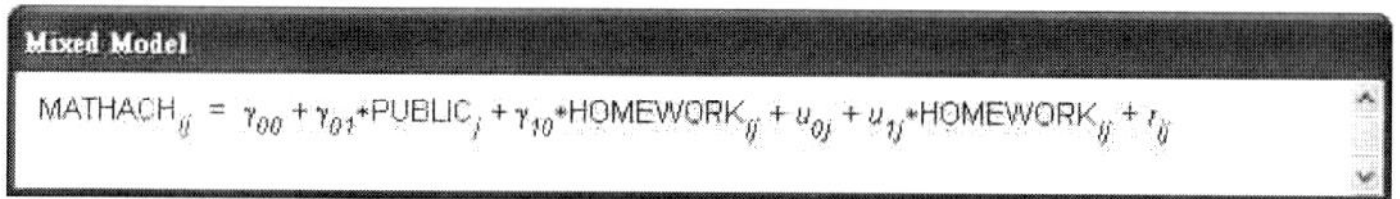

```
Final estimation of fixed effects:
----------------------------------------------------------------------------
                                       Standard             Approx.
   Fixed Effect         Coefficient   Error      T-ratio   d.f.     P-value
----------------------------------------------------------------------------
 For       INTRCPT1, B0
    INTRCPT2, G00         58.040447   2.944241    19.713         8     0.000
      PUBLIC, G01        -14.660674   2.109003    -6.951         8     0.000
 For HOMEWORK slope, B1
    INTRCPT2, G10          1.952488   1.598905     1.221         9     0.253
----------------------------------------------------------------------------

----------------------------------------------------------------------------
 Random Effect            Standard      Variance     df    Chi-square  P-value
                          Deviation     Component
----------------------------------------------------------------------------
 INTRCPT1,        U0        6.77120      45.84914     8     81.98591    0.000
 HOMEWORK slope, U1         4.89507      23.96176     9    133.96327    0.000
  level-1,        R         6.55440      42.96022
----------------------------------------------------------------------------
 Statistics for current covariance components model
 --------------------------------------------------
 Deviance                       = 1742.128440
 Number of estimated parameters = 4
```

上述結果與表 3.4 的數值相近，斜率與截距數值接近。離異數為 1742.13，與表 3.4 的 1749.48 相近。

4. **隨機係數模型（一個總體解釋變數 Public）**：在總體層次加入一個解釋變數 Public 對於截距以及斜率均進行解釋。以 HLM 操作視窗與分析報表列舉如下。

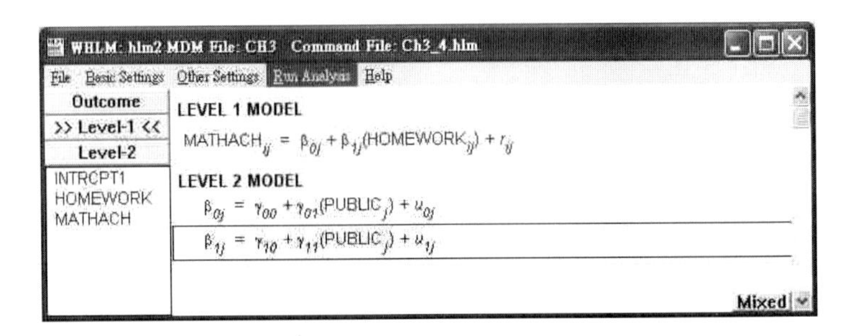

Mixed Model

$$MATHACH_{ij} = \gamma_{00} + \gamma_{01}*PUBLIC_j + \gamma_{10}*HOMEWORK_{ij} + \gamma_{11}*PUBLIC_j*HOMEWORK_{ij} + u_{0j} + u_{1j}*HOMEWORK_{ij} + r_{ij}$$

Final estimation of fixed effects:

Fixed Effect	Coefficient	Standard Error	T-ratio	Approx. d.f.	P-value
For INTRCPT1, B0					
INTRCPT2, G00	59.210218	7.408165	7.993	8	0.000
PUBLIC, G01	-15.965966	7.830068	-2.039	8	0.075
For HOMEWORK slope, B1					
INTRCPT2, G10	1.094640	5.242788	0.209	8	0.840
PUBLIC, G11	0.951377	5.541946	0.172	8	0.868

Final estimation of variance components:

Random Effect	Standard Deviation	Variance Component	df	Chi-square	P-value
INTRCPT1, U0	7.20074	51.85064	8	81.54749	0.000
HOMEWORK slope, U1	5.22188	27.26808	8	129.57845	0.000
level-1, R	6.55421	42.95762			

Statistics for current covariance components model

Deviance = 1738.736793
Number of estimated parameters = 4

上述結果與表 3.5 的數值相近，斜率與截距數值接近。離異數爲 1738.74，與表 3.5 的 1749.44 相近。

第4章

範例分析 *Analysis*

◆◆◆◆◆◆◆◆◆◆◆◆◆◆◆◆◆◆◆◆◆◆◆◆◆◆◆◆◆◆◆◆

4.1 緒論

本章我們將以 NELS88 資料爲範例，討論幾種不同的分析方法。全章區分爲四個模型分析部分，分析的工具是 MLn 軟體的二階層分析。估計方法爲未限制最大概似估計法（FIML）（參見第 5.6 節）。

每一個部分的一開始都是從理論的觀點出發，挑選爲數不多的變數來進行示範。我們所挑選的幾個基本解釋變數（註 1）基本上都能夠順利產生成功的多層次分析結果。至於這些模型選擇的理論意涵與進一步的議題，例如變數的中心化議題等等，則等到第五章再來討論。在本章的範例中，我們將凸顯多層次模型的一個通病，就是很容易讓模型變得太大。大而複雜的模型或許看起來比較接近實際狀況，但是要付出的代價是：**不穩定性**（instability）。不穩定意味著模型中一點點的變動，就會造成分析結果大大的不同，造成的理由很多，例如多元共線性就是其中之一。

我們以跨層級交互作用的分析爲例，這種模型最適合以實際範例來說明他的運作特性。如果某個研究者有三個第一層解釋變數與三個團體層次解釋變數，此時，個體層次與團體層次解釋變數的交互作用是十分具有研究價值的部分。個體層次的模型如下：

$$\underline{y}_{ij} = \underline{\beta}_{0j} + \underline{\beta}_{1j} x_{1ij} + \underline{\beta}_{2j} x_{2ij} + \underline{\beta}_{3j} x_{3ij} + \underline{\varepsilon}_{ij} \quad (4.1a)$$

對於截距的跨層級交互作用，爲三個第二層解釋變數 z_{1j}、z_{2j}、z_{3j} 所產生的三項俗稱第二層變數的主要效果。方程式如下：

$$\underline{\beta}_{0j} = \gamma_{00} + \gamma_{01} z_{1j} + \gamma_{02} z_{2j} + \gamma_{03} z_{3j} + \underline{\delta}_{0j} \quad (4.1b)$$

而三個第一層預測效果（β_{1j}、β_{2j}、β_{3j}）與三個第二層解釋變數z_{1j}、z_{2j}、z_{3j}的跨層級交互作用，總共會出現九項交互作用項：

$$\underline{\beta}_{1j} = \gamma_{10} + \gamma_{11} z_{1j} + \gamma_{12} z_{2j} + \gamma_{13} z_{3j} + \underline{\delta}_{1j} \tag{4.1c}$$

$$\underline{\beta}_{2j} = \gamma_{20} + \gamma_{21} z_{1j} + \gamma_{22} z_{2j} + \gamma_{23} z_{3j} + \underline{\delta}_{2j} \tag{4.1d}$$

$$\underline{\beta}_{3j} = \gamma_{30} + \gamma_{31} z_{1j} + \gamma_{32} z_{2j} + \gamma_{33} z_{3j} + \underline{\delta}_{3j} \tag{4.1e}$$

公式 4.1c 到 4.1e 三個方程式的九個交互作用項，分別與公式左邊的三個迴歸係數有關。上述這些個別的方程式乍看之下不是在同一個步驟所進行的估計，但是公式 4.1b 的主要效果參數與公式 4.1c 到 4.1e 的估計卻是一次估計出來的，這些估計值多具有相關（見第 5.7 節），主要效果與交互作用有關，而交互作用彼此之間也有關係。導致經常到最後會發現，公式 4.1c 到 4.1e 的參數中，沒有一個具有統計的顯著性。如果是一個簡單的模型，跨層級的交互作用係基於理論或基於我們對於樣本數據的理解而設定，即可避免多元共線性的威脅，但是這樣的模型或許不利於數據意義的解釋與說明。

本章的各節示範了各種不同的分析方法，並說明我們有多種不同的選擇。本章我們以 RC 模型爲主，示範不同的操作方式以及結果的解釋。有關模型建立的理論意涵雖有交代，但是不會深入討論。同時哪一個模型是最好的模型，無法從技術層次或模型適配層次來說明，所謂最好的模型，是針對特定的目的而言。有關這種決定的選擇的例子，請參考第 5.2 節的討論。由於不同的模型得出不同的結果，模型的選擇是非常重要的。甚至於一個研究必須是多層次模型而非迴歸模型，也可能是理論層次的決定。

4.1.1 資料描述

在以下的四部分的討論中，[數學成績]都將作爲反應變數（亦即依變數）（註 2），各部份的一開始將使用少數幾個學生或學校層次的解釋變數來進行示範。一般在進行迴歸分析時，都會建議對於解釋變數的數目進行限制，特別是當這些變數具有相關時。在多層次模型中，這個建議益形重要。在多層次模型中，參數數目的增加會非常快速，前面已經舉了一個例子，若個體與團體層次各有三個變數，會產生九個交互作用項，合計所有的參數是解釋變數數目的兩倍以上。在各節當中，交互作用項與聚合變數都可能加入模型，其他可增加的參數包括隨機斜率的變異數與共變數，如此一來參數就會很多。就像其他所有的分析一樣，多層次模型中重要變數的取捨也是取決於**理論**（theory），或是我們對於觀察資料的**理解**（understanding）。「理論」與「理解」會引導分析的進行方式、變數的選擇、參數的設定（隨機或固定），或是是否要估計交互作用的各種決定。

本章所進行的分析涉及七個變數，樣本資料是從原來的 NELS88 的 1003 所學校的 21580 位學生中（註 3），選取 23 個學校的 519 個學生。其中 8 個學校是私立學校、15 個學校是公立學校。小一點的樣本比較符合我們的需要，因爲多層次模型的特性在較小規模的樣本上，比較容易得到符合真實世界的現象。

除了反應變數，我們選擇了七個解釋變數，學生層次（個體層次）的解釋變數爲：

- 社經地位（SES）[SES]
- 每週做作業的時數[家庭作業]
- 學生的種族背景：白人編碼爲 1，非白人編碼爲 0，因此這個變數我們稱爲[白人]
- 父母教育水準[父母教育]

學校層次（總體層次）解釋變數爲：

- 學校種類[公立]：公立編碼爲 1，私立編碼爲 0，因此此一變數主要反應的是公立學校的狀況，
- 少數民族學生所佔的比例[種族比例]
- 班級規模，爲學生人數除以老師人數的[生師比]

在某些情況下會使用到聚合變數（個體解釋變數的學校平均值），因此可能會有更多的學校層次解釋變數。

雖然選擇了這些變數，但是我們並不會把他們同時用在某一個模型中，因爲這樣一來，整個模型的參數數目會非常可觀。如果所有可能的跨層級交互作用都被考慮進來，此一模型會有高達 20 個固定參數，分別是截距、[SES]、[家庭作業]、[白人]、[父母教育]、[公立]、[種族比例]、[生師比]、[SES]×[公立]、[SES]×[種族比例]、[SES]×[生師比]、[家庭作業]×[公立]、[家庭作業]×[種族比例]、[家庭作業]×[生師比]、[白人]×[公立]、[白人]×[種族比例]、[白人]×[生師比]、[父母教育]×[公立]、[父母教育]×[種族比例]、[父母教育]×[生師比]。毫無疑問的，這些[個體變數]×[總體變數]的跨層級交互作用彼此都具有相關，也與主要效果有所關聯。

如果每一個個體解釋變數都設定爲隨機，模型的隨機部分也將十分複雜。隨機部分最多有 10 個參數：六個變異數，四個共變數，變異數分別是 V(截距)、V([SES])、V([家庭作業])、V([白人])，共變數則是 C(截距,[SES])、C(截距,[家庭作業])、C(截距,[白人])、C([SES],[家庭作業])、C([家庭作業],[白人])。

如此龐大的模型，很容易產生誤導的結果。解釋變數（包括跨層級交互作用）之間的相關使得參數估計值非常不可靠，使得模型當中的小小變化，或是換了一個樣本之後，會得到很不一樣的結果。

表 4.1 六個解釋變數的相關（上三角形爲 N=519 與 23 所學校，下三角形爲 N=21580 與 1003 所學校）

	[SES]	[家庭作業]	[白人]	[公立]	[平均 SES]	[種族比例]	[生師比]
[SES]	-	0.30	0.31	-0.55	0.70	-0.05	-0.30
[家庭作業]	0.29	-	0.09	-0.29	0.33	0.06	-0.16
[白人]	0.27	0.08	-	-0.10	0.24	-0.62	0.08
[公立]	-0.35	-0.12	-0.11	-	-0.78	-0.04	0.06
[平均 SES]	0.65	0.20	0.28	-0.54	-	-0.08	-0.42
[種族比例]	-0.23	-0.07	-0.59	0.18	-0.36	-	-0.22
[生師比]	-0.12	-0.06	-0.12	-0.12	-0.19	0.12	-

在本章當中，我們不會使用大模型，一般來說也不贊成讀者使用。此外，我們建議在進行多層次分析之前，對於資料的特性進行必要的檢查與分析，我們可以從這個過程當中，「理解」資料的特性，進而引導我們去蕪存菁，發展一個只有幾個解釋變數的較小規模的模型。在本章當中，變數的選擇是基於理論，而不是對於資料的「理解」。

學生層次解釋變數的相關列於表 4.1。結果顯示即使是這些主要的變數之間也有頗高的相關。例如[平均 SES]與[SES]（0.65），或是[SES]與[公立]（-0.35）。在表 4.1 中，以我們的樣本所計算出來的相關係數列於上三角形，以原來的所有樣本所計算出來的相關係數列於下三角形。兩相比較之下，可以發現學校層級解釋變數（[平均 SES]、[種族比例]、[生師比]）之間的相關在兩組樣本的差異較大。比起 1003 所學校的全體樣本，我們所選擇的 23 個學校有較大的標準誤，是不令人驚訝的狀況，更重要的是這 23 所學校是我們人爲挑選出來的，而非隨機取樣得來，因此本章所得到的結果僅作爲示範之用，不能推論到 NELS 的 1003 所學校，甚至於全美國的學生母體。

在模型發展的過程中，我們以 MLn 的語法來說明模型的變化，避免使用公式。分析的結果，我們將以傳統迴歸方程式的形式列出固定效果（固定參數估計值），並在數據的下方列出標準誤（括弧內的數據），然後以表格的形式，列出變異數成分、組內相關（如果有的話）、離異數等各項數值，同時將這些參數估計值依層級來表示（高層次放在上方，低層次放在下方）。

在分析過程中，我們從一個研究者的角度來探討最佳模型爲何，因此對於變數的選擇係基於理論知識，是否爲最佳模型可以透過技術來檢驗（比較離異數的差異），替代的作法則是以某一個特殊理論觀點所揭示的模型型態來進行分析，找出最佳模型。在本章中，我們示範了在第一個模型完成估計之後，還有其他替代的模型可以繼續被提出來檢驗，在每一個步驟，我們會清楚說明我們的考量爲何。

4.1.2 本章四部分的組成

MLn 的第一個畫面是空白的工作表畫面，其中所鍵入的資訊可以加以存檔再運用。以我們的範例而言，首先需以 NAME 指令命名七個解釋變數的名稱，在 NAME 指令之後，緊跟著欄位編號（以 C 開頭，依序爲 C1、C2...），接著就是以單引號寫入變數名稱。我們的資料庫的第一個變數（C1）是學校辨識代碼，第二個變數（C2）是學生辨識代碼，我們分別以 school 與 student，作爲兩個層級辨識的依據：第二層是 school，第一層是 student，在 MLn 中是以 IDEN 指令來指定兩個層級。指令撰寫方式如下：

```
NAME C1 'school' C2 'student'
IDEN 1 'student'
IDEN 2 'school'
```

在模型設定部分，我們需要指定一個反應變數與一個或多個解釋變數，在 MLn 中，截距本身的性質是一個解釋變數，在分析之前必須加以指定，由於截距爲常數 1 的向量（註 4），因此模型設定是以常數的縮寫（cons）來代表截距這個變數，並以 CODE 這個指令來指定 519 個觀察值都有一個數值爲 1 的向量區塊，設定方法如下方的語法示範。在 CODE 指令之下，則將數值爲 1 的這一欄命名爲 cons，最後一個指令是設定常數與解釋變數，常數在第一層被設定爲隨機（註 5）（以 SETV 1 指令來指定），在第二層也是隨機（以 SETV 2 指令來指定）。本章所有模型的常數項均被設定爲隨機，第一層常數的變異數將產生第一層誤差項的變異數，第二層變異數則是截距變異數。

```
CODE 1 519 1 C16
NAME C16 'cons'
EXPL 'cons'
SETV 1 'cons'
SETV 2 'cons'
```

第一層變異數隨後可以被用來計算學校內的 R^2。第二層的截距變異數反應了學校層次的誤差項的變異數，隨後被用來計算學校間的 R^2（註 6）。接著在所有的解釋變數設定完成之後，包括一個或多個隨機斜率，整個模型即可利用 MLn 軟體進行分析。

本章的分析部分將會示範不同的多層次模型的應用方式。首先，在第一個部分（Session 1），先分析虛無模型，接著是能夠回答下列問題的模型：「家庭作業時數是否是數學成績的良好的解釋變數？」，這個問題應改成「數學成績與學生特徵（例如家庭作業時數）的關係爲何？」，在同一節中，我們將增加一個重要的解釋變數：父母教育程度進入模型。值得注意的是，上述的研究問題完全與學校無關，從表面上來看，這並不是一個多層次研究問題，似乎我們並不需要進行多層次分析，但是，基於一些理由，這個部分的檢驗仍然有其必要。

首先，由於學生是巢套在學校之內，亦即從學校中抽樣得到，因此每一個學校內都可能存在著組內相關，多層次分析可以處理組內相關的問題。第二個理由是我們預期會有學校效果存在，學校效果不論是普遍影響各組或影響特定組，都可以在多層次模型當中來設定。對於各校截距的差異，可以利用 ANCOVA 模型來分析，但是至於爲何學校間會有差異則需要利用多層次分析來回答。最後的研究結論可以利用變動係數模型（參見第三章）或多層次模型來分析得到。如果學校間的差異確實存在，不論是截距的差異或斜率的差異，下一問題將是爲什麼會有差異？這些差異是如何造成的？這個問題 ANCOVA 模型並無法回答，因爲學校的特性無法納入模型來檢驗其影響效果，但是在多層次模型，第二層解釋變數甚至於跨層級交互作用就可以放入模型之中，用以解釋學校之間的差異。

在第二部分（Session 2），係將第一個部分的模型再加以擴充，加入了第二層解釋變數與跨層級交互作用。個體層次解釋變數[家庭作業]仍爲是[數學成績]主要的個體層次解釋變數。

在第三部分（Session 3），則將環境（學校脈絡）對於[數學成績]的影響加入估計。一開始我們並沒有放入第二層解釋變數，但把學生的社經地位放入模型來預測[數學成績]。然後進一步的把學校層次解釋變數[種族比例]與[平均 SES]納入模型。

在最後的第四部分（Session 4），我們主要在探討跨層級交互作用的影響，交互作用的分析需要在兩個層次都有適當規模的觀察值（這或許就是爲什麼我們子樣本資料的分析結果沒有統計的顯著性）。於是我們以 NELS88 全部 1003 所學校的資料來進行分析，最後得到了顯著的跨層級交互作用。如果在較小規模的資料庫，交互作用必須非常強，才會具有統計的顯著性。我們以大型資料庫來分析的結果，即發現大樣本會得到較穩定的參數估計值，尤其是高層次的估計值。

4.2 第一部份 Session 1

4.2.1 模型的標示

本章我們將以 MLn 的語法來描述被分析的模型。MLn 語法可以不需要利用任何符號或公式，而清楚描述某一個模型與下一個模型的差異。另一個優點是我們僅需利用一兩個指令就可以將所需要的模型設定完成。根據我們使用多種軟體的經驗，MLn 可以讓研究者有較高的操控空間。相對的，研究者必須熟悉 MLn 的相關選項與操作方法，就像我們在這一章所示範的（使用其他軟體也一樣），使用者必須非常清楚每一個指令的用途以及影響，才能夠成功且正確的得到結果。爲了讓讀者清楚每一個模型的變動，我們把 MLn 的指令標示在方框當中。

4.2.2 虛無模型（null model）

第一部份的一開始，是虛無模型（或零模型）的檢驗。一個虛無模型中，僅有一個反應變數，除了截距之外，沒有任何解釋變數。虛無模型被用來當作一個**基準**（baseline），作爲後續進一步的模型當中「被解釋」對應「未被解釋」變異數估計值的比較之用。同時，虛無模型也提供了對於反應變數[數學成績]最初步的組內相關的估計值。在一個兩層次的模型中，變異數由兩個部分所組成：個體層次變異數與團體層次變異數，或稱爲階層一變異數與階層二變異數，組內相關是截距變異數（階層二變異數）除以總變異數（階層一與階層二變異數的和）而得。組內相關的另一個說法是組間變異所佔的百分比。

組內相關的概念，是以僅帶有一個隨機截距的模型爲基礎。如果模型中帶有任何解釋變數，就無法計算出單純、明確的組內相關係數。在一個帶有隨機斜率與隨機截距的模型中，組間變異數的數值是斜率與截距變異數(與共變數)的合併。從最基本的隨機係數模型(RC)的討論中，我們可以得知反應變數 y 的變異數與解釋變數 x 的數值有關聯。因此，在帶有隨機係數的模型中，帶有不同 x 變數數值個體之間，他們的組內相關將有所不同，導致組內相關就不再具有相同的定義。一個虛無模型的組間與組內變異數，可以作爲估計「被解釋變異量」(R^2)的標準(R^2 是傳統迴歸的重要概念)。亦即必須在僅帶有隨機截距的模型，不能帶有隨機斜率。傳統的迴歸分析與二階層的多層次分析差別，就在於傳統迴歸分析只有一個變異來源，因此只可以計算出一個 R^2。在一個兩階層的分析，有兩個可能的變異來源可以被解釋變數來加以解釋，因而可能得到兩個 R^2(註 7)。階層一的 R^2 的是基於傳統的誤差變異概念所計算出來的數值，階層二的 R^2(學校層次)則是一個新的概念。

MLn 對於虛無模型的設定需要一個指令，指出 cons 爲解釋變數，如下方框所示。反應變數與第一層與第二層的截距 cons 的變異數已經被先前的指令定義過了。

```
EXPL 'cons'
```

分析結果如下：

$$[\text{數學成績}] \approx \underset{(1.13)}{50.76}$$

截距估計值得到一個數值爲 50.76 的平均數，標準誤爲 1.13。變異數與組內相關估計值則列於表 4.2。表 4.2 顯示數學成績的組內變異數(81.24)比組間變異數(24.85)大得多，在學校效能研究中，經

表 4.2 虛無模型（模型 0）結果[譯者分析 1]

	第二層	
參數	估計值	標準誤
階層二變異數	24.85	8.60
階層一變異數	81.24	5.16
組內相關 ICC	0.23	
離異數 Deviance	3800.78	

常可以看到這種結果。反應了個別學生之間的差異遠大於學校間的差異，或是說個體變異大於學校變異。組間（學校間）變異數除以總變異數（24.85 除以 106.09）就是組內相關，數值為 0.23。表 4.2 列出了離異數（deviance），其數值等於負兩倍的對數概似函數值（-2LL），可用來反應模型的適配度，或是後續模型適配度的改善程度的測量。

虛無模型的參數估計值將會在本章當中被重複提及。例如，當模型當中增加了解釋變數與（或）隨機斜率之後，虛無模型的第一層與第二層變異數可以被用來當作變異數減少程度（被解釋程度）的參照點，而離異數也有類似的功能。兩個具有巢套關係的模型，離異數的差異服從卡方分配，兩個模型參數的差異為自由度。當組間變異不再被清楚定義時（註 8），離異數差異用於適配度改善程度的評估顯得特別重要。這就是為什麼在分析結果的解釋上，離異數被認為是非常重要的數據，可以被用來評估模型的整體優劣。如果某一個模型的適配度可以比另一個模型顯著獲得改善，一個經驗法則是：兩個模型的離異數的差值必需是兩個模型估計參數數目差異的兩倍以上[1]。

譯註：

[1] 如果以卡方分配的機率密度來判斷，當 α=.05，自由度為 1 時，臨界值為 3.84，自由度為 2 時，臨界值為 5.99；當 α=.01，自由度為 1 時，臨界值為 6.63，自由度為 2 時，臨界值為 9.21。因此在正式報告研究數據時，建議以此一卡方檢

4.2.3 [家庭作業]與[數學成績]

本節是在虛無模型當中，增加一個解釋變數，成爲模型 1。模型的改變以下列方框來表示。新增的變數[家庭作業]是學生在家裡做功課的時數，此一變數是以固定係數的方式進入模型（註 9）。

```
EXPL 'homew'
```

固定效果的分析結果如下（括弧內爲標準誤）：

$$[\text{數學成績}] \approx \underset{(1.14)}{46.35} + \underset{(0.28)}{2.40} \times [\text{家庭作業}]$$

把上述結果與虛無模型相比，我們可以發現截距數值產生改變，在[家庭作業]進入之前，截距爲 50.76。兩個模型的變異數成分（或隨機部分）相比，也可以看到未解釋變異量也減少了，隨機效果列於表 4.3。首先我們比較離異數，虛無模型的離異數爲 3800.78，本模型（模型 1）的離異數爲 3730.49，兩者差異爲 70.29，模型 1 的估計參數比虛無模型多一個，亦即[家庭作業]的斜率，一個額外的參數表示模型 1 損失一個自由度，但離異數的差值達到 70.29，自由度爲 1，顯示模型適配的改善具有統計的顯著性。

定的原則來判斷模型適配改善程度的顯著性。

表 4.3 模型 1 結果[譯者分析 2]

	第二層	
參數	估計值	標準誤
階層二變異數	20.23	4.70
階層一變異數	71.14	4.52
組內相關 ICC	0.22	
離異數 Deviance	3730.49	

在模型中增加[家庭作業]降低了第一層與第二層的變異數，所降低的百分比，可分就兩個被解釋變異量來計算（細節請參考第 5.3 節）：個體的 R^2（以 R_W^2 表示）與學校的 R^2（以 R_B^2 表示）。組間變異從 24.85 降到 20.23，差異為 4.62，佔學校層次變異數的 19%；組內變異從 81.24 降到 71.14，差異為 10.10，降低幅度為 12%。換言之，增加[家庭作業]解釋變數得到的 R_W^2 =0.12， R_B^2 =0.19。

4.2.4 [家庭作業]的隨機斜率

下一個模型（模型 2）與上一個模型的差異也是在一個設定動作上：把[家庭作業]的斜率被設定為隨機，此外則沒有任何新增變數。由於此一變動，我們預期各校的[家庭作業]效果有所不同。學校間的差異可能是學校規模的不同、管教方法的差異、或是數學教材的差異所造成。若各校存在差異，則顯示有些學校的學生數學成績的高低與做作業的時間比較沒有關係，有些學校學生的成績好壞則與做作業時間比較有關。如果[家庭作業]在[數學成績]的效果在某些學校真的比較弱，在某些學校比較強，我們預期會發現一個顯著的[家庭作業]斜率的變異數。在分析的操作上，只要增加一行語法，就完成此一設定，也就是把[家庭作業]的斜率以 SETV 2 設定在第二層。

```
SETV 2 'homew'
```

分析結果如下（括弧內爲標準誤）：

$$[數學成績] \approx \underset{(1.72)}{46.32} + \underset{(0.91)}{1.99} \times [家庭作業]$$

把此一隨機斜率模型（模型 2）的結果與前面的模型 1 相比，我們可以發現兩個係數的標準誤都增加，截距則無變化。此一效果會在第 5.5 節中詳加討論。

在模型 2 當中，有兩個額外的參數被估計：斜率的變異數，以及斜率與截距的共變數，這些估計值與離異數列於表 4.4。分析的結果支持了我們先前的假設，亦即[家庭作業]與[數學成績]的關係在各校之間具有差異，此一結論是基於顯著的[家庭作業]斜率變異數，變異數爲 16.78，標準誤爲 5.54，z 值爲 3.03。因爲迴歸模型的參數估計值之間可能有相關，因此效果的整體意義必須就模型的整體適配來檢驗，而不是就單一參數的檢驗來判斷。如果模型的適配改善程度具有統計的顯著性，我們可以更安全的接受這個新增的參數具有意義。此一作法可以避免相關的參數的顯著性考驗問題。模型 1 與模型 2 的離異數差異爲 3730.49-3639.04=91.45，自由度爲 2，新增的隨機斜率可以有效的改善模式適配度，兩個自由度是指模型 2 新增的兩個參數，研究結果顯示帶有隨機的[家庭作業]斜率模型比固定斜率的模型有更理想的適配。

表 4.4　模型 2 結果[譯者分析 3]

	第二層	
參數	估計值	標準誤
截距變異數	59.28	20.00
斜率變異數	16.78	5.54
斜率與截距共變數	-26.14	9.65
	第一層	
參數	估計值	標準誤
變異數 Variance	53.30	3.46
離異數 Deviance	3639.04	

模型中加入隨機斜率的設定，將增加兩個參數，而非一個參數。由表 4.4 中，可以看到一個負的共變數，表示斜率與截距之間具有負相關。利用變異數與共變數，可以計算出相關係數，數值為-0.83（註 10），顯示兩者的關係非常高。為了避免斜率與截距的高相關帶來不良的影響，可以把解釋變數減去組平均數（組平減）獲得中心化的解釋變數，有關此一作法，以及對於參數估計的影響，可參閱第 5.2 節的討論。

如果把模型 1 與模型 2 的結果相比較，我們會發現在個體層次變異數（組內變異數），有一個預期外的降低，從 71.14 降到 53.30，由於模型 2 只新增一個第二層的斜率隨機設定，在第一層並沒有任何的變動，因此此一變異數的降低並非我們預期的結果。有關第一層與第二層變異數的複雜關係，我們在第 5.3 節中有較詳細的討論。同樣的，這個問題的避免仍可透過[家庭作業]解釋變數的中心化來達成（參考第 5.2 節），因為組平減程序會移除此一變項的組間差異，同時移除了與第二層參數之間的相關。但是，值得注意的是，組平減程序會改變模型的概念意涵。[家庭作業]變數會獲得一個特殊的組內變異與組間變異部分（[家庭作業]的平均値）。本節不詳細討論此點，而繼續使用[家庭作業]的原始分數，把其他變數再加進來分析。

三個隨機誤差項具有相關，而反應變數 y 的變異數與 x 變數的數値有關，因此變異數不能直接加減。導致我們無法得到一個單純的組間變異數，也無法計算可解釋變異量 R_B^2。另一方面，組內變異數也會因爲組間變異數的變動而產生變化（見第 5.3 節），亦導致無法計算可解釋變異量 R_W^2。也因此，無法計算組內相關。在模型 2 這種最簡單的隨機係數模型，R^2 與 ICC 兩個重要概念即沒有辦法使用。

基於離異數的數據，我們得到一個結論：增加[家庭作業]係數（斜率）的隨機部分會使得模型有較佳的適配。然而這樣的一個模型較爲複雜的模型，亦有其缺點，亦即較不穩定。一般來說，較複雜的模型同時也是較不穩定的模型。在我們的例子中，不穩定性顯現在[家庭作業]的參數估計上。我們可以比較前一個模型的[家庭作業]斜率的顯著性考驗，z 值爲 2.40/0.28=8.6，表示是一個非常顯著的係數；到了模型 2，則爲 z=1.99/0.91=2.19，僅微幅高於顯著水準。

多層次模型的使用者必須理解一件事，即允許斜率在各脈絡隨機變動會導致係數本身的改變，在統計上，這是一種利害消長的現象，也就是我們獲得了較佳的模型適配，但是我們損失了個別參數的估計效率。基本上，這兩種模型的選擇，並不是基於模型適配的好壞，而是理論與研究目的。如果學校的效果是研究的重點，那麼隨機斜率是很重要的一個設定。如果學校的效果不是重點，那麼固定斜率可能是較佳的選擇。本節的最後一個部分，我們示範固定斜率的這種比較傳統的分析方法。

一開始我們會採用隨機斜率，是因爲我們關心學校的差異，[家庭作業]係數接近 0 這個現象，在多層次分析並不會造成問題，更不是造成我們必須拿掉這個解釋變數的理由。[家庭作業]這個變項仍然是對[數學成績]的重要解釋變項，但是是指他的隨機效果而非固定效果。各校的斜率以 0 爲中心存在著顯著差異，顯示[家庭作業]對於[數學成績]的效果，主要是一種學校效果，而非個體層次的效果。

按照我們的邏輯，下一個步驟，我們應增加可以解釋[家庭作業]變動斜率的學校特徵變數（見第二部分的分析）。但是在進行此一分析之前，我們先來看一下如果再增加一個學生層次解釋變數[父母教育]的影響。

4.2.5 增加[父母教育]

在本節當中，所檢驗的理論觀點是：父母親的協助會提升學生的數學成績。這裡所指的父母親的協助，是假設父母的教育程度越高，對於學生越有幫助。因此，我們增加一個代表父母支持的解釋變數[父母教育]到模型當中。在分析的設定上非常簡單，我們只要在資料結構中增加[父母教育]這個變數，將他設定爲解釋變數（第八個變數，C8），並給予一個名稱 pared 即可。

```
NAME C8 'pared'
EXPL 'pared'
```

此時這個模型有兩個學生層次解釋變數，但有一個隨機斜率（[家庭作業]的斜率），一個固定斜率（[父母教育]）。[父母教育]是個體層次解釋變數，而非脈絡變數（註 11）。新模型的固定效果結果如下：

$$[\text{數學成績}] \approx \underset{(1.76)}{40.81} + \underset{(0.81)}{1.89} \times [\text{家庭作業}] + \underset{(0.29)}{1.85} \times [\text{父母教育}]$$

表 4.5　模型 3 結果[譯者分析 4]

	第二層	
參數	估計值	標準誤
截距變異數	45.20	15.69
斜率變異數	13.08	4.41
斜率與截距共變數	-20.72	7.70
	第一層	
參數	估計值	標準誤
變異數 Variance	50.70	3.30
離異數 Deviance	3602.35	

估計出來的數據出現了符合我們預期的結果，[父母教育]的斜率具有統計的顯著性（z=6.38），模型 3 的變異成分與離異數的結果列於表 4.5。表 4.5 中的離異數數值降低了不少，表示模型 3 的適配度頗佳。但是由於這個模型並非巢套在前一個模型中，因此不能以離異數的差值來進行模型適配改善程度的卡方檢定。同時，也如同模型 2 的限制，我們無法得到組內相關與解釋變異量（ R_B^2 或 R_W^2 ）的計算。為了示範，在下一節中，我們將以傳統的迴歸分析來分析模型 3 的變項效果。

4.2.6 傳統迴歸分析

傳統的迴歸分析忽略資料的階層結構特性。以我們的範例來說，學生是在各校之內來進行觀察。若以傳統迴歸分析來檢驗變項效果，我們先前所獲得的組內相關係數 r=0.23 將被視而不見，而且前面的分析所發現的學校之間斜率與截距的顯著差異的這種學校交互效果也會被忽視。一般而言，忽略組內相關將會導致迴歸係數標準誤的低估，造成顯著性考驗高估與第一類型錯誤擴大的問題。有關理論層次的討論，請參見第 5.4 節。以下，我們將示範如何強迫所有的學校以單一一條迴歸線，來進行[家庭作業]與[父母教育]對於[數學成績]的預測，這種作法將損失大量的重要訊息，導致不良的模型適配。

在 MLn 軟體，傳統迴歸分析的設定，是將截距與斜率的變異數設定爲 0，以 CLRV 指令移除截距 cons 與[家庭作業]斜率在第二層的變異數：

```
CLRV 2 'cons' 'homew'
```

上述指令把模型 3 隨機係數模型（RC）改成傳統的迴歸模型，我們可以藉此瞭解兩個模型的差別。RC 模型的迴歸係數變異成分被上述指令移除，形成下列大家所熟悉的固定係數迴歸模型。

$$[\text{數學成績}] \approx \underset{(0.99)}{37.24} + \underset{(0.27)}{2.34} \times [\text{家庭作業}] + \underset{(0.28)}{3.00} \times [\text{父母教育}]$$

此一模型（模型 4）的固定效果數據與前面 RC 模型的結果有所不同。傳統迴歸模型的[家庭作業]係數數值，接近無隨機斜率的多層模型的結果（表 4.3），甚至標準誤也十分接近。[父母教育]係數的強度在本模型則較高。三個迴歸係數的標準誤中，有兩個如預期的比 RC 模型來的小，傳統迴歸模型的適配也如預期般的較低。模型 4 的離異數（見表 4.6）顯著高於 RC 模型（模型 3），差值爲 115.94，自由度爲 2。表 4.6 中，由於傳統迴歸模型僅有一個誤差源，因此我們只會看到一個個體誤差變異數。

表 4.6 模型 4 結果[譯者分析 5]

參數	估計值	標準誤
階層一變異數	75.68	4.70
離異數 Deviance	3718.29	

固定性的迴歸分析，可以回答學生層次的研究問題，也可以回答學校層次的研究問題。例如我們把變數聚合成學校層次的數值，即可進行學校層次的分析。但是，固定迴歸分析一次能處理一個層次。多層次模型則可同時回答兩個層次的問題，例如「各校的數學成績與家庭作業的關係是否相等或不相等？如果不相等，那又是爲什麼？」在我們的範例中，在模型中增加[家庭作業]隨機斜率提高了模型的適配度，所得到的結論是一個有關學校效果的假設檢定。現在，我們即可以加入學校層次解釋變數，來探討爲何[家庭作業]的係數會在學校間存在顯著差異。

4.3 第二部份 Session 2

4.3.1 簡介

在這個部分中，我們將介紹學校層次解釋變數，我們挑選了兩個重要的學校特徵：學校的大小[學校規模]和學校類型[公立]，先前的分析發現，[家庭作業]的截距與斜率的顯著變異可能可以被學校間的差異來解釋，但是是哪些學校特性可以爲這些變異負責還未知。我們所能做的，是去檢驗我們資料庫當中的學校層次變數，是否與這些我們觀察到的學校間變異有關。如果我們加入了這些變數進入模型後，斜率或截距的校間差異消失了，即表示我們找到了一些可以解釋校間差異的原因。

圖 4.1 當中，我們以大家熟悉的路徑模型，來說明多層次分析當中的，學校特徵可以影響低階層關係的不同途徑。圖 4.1 當中，一些從路徑模型發展出來的特殊概念，恰可以用來說明多層次模型的特殊功能，而利用路徑圖的方式，可以讓讀者從視覺層次而非公式，來理解我們的資料的各種關係的意義。如果讀者希望把這個圖形的內容與方程式加以連結，我們在連接相關變數的路徑旁邊標出了相關的符號，讀者可以自行建立相對應的方程式。

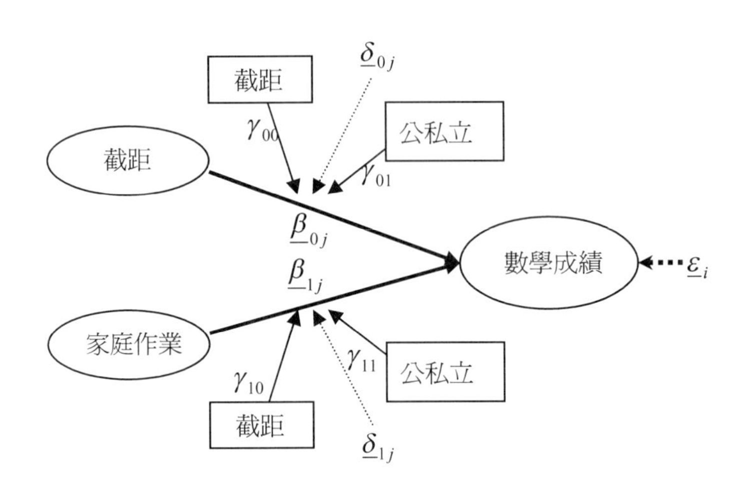

圖 4.1 隨機係數迴歸模型

在圖 4.1 中，我們呈現了一個帶有一個學生層次解釋變數（[家庭作業]）與一個學校層次解釋變數（[公立]）的多層次模型。路徑模型中有方框也有圓圈，以及一些看來不尋常的路徑。圓圈代表學生層次的變數，方框代表學校層次的變數，從第一層次解釋變數指向反應變數[數學成績]的箭頭，表示影響的方向，其他箭頭表示第一層的影響被第二層的變數所干擾。

第二層的特徵總是與第一層的特徵產生交互影響，我們以指向路徑而非指向變數的箭頭來表示，這些不尋常的箭頭即表示多層次分析所具有的獨特的跨層級交互作用，我們可以利用路徑分析的直接與間接效果的概念來理解這些箭頭的關係。

在多層次分析，第二層變數是模型中的一部份，這些變數會與第一層變數產生交互作用，包括對於從截距指向反應變數的路徑的影響，以及對於從第一層解釋變數指向反應變數的路徑的影響。在我們的例子中，學校層次變數[公立]有兩個跨層級交互作用，一個是與截距指向[數學成績]的路徑所發生的交互作用，另一個是與[家庭作業]指向[數學成績]的路徑所發生的交互作用。

在路徑模型當中的 γ 係數表示模型中的參數，可以用來呼應前面章節所提到的參數。注意第二層變數在第二層也有常數（截距）項，而 γ_{00} 與 γ_{01} 兩個係數取代了從截距指向反應變數的 $\underline{\beta}_{0j}$ 係數，而 γ_{10} 與 γ_{11} 兩個係數取代了從[家庭作業]指向反應變數的 $\underline{\beta}_{1j}$ 係數。而虛線箭頭表示誤差項，可從方程式中計算得知。

因爲[學校規模]與[公立]是學校層級變數，在模型中我們不允許這兩個變數具有隨機係數（註 12），本章的所有討論都只允許學生層次的變數可具有隨機係數，也就是允許這些第一層變數的係數可在學校間存在變動。

4.3.2 帶有[學校規模]的模型

有關學校效能的文獻指出，較小型的學校在提升學生學習成就上，會有較佳的表現。基於這個假設，我們在模型中增加了一個學校層次解釋變數[學校規模]。我們另外開啓一個新的 MLn 語法，重新建立模型。我們定義反應變數（RESP 指令）爲[數學成績]，定義兩個解釋變數（EXPL 指令）[家庭作業]與[學校規模]，以截距（cons）來定義變異數（SETV 指令）分別出現在第一層與第二層，另外加上一個第二層變異數，爲第一層解釋變數[家庭作業]斜率的變異數。整組指令如下：

```
RESP 'math'
EXPL 'homew' 'schsize'
SETV 1 'cons'
SETV 2 'homew'
```

分析結果如下：

$$[\text{數學成績}] \approx \underset{(2.62)}{44.95} + \underset{(0.91)}{1.99} \times [\text{家庭作業}] + \underset{(0.62)}{0.43} \times [\text{學校規模}]$$

此一模型（模型 5）具有兩個解釋變數，一個學生層次，一個學校層次，分析結果再一次的顯示[家庭作業]具有接近顯著水準邊緣的效果，如同我們先前所討論的，[家庭作業]的顯著的固定效果，在加入了[家庭作業]係數的隨機效果後就跌到顯著水準的邊緣，在這個模型也是如此。新增變數[學校規模]並沒有統計的顯著性。表 4.7 顯示了模型的變異數成分與標準誤。模型的離異數報告於表格的下方。研究的結論指出，[學校規模]並沒有顯著的效果。與表 4.4 的模型相比，

表 4.7　模型 5 結果（從模型 2 增加[學校規模]變數）譯者分析 6

第二層		
參數	估計值	標準誤
截距變異數	62.22	20.90
斜率變異數	16.84	5.56
斜率與截距共變數	-27.27	9.94
第一層		
參數	估計值	標準誤
變異數 Variance	53.30	3.47
離異數 Deviance	3638.61	

模式適配也沒有提高。本節範例僅增加一個參數，亦即[學校規模]的係數，表 4.7 的離異數為 3638.61，而沒有[學校規模]的表 4.4（模型 2）的離異數為 3639.04，差值為 0.43，改善幅度非常微小，因此我們的結論是[學校規模]對於[數學成績]沒有影響。

4.3.3 以[公立]代替[學校規模]

在本節當中，我們把[學校規模]去除，改以[公立]變數放入模型中。在原始的資料庫中，有一個變數[學校類型]，為具有五個選項的類別變數（參見附錄），其中一個選項是公立學校，其他四個選項為私立學校，我們的目的要比較公立與私立學校的差別，因此將該變項重新轉換成一個具有兩個水準的虛擬變數，公立學校編碼為 1，私立學校編碼為 0，命名為[公立]，這個變項的效果反映了公立學校對比其他私立學校的結果。在本模型中（模型 6），研究問題是公立學校（相對於私立學校）是否能夠解釋前面模型所觀察到的顯著的截距與斜率變異數。文獻指出，公立學校的學生平均而言，學習表現會低於私立學校的學生，因此我們預期[公立]變數會得到一個負向的迴歸係數。

以下的指令顯示我們移除了[學校規模]，但是新增了[公立]變數：

```
EXPL 'schsize' 'public'
```

固定效果部分的結果如下：

$$[\text{數學成績}] \approx \underset{(2.11)}{49.06} + \underset{(0.90)}{1.98} \times [\text{家庭作業}] - \underset{(1.90)}{4.08} \times [\text{公立}]$$

分析結果顯示，[公立]變數確實如假設般的出現一個負向的迴歸係數，而且具有統計的顯著性，z=2.15。隨後我們會以範例說明這個效果並不是十分穩定，因爲模型整體適配並沒有因爲新增[公立]這個變數而有多少明顯的改善。我們先把[公立]當作是一個有意義的變數，負向符號代表私立學校的學生，平均來說數學成績較高。所謂平均來說，是指私立學校的方程式截距較高，私立學校的截距可由截距減去[公立]的係數而得到：49.06－4.08=44.98。私立學校截距比公立學校截距高了 4.08，亦即平均來說，當大家都有相同的做作業時數的情況下，私立學校學生的數學成績比公立學校學生高 4.08 分。上述說法是就數值本身的大小來解釋，是一個大膽的說法，因爲公私立學校的 4.08 分差異可能不是一個具有顯著性的差異量，表 4.8 與表 4.4 的離異數相比，發現兩個模型的離異數差距爲 3639.04－3634.84=4.20，這麼小的適配度差異量（即使顯著），提醒我們對於[公立]變數的效果的解釋要特別小心。另一方面，由於我們的資料庫並不大，只有 23 個學校，在組別較少的情況下，對於學校層次效果進行檢驗的統計檢定力會偏低，除非效果非常強（詳細討論請參見第 5.4 節）。

表 4.8 模型 6 結果[譯者分析 7]

	第二層	
參數	估計值	標準誤
截距變異數	56.24	19.10
斜率變異數	16.37	5.42
斜率與截距共變數	-25.99	9.44
	第一層	
參數	估計值	標準誤
變異數 Variance	53.34	3.47
離異數 Deviance	3634.84	

4.3.4 增加[公立]的跨層級交互作用

在文獻中，我們可以發現公私立學校有另一種效果，亦即私立學校比公立學校更重視平等主義（egalitarian）。Raudenbush & Bryk,（1986）的研究指出，社經地位（SES）與學生的少數民族背景在私立學校比較沒有預測力，在公立學校則較強。換言之，公立學校的平等主義較爲淡薄，較傾向於菁英主義，此種型態的效果，在多層次分析稱之爲跨層級交互作用。

在進行分析之前，我們先對迴歸模型的交互作用做個簡單的回顧，因爲在多層次模型，交互作用的效果更爲特別。一般而言，在迴歸模型中加入交互作用意味著不穩定性的增加（Aiken & West, 1991）。交互作用項，例如公私立與社經地位的交互作用項，與原來的兩個變數具有相關。解釋變數間的相關形成多元共線性問題，是造成模型不穩定非常重要的因素之一，有關此一議題的細節討論請參見第 5.7 節。

表 4.9 跨層級相關矩陣（括弧內數值爲以 NELS88 全部資料所求得）

	[家庭作業]×[公立]	[家庭作業]×[平均 SES]	[家庭作業]×[生師比]
[公立]	0.65(0.52)		
[平均 SES]		0.65(0.52)	
[生師比]			0.27(0.31)
[家庭作業]	0.30(0.70)	0.43(0.21)	0.86(0.89)

在我們的資料中，[作業×公立]交互作用項與[家庭作業]的相關爲 0.30，與[公立]的相關爲 0.65，見表 4.9。對於[公立]與[家庭作業]兩變數的高相關並不是本節所重視的問題，重點在於跨層級交互作用項的相關。表 4.9 所列出的相關係數是[家庭作業]與三個第二層解釋變數的跨層級交互作用項的相關係數值。三個第二層解釋變數爲[公立]、[平均 SES]、[生師比]。所有的係數皆指出同一個結論，亦即跨層級交互作用不僅與第一層解釋變數有明顯相關，也與第二層解釋變數有高相關。表 4.9 當中括弧內的相關係數是以 NELS88 的全部樣本所計算得出，在所有的數據中，都至少有一些相關很高。如果我們說交互作用項會導致參數估計的不穩定，確實是有其根據。此時，如果對第一層變數進行中心化處理，可能會降低其中一些相關係數的數值，相關的細節將在第 5.2 節中討論。

現在，我們把交互作用項納入模型中來估計。我們的研究問題是：是否[家庭作業]與反應變數[數學成績]的關係在公立學校高於私立學校，如果是如此，我們即獲得了另一個平等主義效果的研究結果。交互作用項的顯著負向效果，將可以被解釋成私立學校的效果比公立學校的效果弱。

爲了在 MLn 軟體進行[家庭作業]與[公立]交互作用項的檢驗，我們必須以 MULT 指令來計算兩個變數的乘積。下面的指令集顯示交互作用項位於資料庫的第 19 欄，在相乘指令之後，即跟隨一個 NAME 指令來爲這個新增變數命名（homepub）。要在模型中加入這一項，必須利用 EXPL 指令。在我們的模型中，交互作用項一律以固定係數來處理，表示我們不必以 SETV 指令來設定新的變異數成分。以下的方框列出了 MLn 的語法：

```
MULT 'homew' 'public' C19
NAME C19 'homepub'
EXPL 'homepub'
```

分析結果如下：

$$[\text{數學成績}] \approx \underset{(2.88)}{48.55} + \underset{(1.51)}{2.31} \times [\text{家庭作業}] - \underset{(3.55)}{3.29} \times [\text{公立}] - \underset{(1.88)}{0.50} \times [\text{家庭} \times \text{公立}]$$

變數與交互作用間的高相關的影響，可以在數值放大的[公立]係數的標準誤上看到。同時[公立]變數的效果量並不大，導致[公立]變項無法達到統計的顯著性。同樣的現象也發生在[家庭作業]變數，但是他的效果量則增加（由 1.98 增加到 2.31），而標準誤將近是原來的兩倍，也造成變數效果未達顯著水準。由於交互作用項[作業×公立]也沒有達到顯著水準，因此我們可以爲本模型的結果下一個結論：模型中沒有任何一個變數具有顯著的解釋力。我們可以進一步利用本模型的模式適配度與虛無模型的適配度相比較，來檢驗上述說法是否正確。表 4.10 列出了離異數與變異數估計結果，本模型（模型 7）比虛無模型的模式適配度改善了 166.01，虛無模型爲 3800.78（表 4.2），模型 7 爲 3634.77（表 4.10），此一可觀的差值顯示模型適配獲得明顯

表 4.10 模型 7 結果[譯者分析 8]

第二層		
參數	估計值	標準誤
截距變異數	56.21	19.09
斜率變異數	16.30	5.40
斜率與截距共變數	-25.92	9.42
第一層		
參數	估計值	標準誤
變異數 Variance	53.34	3.47
離異數 Deviance	3634.77	

改善，但這個結論與先前我們以個別固定效果係數的檢驗結果所得到的結論恰好相反，如果我們沒有剛剛的那些檢驗，或是我們沒有拿這個模型的適配度與虛無模型相比，或是我們沒有檢查變異數成分的數值，我們不會有得出正面結論的機會，也就是說，我們沒有機會宣稱加入交互作用項對於反應變數變異量的解釋具有意義，這個結論純粹是由離異數或變異數成分數據所得出。到目前爲止，我們尚未確切瞭解是否增加跨層級交互作用項是否造成模型的不穩定性，例如造成[公立]變數的主效果或交互作用效果的消失。

要找出顯著的固定效果，最好的方法是把模型中的有關的變數移除，例如移除跨層級交互作用項（使我們回到模型 6），或是移除某一個主要效果項。最好的選擇仍是基於理論考量或我們對於資料的理解。由於我們沒有適當的理論依據，因此我們利用模型間適配度的比較來決定拿掉哪一個部分。我們發現，如果模型沒有[公立]與[作業×公立]兩項，所得到的離異數爲 3639.04（表 4.4 的模型 2 結果），與目前的模型 7 離異數的差值僅有 4.27，亦即兩個模型沒有差異，因而我們放棄有關[公立]與[作業×公立]兩項的研究假設。

當我們進行跨層級交互作用的檢驗之時，多元共線性是造成解釋問題的主因之一。由結果顯示，這些彼此有關的變數的係數在不同模型間有明顯的變動。但是他們的標準誤變動的幅度更大。[公立]的主要效果從達到顯著的 4.08（標準誤爲 1.90），到了具有一個與[公立]有關的跨層級交互作用模型後，變成未顯著的 3.28（標準誤爲 3.55）。本節的分析結果並未支持我們的研究假設，即公私立學校對於學生的成績表現具有顯著的影響。不僅在主效果部分（對於截距的影響）沒有發現，在跨層級交互作用（對於斜率的影響）也是如此。沒有發現效果的原因，可能是真相就是這樣，也可能因爲我們樣本數太少而效果亦微弱所造成，尤其是當組數偏低時（學校數少）或是總樣本數偏低時，研究結果會因爲多元共線性的存在而產生不穩定的結果（模型與模型間的差異很大）模型估計的穩定性需要較大規模的樣本（組數）來確保。

下面，我們將以 NELS88 的全體樣本（21580 學生而不是 519，1003 所學校而不是 23）來進行分析，我們將使用相同的模型，亦即[家庭作業]、[公立]、[作業×公立]來預測[數學成績]，分析的結果會發現所有的變數都有顯著的效果，這與我們之前的不顯著的結論是相衝突的。

4.3.5 NELS88 完整資料的分析

以 NELS88 的完整資料來進行分析所使用的模型是先前最後一個模型（模型 7），在模型 7 當中，[公立]與[家庭作業]兩個主效果與跨層級交互作用[作業×公立]之間具有高度相關。

如果我們以較大規模的資料庫重新檢驗模型 7，效果會容易被顯現出來。前面所使用的資料庫是全體資料的一個樣本，其中的多元共線性問題比整個全體資料庫的多元共線性嚴重。在表 4.9 當中，列出了全體樣本的變數相關，此時，較高的相關出現在跨層級交互作用項與兩個主效果，分別是[公立]的 0.52 與[家庭作業]的 0.70。模型 7 重新分析的結果如下：

$$[\text{數學成績}] \approx \underset{(0.38)}{57.72} + \underset{(0.10)}{0.92} \times [\text{家庭作業}] - \underset{(0.43)}{6.05} \times [\text{公立}] - \underset{(0.12)}{0.68} \times [\text{家庭} \times \text{公立}]$$

由結果可以發現，相同的模型但以不同的資料庫所分析得到的結果不同，前面的模型 7 的分析結果發現[公立]、[家庭作業]與跨層級交互作用[作業×公立]都沒有顯著的效果，但是，本節改以大型資料庫來分析，每一個變數都有很強的效果與很小的標準誤，均具有統計的顯著性。[家庭作業]是[數學成績]顯著的解釋變數，[公立]變數對於[數學成績]則有顯著的負向效果，表示公立學校的成績較差；跨層級交互作用也顯著的負向效果，表示私立學校有較強的[家庭作業]與[數學成績]關聯。

前一節的結論是我們的假設並沒有獲得支持，然而，本節的結果則相反，主效果（公私立的不同學校型態）與交互作用均具有顯著的負向效果，兩者均支持我們的研究假設，也就是私立學校比公立學校有較強的平等主義色彩（egalitarian）。效果的負向符號表示對於私立學校有利的結果（因爲公立學校編碼爲 1，私立學校編碼爲 0）。

本模型的隨機效果結果列於表 4.11。在這個部分，我們要特別提醒以因果關係的口吻來解釋公私立學校要特別小心。一般而言，觀察性/調查資料（不是從實驗過程得到的資料）並沒有因果結論的論證基礎，能夠用來解釋公私立學校差異的變數有很多，在一個觀察性/調查研究中，所獲得的結論是基於我們所選取的解釋變數，或是在研究者

表 4.11　以 NELS-88 完整資料得到的模型 8 結果[譯者分析 9]

第二層		
參數	估計值	標準誤
截距變異數	18.26	1.28
[家庭作業]斜率變異數	0.44	0.10
斜率與截距共變數	-0.18	0.28
第一層		
參數	估計值	標準誤
變異數 Variance	71.72	0.72

控制某些變數之下所獲得的結果，我們可以很輕易的證明，透過資料的操弄（例如變項的中心化），會得到完全不同的結論。我們將在第 5.2 節討論解釋變數的組平減的影響。在第 5.2 節，我們以本節的相同模型，但是變數則進行中心化處理，得到的結果又不一樣了。公立學校的效果從負向變成正向。再次說明在隨機或固定的迴歸模型中，如果存在著多元共線性，結果的解釋要非常小心。

4.3.6 移除[家庭作業]增加[白人]的小樣本分析

前面我們以小資料庫進行分析的結果，並沒有確認兩個學校層次變數[學校規模]與[公立]的效果，這兩個變數無法解釋[家庭作業]的截距與斜率的校間差異，在本節當中，我們將把重心放回學生特徵，然後再把學校特徵放進模型。下一個模型中，我們將檢驗學生的種族特徵：白人（編碼爲 1）或非白人（編碼爲 0）（以[白人]表示），是否會影響[數學成績]（有關變數的原始編碼請參見附錄）。在我們的資料中，白人學生爲多數（佔 75%）。

從前面的模型繼續往下延伸，我們移除了交互作用項[作業×公立]，然後增加學生層次解釋變數[白人]，指令如下所示：

```
EXPL 'homepub' 'white'
```

學校層次變項[公立]與學生層次變數[家庭作業]仍保留在模型中，此一模型（模型 9）的分析結果如下：

$$[\text{數學成績}] \approx \underset{(2.12)}{46.61} + \underset{(0.88)}{1.91} \times [\text{家庭作業}] + \underset{(0.96)}{3.36} \times [\text{白人}] - \underset{(1.72)}{3.91} \times [\text{公立}]$$

固定效果部分的結果顯示，在[家庭作業]與[公立]被考慮的情況下，[白人]變數可以讓[數學成績]增加 3.6 分。[白人]與[公立]係數的方向相反，但強度相當。從這兩個係數，可以得知在家庭作業時數相等的情況下，公立學校非白人學生的數學成績的預測分數最低；私立學校中的白人學生數學成績的預測分數最高。如果我們利用圖形來說明，如圖 4.2，可以看到上述的結果。

圖 4.2 中，公立與私立學校各有兩條迴歸線，一條爲白人學生、一條爲非白人學生。私立學校的迴歸線趨勢最強，可以從兩方面來說明。第一，整體來看，私立學校的表現均高於公立學校學生。第二，私立學校白人學生比公立學校的兩種學生的表現來得好，這是一種交互作用的結果。但是圖表所揭示的結果是否可靠？基本上，兩種不同類型學校的比較有些問題，因爲[白人]變項係數的標準誤較小，[公立]變項係數的標準誤較大，表示[白人]變項係數的估計較爲精確。因此我們必須注意如此的結論是否會得到錯誤的統計決策。

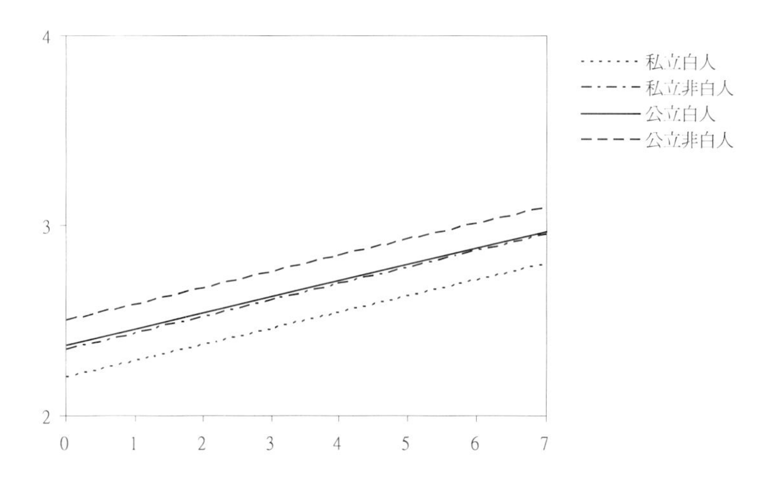

圖 4.2 種族與學校類型對家庭作業預測效果的影響

表 4.12 模型 9 結果

	第二層	
參數	估計值	標準誤
截距變異數	52.28	17.88
[家庭作業]斜率變異數	15.83	5.25
斜率與截距共變數	-25.34	9.08
	第一層	
參數	估計值	標準誤
變異數 Variance	52.64	3.42
離異數 Deviance	3623.25	

對於模型 9 的結果，可以從兩個角度來解釋我們的發現，第一是從個別的係數來看，第二是從整體模型適配的角度來看。首先，[白人]與[公立]兩個變數係數的強度除以標準誤可得到兩者的 z 檢定值，[公立]的 z 值爲 2.27，[白人]的 z 值爲 3.5，雖然都達到統計顯著水準，但是效果強度都不大，兩個變數的係數效果都接近 0，因爲兩者的標準誤都偏高，顯示他們是較不穩定的估計值。以圖形來解釋效果的係數強度，可能得到這是一個很穩定明確的效果的錯誤印象。另一方面，從模式適配的角度來檢驗[白人]與[公立]兩變項的效果，我們可以比較納入此二變數的模型與沒有納入的模型（表 4.4 的模型 2）的離異數差值，本模型的離異數與變異數結果列於表 4.12，離異數差爲 15.79，顯示模型適配改善幅度並不十分明顯。兩個學校層次變數的效果雖然顯著，但是效果小到我們不得不注意我們有是否過度結論，犯下第一類型錯誤。

4.3.7 增加[白人]的隨機部分

在下一個模型中，我們將把學生層次解釋變數[白人]的係數增加隨機的設定，此一變動只需要一個簡單的指令，也就是把[白人]的變異數設定在第二層：

```
SETV 2 'white'
```

此一變動的結果，對於固定部分與隨機部分的影響會遠超過我們的預期。固定效果的結果如下：

$$[\text{數學成績}] \approx \underset{(2.26)}{48.18} + \underset{(0.88)}{1.95} \times [\text{家庭作業}] + \underset{(1.50)}{2.67} \times [\text{白人}] - \underset{(1.58)}{4.94} \times [\text{公立}]$$

結果顯示[家庭作業]與[公立]的固定效果與前面模型的估計結果相近，但是[白人]變項的估計值就有明顯的差別，z 考驗值只有 1.78，未達統計顯著水準。將參數設定成可自由變動的隨機係數，會增加模型的不穩定性，我們可以從[白人]變數係數標準誤的提高看到此一現象，前一個模型的標準誤爲 0.96，到了本模型（模型 10），提高到 1.5。我們在稍早的章節中，也曾經看到，如果把[家庭作業]由固定改爲隨機，固定效果的顯著水準產生明顯變化（見表 4.3 與 4.4 的比較）。

模型中加入隨機斜率的代價，就是固定效果的參數估計值會變得不穩定。在這種情況下，如何來處理[白人]？是否設定爲隨機或固定？這個決策就變得非常關鍵。最好的決定因素還是：理論。例如，我們可以理解數學成績並不是完全是個別層次學生的效果（例如白人或非白人），主要還是學校特徵的影響結果。如果基於這樣的理論觀點，那麼本模型（模型 10）的設定就較爲合理。不管怎麼說，前面的兩個模型非常相似，但是卻出現了固定效果的結論不一致的現象，顯示理論的導引是一個重要的因素。在本模型中，隨機係數的設定所造成的影響，在表 4.13 所呈現的隨機部分的結果中也可以明顯的看到。

當我們在模型中增加一個隨機斜率，會創造三個新的變異數成分：一個[白人]斜率變異數，兩個共變數。兩個共變數是[白人]與[家庭作業]的共變數，及[白人]的斜率與截距的共變數。由表 4.13 可知，[白人]變數的係數變異數並沒有達到統計顯著水準，變異數爲 24.22，標準誤爲 14.13，z 值爲 1.71。我們的研究假設並沒有獲得支持，也就是學校特徵不會造成白人與非白人學生在數學成績上的差異。

但是，我們還是必須提醒上述的結論必須小心爲之。因爲多元共線性問題依舊還在困擾著我們。表 4.13 的變異數成分與表 4.12 相比，我們會發現一些特別的現象，其中之一是第二層變異成分的加入導致組內變異數減小，從表 4.12 的 52.64 降至本模型的 51.15，我們並沒有預期到此一變化，因爲各階層的誤差項是假設爲無相關（有關誤差變異的特性與彼此間關聯的細節討論請參見第 5.3 節）。此外，截距變

表 4.13　模型 10 結果

第二層		
參數	估計值	標準誤
截距變異數	64.41	25.86
[家庭作業]斜率變異數	15.68	5.20
[白人]斜率變異數	24.22	14.13
[家庭作業]與截距共變數	-26.97	10.41
[白人]與截距共變數	-20.27	15.40
斜率與截距共變數	2.75	6.31
第一層		
參數	估計值	標準誤
變異數 Variance	51.15	3.37
離異數 Deviance	3618.85	

異數的變化也很可觀，從 52.28 增加到 64.41，標準誤也增加。此一變化是由於變項間的相關所導致，我們可以從共變數來觀察變項間所存在的相關。由此可知，我們已經無法就這些估計值的表面數值來解釋這些參數的意義。

另一個從技術的角度來決定隨機斜率是否值得放入模型，是檢查模型的適配度。本模型的離異數爲 3618.85（見表 4.13），適配度改善的幅度是 4.40，損失的自由度爲 3，並未達到統計顯著水準，顯示增加隨機斜率並無法有效改善模型的適配性。

在本章的第一部份，我們發現帶有隨機斜率的[家庭作業]模型，模式適配度的改善十分顯著，但是對於[白人]則不然。如果我們可以找到適當的理論基礎來告訴我們要如何決定[家庭作業]與[白人]變數的隨機斜率的放或不放，事情或許比較單純，然而正因爲現在我們沒有理論依據，因此我們就從資料的角度來決定要把[白人]係數的變異數設定爲 0（也就是[白人]變數的斜率爲非隨機的固定值）。

值得注意的是，我們並不認爲把[白人]的斜率設爲固定是一個「正確」的決定，如果方程式中增加其他變數或移除某些變數，或許[白人]變數的斜率的隨機效果會變成顯著也不一定。

4.3.8 [白人]斜率設爲固定增加[平均 SES]

在下一節的多層次分析的示範中，我們將創造一個學校層次的聚合變數[平均 SES]（sesmean）。產生方式是將各校學生的學生層次變數[社經地位]求出各校平均數，即爲聚合變數（aggregated variable）。在 MLn 中，可以利用 MLAV 指令來進行變數的聚合。然後將這個變數放入 MLn 資料庫中，成爲 C20 變數，並命名爲 meanses。

```
MLAV 'school' 'ses' C20
NAME C20 'meanses'
```

我們首先檢驗[平均 SES]變數的效果。如果[平均 SES]具有顯著的影響力，將會在截距項發現一個顯著降低校間變異數。然後，進一步的可以檢驗[平均 SES]是否可以解釋模型當中其他的顯著校間變異（也就是[家庭作業]係數的變異）。下面的 MLn 語法清除了模型中的[白人]係數的變異數，並新增[平均 SES]。

```
CLRV 2 'white'
EXPL 'meanses'
```

在進行分析之前，我們必須先指出我們的資料庫中具有多元共線性的問題。[公立]與學校的平均社經地位兩個學校層次變數具有高相關，小樣本資料庫所求出的相關爲-0.78，完整的 NELS88 所計算出來的相關爲-0.54（見表 4.1）。相關係數的負值意味著公立學校比私立學校平均來說，學生的社經地位較低。這個相關係數會影響參數的估計。以我們的範例資料爲例，[公立]變數的係數跌至接近 0 的數值，而且不再具有統計顯著性。[平均 SES]變數係數的 z 檢定值爲 2.76，達統計顯著水準。新的模型估計結果如下：

$$[\text{數學成績}] \approx \underset{(2.14)}{44.58} + \underset{(0.87)}{1.93} \times [\text{家庭作業}] + \underset{(0.95)}{3.14} \times [\text{白人}] + \underset{(2.12)}{0.17} \times [\text{公立}] + \underset{(1.82)}{5.03} \times [\text{平均SES}]$$

表 4.14 模型 11 結果

	第二層	
參數	估計值	標準誤
截距變異數	50.11	17.20
[家庭作業]斜率變異數	15.43	5.10
斜率與截距共變數	-25.50	8.92
	第一層	
參數	估計值	標準誤
變異數 Variance	52.72	3.43
離異數 Deviance	3616.83	

現在，重要的問題在於校間的差異是由[公立]還是[平均 SES]所解釋？再一次的，這個問題的回答還是要先看理論怎麼說。例如有關社經地位對數學成績的影響的相關文獻。當然我們也可以利用離異數來判定兩個變數的影響力，基於模式適配度，我們可以決定究竟是[公立]變數解釋的比較多，還是[平均 SES]解釋的比較多。

本模型（模型 11）的離異數與變異數成分估計結果列於表 4.14，模型 11 比起模型 9（沒有[平均 SES]的模型，結果列於表 4.12），模式適配顯著獲得改善，離異數差為 3623.25-3616.83=6.42，自由度為 1。

4.3.9 移除學校特徵[公立]變數

由於我們已經知道[SES]對於學生學習成果有影響。因此我們保留[平均 SES]，移除[公立]變數。僅帶有[平均 SES]的模型的離異數與僅帶有[公立]的模型的離異數相比，可以得知兩個模型的優劣。我們以 EXPL 指令來進行設定。

```
EXPL 'public'
```

固定效果的分析結果如下：

$$[\text{數學成績}] \approx \underset{(1.74)}{44.68} + \underset{(0.87)}{1.93} \times [\text{家庭作業}] + \underset{(0.95)}{3.15} \times [\text{白人}] + \underset{(1.28)}{4.93} \times [\text{平均SES}]$$

從上述結果發現，移除了[公立]變數後，[平均 SES]係數的標準誤比前一個模型降低。此時，當學生都有相同的做作業時數時，社經地位最高的白人學生，數學成績預測分數最高。

表 4.15 列出了模型 12 的隨機效果與模型離異數資料。離異數顯示[公立]變數的移除並沒有讓模型變得比較糟糕。表 4.15 的離異數為 3616.83，與前一個模型相當（表 4.14 的模型 11）。也就是說，[公立]變數的移除不改變模型適配度。若把模型 9（表 4.12）與模型 12（表 4.15）的結果相比，離異數分別為 3623.25 與 3616.83，顯示帶有[平均 SES]的模型適配度則比帶有[公立]變數的模型理想。由於[平均 SES]的模型具有較理想的適配度，因此我們繼續利用這個變數來進行分析。

再一次的，我們要提醒模型優劣的選擇需盡可能的基於理論文獻，而非技術指標。以我們的例子來說，全校平均社經地位的高低確實是比學校類型是解釋數學成績更理想的學校特徵。以下，我們將建立一個模型，帶有[平均 SES]以及與[家庭作業]的跨層級交互作用項。跨層級交互作用項的納入意味著[平均 SES]將被用來解釋[家庭作業]斜率的顯著組間變異。

表 4.15　模型 12 結果

	第二層	
參數	估計值	標準誤
截距變異數	50.01	17.20
[家庭作業]斜率變異數	15.42	5.10
斜率與截距共變數	-25.49	8.92
	第一層	
參數	估計值	標準誤
變異數 Variance	52.72	3.43
離異數 Deviance	3616.83	

4.3.10 增加[家庭作業]與[平均 SES]的交互作用

前面的分析中，我們獲得一個結論：[家庭作業]的斜率具有顯著的隨機變化特性。但是我們並無法解釋是什麼原因造成此一學校間的變異。[學校規模]或[公立]兩變項與[家庭作業]的交互作用均未達統計顯著水準。在本節當中，我們以聚合得來的[平均 SES]變數來「解釋」[家庭作業]斜率的組間變異。首先，我們必須創造一個跨層級交互作用項，可利用 MLn 的計算指令 CALC 來進行這項工作（在第 4.3.4 節是利用相乘指令 MULT，兩個指令都可以用來計算交互作用項）。新的跨層級交互作用項命命爲[家庭×MSES]，再利用 EXPL 指定此一變數名稱爲 homeses。

```
CALC C21='homew' * 'meanses'
NAME C21 'homeses'
EXPL 'homeses'
```

固定效果的分析結果如下：

$$
\begin{aligned}
[\text{數學成績}] \approx\ & \underset{(1.76)}{44.58} + \underset{(0.88)}{1.99} \times [\text{家庭作業}] + \underset{(0.95)}{3.15} \times [\text{白人}] + \underset{(2.88)}{3.99} \times [\text{平均SES}] \\
& + \underset{(1.56)}{0.57} \times [\text{家庭} \times \text{MSES}]
\end{aligned}
$$

上述的分析結果並不令人滿意，因爲跨層級交互作用並不顯著，而且模型適配度也沒有改善，甚至於從數據表面來看，模型反而變差，[平均 SES]的標準誤從 1.28 提高到 2.88，係數的數值反而降低。

表 4.16　模型 13 結果

	第二層	
參數	估計值	標準誤
截距變異數	49.90	17.13
[家庭作業]斜率變異數	15.28	5.06
斜率與截距共變數	-25.32	8.86
	第一層	
參數	估計值	標準誤
變異數 Variance	52.73	3.43
離異數 Deviance	3616.70	

[平均 SES]的主要效果從前面的 z=3.88 的顯著結果變成不顯著的 z=1.40。根據此一結果，我們的結論是：[平均 SES]不僅沒有主要效果，也沒有跨層級交互作用。但是此一結論與我們先前的結論產生衝突。模型 8 發現，[平均 SES]的主要效果與交互作用[家庭×MSES]的高相關（r=0.83，參見表 4.9）導致模型十分不穩定。

表 4.16 報告了模型 13 的離異數與變異數成分。與表 4.15 的離異數相比，兩個模型的離異數差值爲 0.13，增加跨層級交互作用並沒有顯著改善模式適配度。反倒是因爲增加了跨層級交互作用，我們付出了[平均 SES]的個別參數估計值趨向不穩定的代價（標準誤變大）。增加一個與其他變數有相關的變數（本節的例子是跨層級交互作用項），增加參數估計的不穩定性。而且在小樣本的多層次分析，多元共線性的影響更爲明顯。

4.3.11 增加另一個學生層次變數

在學校效能的研究文獻中，社經地位扮演一個重要的角色，高社經地位的學生平均而言會有較佳的學業成就表現，已是公認的結論。對學校來說，此一結論也成立，亦即社經地位較高的學校，平均來說，學生的成就較佳。在前面的分析中，我們把[平均 SES]放入模型中，在本節當中，我們則把學生層次的[SES]變數也放入模型。

我們的新模型有三個學生層次變數，[家庭作業]、[白人]、[SES]，以及一個學校層次變數[平均 SES]，但沒有跨層級交互作用。MLn 的語法當中，我們以 EXPL 指令移除了交互作用項[家庭xMSES]，增加[SES]。

```
EXPL 'homeses' 'ses'
```

固定效果的分析結果如下：

$$[\text{數學成績}] \approx \underset{(1.71)}{45.65} + \underset{(0.83)}{1.83} \times [\text{家庭作業}] + \underset{(0.96)}{2.22} \times [\text{白人}] + \underset{(0.53)}{2.21} \times [SES]$$
$$+ \underset{(1.37)}{2.97} \times [\text{平均}SES]$$

在本模型中（模型 14），所有的係數的 z 檢定值接近 2.00，除了學生層次的[SES]變數，z 值達 4.17。增加學生層次的解釋變數[SES]如預期降低了學校層次解釋變數[平均 SES]的估計值（表 4.1 中的 r=0.70）。比較參數的數值，我們可以發現[平均 SES]的強度從模型 12 的 4.93 降低至模型 14 的 2.97，標準誤則由模型 12 的 1.28 變成 1.37。

表 4.17　模型 14 結果

第二層		
參數	估計值	標準誤
截距變異數	46.60	16.10
[家庭作業]斜率變異數	13.78	4.60
斜率與截距共變數	-23.02	8.16
第一層		
參數	估計值	標準誤
變異數 Variance	51.12	3.32
離異數 Deviance	3600.08	

表 4.17 列出了模型 14 的離異數，與表 4.15 的離異數相比，損失了一個自由度，但離異數降了 16.75。顯示模型的適配獲得顯著改善。表 4.17 的組間與組內變異數都有些微降低，是增加學校層級社經地位[平均 SES]的影響。

如果使用較大的資料庫，模型受到多元共線性的影響就比較小。另一個優點，在大樣本下，跨層級交互作用效果的檢定力較大。以下，我們就以 NELS88 的完整樣本來進行分析。

4.3.12 NELS88 完整資料庫分析

本節以 NELS88 的完整資料來分析前一個模型（模型 14）。此一模型有三個具有高相關的解釋變數：[家庭作業]、[SES]、[平均 SES]（相關係數列於表 4.1），尤其是[SES]與[平均 SES]的相關達 0.65。以大型資料所分析的結果如下：

表 4.18　NELS-88 所有資料的分析結果（模型 15）

	第二層	
參數	估計值	標準誤
截距變異數	7.39	0.74
[家庭作業]斜率變異數	0.35	0.08
斜率與截距共變數	-0.79	0.22
	第一層	
參數	估計值	標準誤
變異數 Variance	66.12	0.66

$$[\text{數學成績}] \approx \underset{(0.71)}{47.61} + \underset{(0.05)}{1.22} \times [\text{家庭作業}] + \underset{(0.15)}{1.78} \times [\text{白人}] + \underset{(0.09)}{3.73} \times [\text{SES}]$$

$$+ \underset{(0.21)}{4.00} \times [\text{平均SES}]$$

本模型以大型資料所得到的固定效果結果與前一個模型差異甚大，有幾個理由：第一，前面所使用的小樣本是 NELS88 內的一個子樣本，而且不是隨機抽取，因此小樣本資料所得到的結果未必有代表性，係數數值大小也可能會有明顯的不同。第二，由於 NELS88 的全體樣本規模龐大，在兩個層次都有龐大數量的觀察值，標準誤很小，導致每一個參數的顯著性考驗結果都產生變化。例如[家庭作業]斜率的 z 值爲 24.4，但是在小樣本時只有 2.20，同樣的，[白人]變項的斜率的 z 值爲 11.87，小樣本時僅有 2.31，[SES]的 z 值爲 19.05，小樣本則爲 2.17，[平均 SES]的 z 值爲 19.08，在小樣本僅爲 2.17。因此，改用大樣本的資料來進行分析，會使得原本低迷的顯著性考驗結果變得十分可觀，顯示大樣本會提高統計的檢定力。

4.4 第三部份 Session 3

4.4.1 以社經地位為解釋變數

在第三部分，我們將檢驗學生所身處的環境對於數學成績的影響。所謂「環境」是從兩個層面來定義：個體的家庭環境，以及學校的環境。個體家庭環境以父母的社經地位[SES]來衡量，該變數係合併自教育水準與薪資所得。而作為學校環境的變數，我們採用了學校中少數民族學生所佔的比例[種族比例]，以及平均社經地位[平均SES]。

我們開啓一個新的 MLn 工作表，定義反應變數（RESP 指令）為[數學成績]，解釋變數（EXPL 指令）為截距（cons）與[SES]，加上一個第一層變異數與第二層的截距變異數。整組指令如下：

```
RESP 'math'
EXPL 'cons' 'ses'
SETV 1 'cons'
SETV 2 'cons'
```

從語法內容可知，這個模型僅有一個學生層次解釋變數[SES]，學生與學校層次的變異數只有一個：截距的隨機係數。模型分析結果如下：

$$[\text{數學成績}] \approx \underset{(0.83)}{51.20} + \underset{(0.56)}{4.35} \times [\text{SES}]$$

表 4.19 模型 16 結果[譯者分析 10]

參數	估計值	標準誤
階層二變異數	11.80	4.61
階層一變異數	75.20	4.77
組內相關 ICC	0.22	
離異數 Deviance	3718.29	

結果顯示，[SES]的固定係數具有非常顯著的效果，z 檢定值爲 7.77，如果整體模型的適配有所改善，那麼[SES]這個參數的效果就可以被認真的接受。同樣的，模型適配改善幅度的評估是由帶有[SES]變數的模型與第一部份所報告過的虛無模型的離異數相減而得。

本模型（模型 16）的離異數資料列於表 4.19，兩個模型的離異數差值爲 52.42（模型 16 的離異數爲 3748.36；虛無模型的離異數爲 3800.78），此一差值非常大，因此我們的假設：學生的家庭環境對於數學成績具有影響力。

與虛無模型相較之下，模型 16 的變異數成分數值也有所改變。截距的組間變異數從虛無模型的 24.85 降至 11.80，減少了 53%。以我們的對於可解釋變異的定義來說，R_B^2 爲 0.53。組內變異數也降低了，從虛無模型的 81.24 降至 75.20，減少了 7%。因此 R_W^2 爲 0.07。基於此一分析結果我們發現[SES]的效果主要是學校間的效果，而非組內的效果（個體間的差異）。從這個現象來看，我們可以預期[SES]的係數在各校之間顯著不同。有關多層次模型當中的組間與組內可解釋變異量的計算與意義，我們將在第 5.3 節當中進行詳細的討論。

4.4.2 增加隨機斜率

本節的示範是在模型中增加一個隨機斜率，背後的假設是：[SES]與[數學成績]的關係，在各校可能是不一樣，例如老師的不同教學風格，導致關係的不同。在一個平等主義取向的老師身上，老師會設定一個讓所有的學生都可以達到的目標，不論學生的背景爲何，最後大家的學習成果會接近相同，精熟度相同（精熟學習）。其他類型的教學風格就可能大不相同，學生的既存個別差異可能會深深影響學習的成果，例如能力分班的影響。因此，教學方法的差異可能導致[SES]與[數學成績]存在不同的關係模式。

在模型中增加[SES]的隨機斜率，只需要一個 MLn 指令，在第二層設定[SES]斜率變異數。

```
SETV 2 'ses'
```

固定效果的結果與先前的模型很類似：

$$[\text{數學成績}] \approx \underset{(0.83)}{51.20} + \underset{(0.56)}{4.35} \times [\text{SES}]$$

從前面的分析，我們知道增加隨機斜率會改變固定效果的強度，也可能改變係數的標準誤。在第一部份的解釋變數[家庭作業]與第二部份的解釋變數[白人]，都發生這個現象。這兩個例子都是原來的高度顯著的係數，在增加隨機斜率之後，卻都變成接近 0 的不顯著的結果。但是在本範例中，[SES]的效果則無改變。

表 4.20　模型 17 結果[譯者分析 11]

	第二層	
參數	估計值	標準誤
截距變異數	11.80	4.61
斜率變異數	0	*
斜率與截距共變數	0	*
	第一層	
參數	估計值	標準誤
變異數 Variance	75.20	4.77
離異數 Deviance	3748.36	

從表 4.20 當中，可以看到爲何[SES]的固定效果不受隨機斜率納入模型的影響。記得增加一個隨機斜率，模型中會增加兩個參數：一個斜率變異數，一個斜率與隨機截距的共變數。表 4.20 當中最特別的是第二層的變異數成分中，[SES]的斜率變異數爲 0，共變數也爲 0。表中所有的數據都與前一個沒有隨機斜率的模型相同，截距變異數相同，第一層的變異數，以及離異數都相同。換言之，此模型（模型 17）與前一個模型（模型 16）是完全相同的模型，因爲並沒有任何的[SES]隨機斜率被估計到。如果變異數爲 0，在 MLn 軟體，變異數的估計並不會收斂到 0，當變異數接近 0 之時，疊代估計將會緩慢下來，因此，在 MLn 當中，對於變異數爲 0 的情況，會把變異數設定爲接近 0 的數值，以提高疊代的速度。其他的軟體對於這個問題有不同的處理方法。然後產生一個不顯著的變異數估計值。

前面的分析結果並不支持「某些學校的[SES]與[數學成績]關係有所不同」這個假設。

4.4.3 增加[種族比例]

底下，我們將增加學校特徵[種族比例]（minority）來進行分析，但是把[SES]的斜率改回固定。指令如下，

```
CLRV 2 'ses'
EXPL 'minority'
```

分析的結果如下：

$$[\text{數學成績}] \approx \underset{(1.13)}{53.12} + \underset{(0.56)}{4.34} \times [\text{SES}] - \underset{(0.35)}{0.80} \times [\text{種族比例}]$$

分析結果顯示，[SES]的係數估計值與前一個模型相似，不論是係數的強度或標準誤，z 檢定值爲 7.75，達到顯著水準。離異數與隨機部分的結果列於表 4.21，[種族比例]的影響列於第二層的變異成分中。一般來說，增加變數可能造成兩個層次變異數的估計的變化，例如增加一個第一層變數可能使得兩層的變異數都降低，我們可以預期學生層次的變數影響的組內變異成分較大，因此新增學生層次變數會對第一層的變異數影響較大。

到目前爲止，[SES]與[家庭作業]這兩個學生層次變數在學校間都有很大的變異。因此這兩個變項加入模型後，會造成組間變異的明顯減低。但是，增加學校層次變數僅會影響組間變異。因爲學校層次變數的定義是僅有學校間的效果而沒有組內效果。我們預期在加入[種族比例]變項之後，本模型的組間變異數（截距項的）會比沒有增加的模型變小。

表 4.21　模型 18 結果[譯者分析 12]

	第二層	
參數	估計值	標準誤
截距變異數	9.43	3.90
	第一層	
參數	估計值	標準誤
變異數 Variance	75.02	4.76
離異數 Deviance	3743.39	

分析結果正如我們的預期，截距變異數從表 4.19 的 11.8 降到 9.43，減少 2.37，亦即組間部分增加 9.5%的被解釋變異量。如果要讓學生層次的變數僅影響組內變異，可以使用組平減程序，改變變數的資料形式，有關中心化的影響與解釋將在第 5.2 節中討論。

本模型（模型 18）的離異數（見表 4.21）與前一個沒有[種族比例]的模型（模型 17，見表 4.20）相比，減少了 4.97。顯示增加了[種族比例]變數導致了模型適配的稍許改善，以及 9.5%的 R_B^2 的增加。

在模型比較過程中，我們並沒有比較第一層的組內變異，因爲我們假設第一層的組內變異不受新增的學校層次變數的影響。在多層次分析中，第一層與第二層殘差是獨立無關的。第二層的變數只有組間變異部分，不像第一層變數有組間與組內變異兩個部分。在下一節的分析當中，我們將增加另一個學校環境變數[平均 SES]，從數據當中，我們將證明模型適配的改善（ R^2 的增加）與個別參數的估計會有相衝突的結果。我們認爲，模型整體適配（total model fit）是衡量模型的改善程度以及個別參數估計的穩定度（信度）的最佳方法。

4.4.4 增加[平均 SES]

下一個模型是在前面的模型中，增加一個學校環境有關的變數[平均 SES]所延伸出來的新模型。

```
EXPL 'meanses'
```

在我們所使用的小型資料庫中，[平均 SES]與學校層次變數[種族比例]幾乎沒有關係，相關係數爲-0.08（見表 4.1）。但是在 NELS88 的完整樣本中，兩者的相關較高（r=-0.36），顯示當學校少數民族學生較多時，學校的整體社經地位較低。當模型中同時具有兩個學校環境變數時，估計的結果如下：

$$[\text{數學成績}] \approx \underset{(1.03)}{53.08} + \underset{(0.61)}{3.89} \times [\text{SES}] - \underset{(0.32)}{0.68} \times [\text{種族比例}] + \underset{(1.39)}{2.86}[\text{平均SES}]$$

在此模型中（模型 19），[平均 SES]的係數幾乎是不顯著的，z 檢定值爲 2.06，而[種族比例]則幾乎沒有沒有變動，z 檢定值爲 2.13。表 4.22 列出了模型 19 的離異數（3739.61），與最初的模型（沒有[種族比例]與[平均 SES]的模型 17）相比，離異數差值爲 8.75，改變的幅度並不大。若與前一個模型（僅有[種族比例]，沒有[平均 SES]的模型 18）的 3743.39 相比，離異數差值只有 3.75，改善幅度更小，顯示新增的[平均 SES]變數對於模型適配度並沒有明顯的影響。

從組間變異數（截距變異數）的變化來看也很有意思，當新增了兩個學校層次變數後，組間變異數降低了。若以被解釋變異量的術語來說，兩個變數「解釋」了 18%的組間變異。此一數值可能會被研究者解釋爲兩個變數具有強大的效果。

表 4.22　模型 19 結果[譯者分析 13]

	第二層	
參數	估計值	標準誤
截距變異數	7.23	3.23
	第一層	
參數	估計值	標準誤
變異數 Variance	75.08	4.76
離異數 Deviance	3739.61	

表 4.19 的組間變異爲 11.80，表 4.21 的組間變異降低了 9%，到了表 4.22 降低至 7.23，R_B^2又降了 9%。如果從虛無模型開始，計算到表 4.22 的組間與組內變異的總解釋變異數 R^2，組間變異從虛無模型的 24.85 降至 7.23，減少 17.62，亦即 R_B^2=0.71，[SES]解釋了 53%的組間變異，兩個學校特徵變數解釋了 18%的組間變異。在組內變異部分，虛無模型爲 81.24，最後一個模型爲 75.08，差値爲 6.16，R_W^2=0.08。

在此我們所要強調的是，[平均 SES]的個別參數估計值，與被解釋變異量的增加，兩者是矛盾的結果，對於此一矛盾，研究者應使用模型適配的數據來判斷最後的結論爲何，整體模式適配是用來評估個別參數估計量與可解釋變異量的較爲穩定可靠的指標。

爲了瞭解不同資料庫對於模型估計的差別，下面我們將以完整的 NELS88 資料庫來分析前面的最後兩個模型。我們將會看到：

- [SES]斜率變異數不再被設爲 0，對於此係數的解釋並沒改變
- [種族比例]係數是非常顯著，而不是幾無顯著
- 沒有[種族比例]變數的模型比有[種族比例]變數的模型的離異數小很多

4.4.5 NELS88 完整資料庫分析

首先我們分析的例子是以[SES]為解釋變數，但係數設為隨機的模型，也就是模型 17。我們以大型資料庫來重新分析[SES]與[數學成績]關係的學校差異（模型 20），前面的模型（模型 17）無法得到與原來研究者（Raudenbush & Bryk, 1986）相同的結論，主要的原因之一應是樣本過小且沒有代表性。前面所使用的樣本是 23 個學校，完整的 NELS 資料庫則有 1003 所學校，如此龐大的資料庫將可以提高統計檢定力（參見第 5.4 節的討論）。

以完整資料庫來進行分析，我們的預期是，前面所得到的[SES]斜率變異數與共變數為 0 的情況將會改變，會成為非 0 且顯著的結果。模型 20 的分析結果如下：

$$[\text{數學成績}] \approx \underset{(0.12)}{50.96} + \underset{(0.10)}{4.82} \times [\text{SES}]$$

表 4.23　模型 20 結果[譯者分析 14]

	第二層	
參數	估計值	標準誤
截距變異數	11.11	0.66
斜率變異數	0.54	0.35
斜率與截距共變數	1.68	0.33
	第一層	
參數	估計值	標準誤
變異數 Variance	69.76	0.70
離異數 Deviance	154336	

從結果的數據可以發現，大型資料庫所估計得到的各係數的標準誤都變小，我們最關心的是是否[SES]的斜率在各校之間具有顯著的變異，變異數成分的結果列於表 4.23。斜率變異數的數值除以標準誤得到 z 檢定值爲 1.54，仍然沒有顯著，但是這一次 MLn 報告了[SES]的變異數（0.54）與共變數（1.68）估計值與標準誤，但是[SES]與[數學成績]關係具有校間差異的假設並沒有被我們的觀察資料所支持。

爲了解釋的目的，我們也把模型 18 重新以大型資料庫來進行分析，此時模型中增加了[種族比例]，同時把[SES]的斜率變異數設爲 0。語法如下：

```
CLRV 2 'ses'
EXPL 'minority'
```

分析的結果如下：

$$[\text{數學成績}] \approx \underset{(0.19)}{53.16} + \underset{(0.09)}{4.76} \times [\text{SES}] - \underset{(0.05)}{0.71} \times [\text{種族比例}]$$

表 4.24　模型 21 結果[譯者分析 14]

	第二層	
參數	估計值	標準誤
截距變異數	8.78	0.55
	第一層	
參數	估計值	標準誤
變異數 Variance	69.93	0.69
離異數 Deviance	154184	

把本模型（模型 21）的結果與表 4.21 的模型 18 結果相比較，我們可以發現標準誤都明顯降低了許多。學校層次的[種族比例]在模型 18 當中呈現幾乎未顯著的結果（z 檢定值爲 2.29），但是到了本模型，則呈現高度顯著（z 檢定值爲 14.2）。本模型只有一個隨機截距，第一層截距與第二層變異數的資料列於表 4.24。同樣的，我們可以發現變異數的標準誤也降低了，使得顯著性考驗的結果更加提高。另一方面，離異數的比較發現，本模型的離異數爲 154184，與先前以同樣資料庫估計的模型相比之下縮小很多，自由度爲 152。表示模型適配度更爲理想。

對於解釋變異量 R^2 的估計，由於資料庫不同，因此我們需要重新計算虛無模式的變異數成分估計值，得到的結果爲：組內變異數爲 76.62，組間變異數爲 26.56。表 4.24 的組間變異爲 8.78，降低了 17.78，因此 R_B^2=0.67。組內變異則降爲 69.93，降低了 6.69，得到 R_W^2=0.09。雖然我們以兩個大小不同的資料庫來分別進行估計，而且小資料庫也不是從大資料庫中隨機抽樣取得，但是得到的解釋變異量卻很接近。得到的結論相似：亦即[SES]與[種族比例]兩個變數合在一起可以解釋組間變異的很大一部份，而[SES]變數則僅可以解釋組內變異的一小部分。

對於學校環境的影響，我們的分析結果發現，以學生層次變數[SES]與學校層次變數[種族比例]與[平均 SES]這三個解釋變數來進行多層次分析，發現了環境因素確實對於[數學成績]有一些影響。但是爲何會得到不顯著的[SES]係數變異數，則還是一個謎。我們將在第 5.2 節討論[SES]係數的隨機與非隨機問題。在該節中，我們所關心的問題是[SES]變數的中心化對於斜率變異數的影響，如果把[SES]變數減去學校平均數（組平減）得到中心化變數，[SES]的斜率的校間差異將會變得非常顯著，這與我們以原始型態的[SES]變數所得到結果有很大的不同。

4.5 第四部份 Session 4

4.5.1 以班級規模與跨層級交互作用的分析

前面以小型資料庫所進行的各模型分析的結果中，我們都還沒有得到顯著的跨層級交互作用的結果。現在，我們有了更大的資料庫，以及更多的變數，因此我們另外挑選一個學校層次解釋變數[生師比]（學生數除以老師數的 ratio，反應班級規模）來進行分析。較高的[生師比]意味著班級規模較大。在加州，耗費數百萬美元進行班級規模縮減，企圖改善公立學校低成就學生的表現的教改經驗發現，班級規模的確是影響學生學習成就的重要決定因素之一。如果較低的[生師比]可以預測出較高的[數學成績]，應可得到顯著的負向迴歸係數。

班級規模的效果可以從兩方面來衡量，首先是整體效果，其次是交互效果。交互效果是指[家庭作業]與[生師比]的交互效果，背後的假設是：當班級規模較小時，學生做作業時間比較少；當班級規模較大時，學生要做較多作業。如此的假設意味著我們將會得到一個正向的交互作用效果，[家庭作業]與[數學成績]的關係會因爲班級較大而變得更強。

我們重新啓動 MLn 軟體，重新定義變數與模型，反應變數（RESP 指令）爲[數學成績]，解釋變數（EXPL 指令）爲截距（cons）、[家庭作業]與[生師比]。變異數部分，我們定義第一層與第二層的截距變異數，以及[家庭作業]在第二層具有變異數（隨機）。整組指令如下：

```
RESP 'math'
EXPL 'cons' 'homew' 'ratio'
SETV 1 'cons'
SETV 2 'cons' 'homew'
```

表 4.25　模型 22 結果[譯者分析 15]

	第二層	
參數	估計值	標準誤
截距變異數	59.30	20.01
斜率變異數	16.80	5.55
斜率與截距共變數	-26.25	9.67
	第一層	
參數	估計值	標準誤
變異數 Variance	53.30	3.47
離異數 Deviance	3638.82	

分析結果如下：

$$[\text{數學成績}] \approx \underset{(3.92)}{47.97} + \underset{(0.91)}{1.99} \times [\text{家庭作業}] - \underset{(0.20)}{0.10} \times [\text{生師比}]$$

此一結果並沒有支持我們的假設，因為[生師比]係數並未顯著。然而，當變項之間具有相關時，以個別係數的估計結果來進行解釋可能會有所誤導。雖然兩個解釋變數[家庭作業]與[生師比]的相關並不高（r=0.16），但是我們還是要小心。我們應該從模型適配的角度來檢驗[生師比]的主要效果是否具有意義。我們把本模型（模型 22）的離異數（3639.04）與前面的模型 2（表 4.4）的離異數（3638.82）相比，得到離異數差值非常小，不到 1，因此我們可以確實得到[生師比]對於數學成績沒有解釋力的結論（以小樣本進行分析的結果）。

4.5.2 [生師比]與[家庭作業]的交互作用

前面分析中，我們的假設並沒有獲得支持，以下，我們進行另一個也與[生師比]有關的假設考驗。我們的假設是：數學成績與家庭作業時數的關係在小班的情況下強度較弱，在這種情況下，我們預期需要作很多作業的學生在小班的情況下受益最大。以統計的術語來說，我們會說[生師比]具有交互作用。如果假設成立，我們應該可以得到一個顯著的[家庭作業]與[生師比]跨層級交互作用

利用 MLn 軟體的 MULT 指令，可以把[家庭作業]與[生師比]兩個變數相乘來創造出跨層級交互作用變數，然後把這個新變數放進資料庫（第 C22 變數），以 NAME 指令命名為 homratio（[作業×生師比]），語法如下：

```
MULT 'homew' 'ratio' C22
NAME C22 'homratio'
EXPL 'ratio' 'homratio'
```

模型分析結果如下：

$$[\text{數學成績}] \approx \underset{(1.72)}{46.32} + \underset{(2.06)}{2.91} \times [\text{家庭作業}] - \underset{(0.11)}{0.05} \times [\text{作業} \times \text{生師比}]$$

再一次的，由於跨層級交互作用項的係數未達統計顯著水準，分析結果並沒有支持我們的假設。若把本模型（模型 23）的離異數 3638.79 與僅帶有[家庭作業]的模型的離異數 3639.04（模型 2，表 4.4）相比，離異數差值也非常小，模型適配度沒有任何改善。我們觀察最後兩個模型的固定部分，可以發現跨層級交互作用項的增加，由於

表 4.26　模型 23 結果[譯者分析 15]

	第二層	
參數	估計值	標準誤
截距變異數	59.35	20.03
[家庭作業]斜率變異數	16.79	5.55
斜率與截距共變數	-26.27	9.68
	第一層	
參數	估計值	標準誤
變異數 Variance	53.30	3.47
離異數 Deviance	3638.79	

變項間存在著相關，導致參數估計出現不穩定的現象。模型 24 的[家庭作業]與[作業×生師比]相關達 0.86（表 4.9），由於這個高相關的存在，使得在前一個模型（模型 23）幾乎不顯著的[家庭作業]係數（估計值為 1.99，標準誤為 0.91），到了本模型就真的不顯著了，雖然估計值增高到 2.91，但是標準誤更提高到 2.06，z 檢定值為 1.41。

再一次的，如果改以 NELS88 完整資料庫來把相同的模型進行分析，我們得到了不同的結論。當我們的樣本擴大之後，跨層級交互作用就比較容易被檢測出來（有關統計檢定力的討論請參見第 5.4 節）。

4.5.3 NELS88 完整資料庫的重新分析

在本節當中，我們以完整的 NELS88 資料庫，重新分析三個有關於[家庭作業]、[生師比]、[作業×生師比]的模型。三個模型都包括了帶有隨機係數的[家庭作業]變數，結果全部列於表 4.27 以便於比較。

表 4.27　完整 NELS88 的[生師比]與跨層級交互作用的分析結果[譯者分析 16]

	新模型		模型 22		模型 23	
參數	估計值	標準誤	估計值	標準誤	估計值	標準誤
[cons]	51.43	0.70	51.52	0.61	47.90	0.19
[家庭作業]	1.52	0.18	1.48	0.05	2.00	0.16
[生師比]	-0.20	0.04	-0.21	0.03		
[作業×生師比]	-0.003	0.01			-0.03	0.008
第二層						
[截距/截距]	23.29	1.51	23.28	1.51	24.19	1.55
[家庭作業/截距]	-0.91	0.31	-0.91	0.31	-1.06	0.32
[家庭作業/家庭作業]	0.52	0.10	0.52	0.10	0.54	0.10
第一層						
[截距/截距]	71.74	0.72	71.74	0.72	71.74	0.72
離異數 Deviance	155679		155679		155706	

表 4.27 的上半部是固定效果，下半部爲隨機效果。第一個模型包括了上述三個變數，第二個模型僅有一個[生師比]主要效果，因此與本節的第一個模型（模型 22）相同。第三個模型則僅有交互作用項而沒有[生師比]的主要效果，因此與本節的第二個模型（模型 23）相同。

表 4.27 的結果顯示，[家庭作業]與[作業×生師比]的高相關（r=0.89）像在小樣本分析一樣會影響[家庭作業]變數的估計。當交互作用項存在於模型中之時（表 4.27 的新模型與模型 24），[家庭作業]的係數的標準誤變得相當大。模型 24 的[家庭作業]係數數值也變大，可能是因爲[生師比]變數移除的影響，[生師比]與[家庭作業]的相關爲 -0.06，與[作業×生師比]的相關爲 0.31（見表 4.1）。模型 24 的跨層級交互作用此時具有統計顯著性，而[生師比]並沒有在模型中。離異數的數據則顯示，前面兩模型的適配情形相當，表示增加跨層級交互作

用並不會改變模型適配，在這種情況下，我們很可能會把交互作用移除，只保留[生師比]的主要效果在模型中，但是這種作法是在我們從理論層面認爲交互作用並不重要的情況下才適宜。

從三個模型的分析結果，我們可以發現，模型中如果沒有[生師比]主要效果，跨層級交互作用變數的係數具有統計顯著性。此外，我們發現一個非常強的[生師比]效果，在新模型的 z 檢定值爲 5.00，模型 23 的 z 檢定值爲 7.00。

4.6 討論

本章的範例分析說明了一個重要的事實，就是我們不應受限於個別迴歸係數的假設考驗，而應重視模型適配的檢驗。基本上，在科學家們的真實生活中，假設考驗通常沒有什麼功能。研究者所關心的是資料到底能夠告訴他們什麼，他們想要得到從實際數據分析的結果到底有多模糊的相關訊息，有時候，他們會希望得知同時考慮先驗理論與觀察數據兩者所得出的結論爲何，像這些都不是係數的假設考驗可以回答的問題。

更明確的說，若我們比較 23 個學校與 1003 個學校兩個資料庫所得到的分析結果（第 4.5.3 節），我們很難從小樣本的個別參數的假設考驗的 z 檢定或 t 檢定結果，獲得清楚明確的結論。從實際的範例中，我們發現小樣本的模型分析中，會出現個別參數並不顯著，但是模型適配卻有改善的結果。然而在大型資料庫中，即使個別參數不是頂重要，或係數數值很小，但是很輕易的達到統計顯著水準。從這個觀點來看，離異數是一個判斷模型好壞的較佳指標，然而，在樣本數很大的情況下，模型中的些微改變，都可能造成顯著的變化（改善）。

就像本章各部分的示範，我們發現增加變數會影響參數估計，但是模型適配不一定會有改變。同時參數估計的變化有時候非常劇烈，例如在最後一個部分的示範中即可發現。特別是小樣本的分析，增加跨層級交互作用項會造成參數估計的不穩定性，並伴隨著標準誤的提高。在多層次分析中，我們所謂的小樣本主要是指學校數的多寡而不是個別觀察值的多寡，例如我們的小樣本資料庫共有 519 名學生，一般來說 n=519 並不是小樣本，但是在多層次分析中，23 所學校的資料庫即是小樣本。徇此，有關小樣本與全整樣本的差異是要好好思考的一個問題，在本章的示範中，我們可以發現很多不同，特別是標準誤與第二層的估計值，差異十分明顯。

我們要再次提出呼籲，在多層次分析的實務層次，當我們增加跨層級交互作用或脈絡變數（例如取個體資料的平均值的聚合變數）時，模型有擴張的趨勢。因此在進行多層次分析之前，資料的縮減是一個非常必要的程序。多層次分析並不是用來探索大量變數關係的技術，而是用來檢驗少量的變數，當模型每一次發生一些小小改變所產生的影響。就如同本章的實例可以發現，模型中的小小變化，可能會造成結果的大大改變。

註解：

1. 對於基本的（basic）變數，是指從原來資料庫中被挑選出來那些變數，但不包括後來所創造的變數，例如交互作用與聚合變數（平均數）。

2. 除了第二章註 2 所列舉的符號系統，我們必須注意在 MLn 軟體所使用的變數的代號的差別。MLn 所使用的標籤最多只能有八個字元。MLn 的標籤是用在長方盒狀的指令中，撰寫時不用大寫。

3. 本書所使用的資料庫可另行提供給讀者來進行演練，特別是 MLn 軟體的應用。

4. 在這種情況下，截距被稱為變數，即使他是個常數，亦即當所有的觀察值都有相同的截距時。

5. 這表示變異數成分的定義是對應於特定變數。

6. 在本書中，解釋變數的組間變動僅發生在該變數被測量層次的更高層次，但有一個例外是截距 cons 的係數。MLn 允許使用者把係數在他自己的層次或更高的層次上設定為隨機，此一可以讓係數在自己的層次上設為隨機的這個可能性，在本書並不進行討論。而且這個議題超過了多層次分析的範疇。

7. 兩個階層有兩個 R^2，三個階層有三個 R^2。這是假設誤差項沒有跨層級的相關。有關兩個層次的兩個 R^2 的計算、應用、意義的細節將在第五章討論。

8. 當隨機斜率存在時，組間變異數會變的很複雜，這已經在稍早討論過。

9. 固定（fixed）是相對於隨機（random）而言。固定意味著我們不假設[家庭作業]對於[數學成績]的效果在學校間具有差異。

10. 相關係數可以利用共變數（-26.14）除以斜率與截距標準差的乘積求得。

11. 多層次模型的初次使用者可能會把第二層變數與脈絡變數兩個概念搞混。從概念上來說，像[父母教育程度]這種變項可能可以被以定義成脈絡變數，但是不被視為是第二層解釋變數。基本上，第二層（或脈絡）的定義非常明確，在我們的例子中，第一層是學生，第二層是學校。在多層次分析中，一個變數所屬的層級，最好從資料矩陣中的特性，如果一個變數在一個脈絡（學校）之中數值相同，沒有任何變異（同一個學校的每一個學生都有相同的數值），此變數可以被定義成第二層變數。[父母教育程度]是以學生層次變數來定義，而不是脈絡變數。在我們的例子中，脈絡被定義成學校，同一個學校的學生的[父母親教育程度]並不相同。[父母親教育程度]當然有可能被聚合成一個學校層次變數。聚合的方法有很多種，最普遍的方法是求平均數，(每一個學校的父母親教育程度平均值)。

12. 值得注意的是，在 MLn 軟體，一個係數在該變數被測量的相同層次上可以被設定為隨機。作法很簡單，例如我們只需把第二層的變數設定第二層變異數即可（SETV 2 'schsize'），此一特別的 MLn 選項我們並不討論。在本書當中，我們假設使用者僅會把一個變數的係數在比他們自己被測量層次的較高層次上設定為隨機。在多層次分析中，像學校規模或學校類型這種變數，僅可能在第三階層被設定為隨機。在我們的資料庫中，第三階層可能是美國的不同州。在三個層次的資料庫中，學生巢套於學校，學校巢套於不同的州。如果我們對於州別對於學校的影響有興趣，我們可以讓學校層級變數在不同的州當中設定為具有差異。如果是三層級的分析，我們需要更多的資料。如果在我們的例子中，把 23 個學校依美國的 50 個州加以區分，是一個沒有意義的作法。

※譯者分析：

1. **模型 0：虛無模型**：以 School23_l1.sav 與 School23_l2.sav 進行 HLM6 分析，虛無模型分析的操作畫面、描述統計與報表列舉如下。

LEVEL-1 DESCRIPTIVE STATISTICS

VARIABLE NAME	N	MEAN	SD	MINIMUM	MAXIMUM
HOMEWORK	519	1.97	1.48	0.00	7.00
MATHACH	519	51.72	10.71	30.00	71.00

LEVEL-2 DESCRIPTIVE STATISTICS

VARIABLE NAME	N	MEAN	SD	MINIMUM	MAXIMUM
MEANSES	23	-0.11	0.56	-1.07	1.18
HOMEWORK	23	1.83	0.59	0.75	3.30
EDUC_MEA	23	3.15	0.90	1.95	5.00
SCHSIZE	23	3.13	1.63	1.00	7.00
WHITE	23	2.30	2.27	0.00	7.00
RATIO	23	17.35	4.88	10.00	28.00

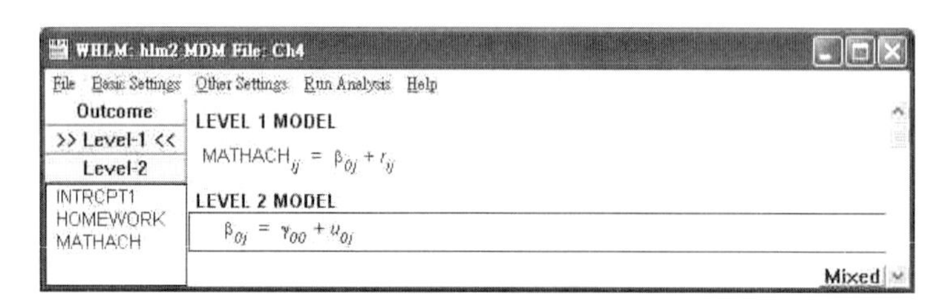

Final estimation of fixed effects:

Fixed Effect	Coefficient	Standard Error	T-ratio	Approx. d.f.	P-value
For INTRCPT1, B0					
INTRCPT2, G00	50.758849	1.151098	44.096	22	0.000

```
Final estimation of variance components:
-----------------------------------------------------------------------------
Random Effect           Standard      Variance     df    Chi-square  P-value
                        Deviation     Component
-----------------------------------------------------------------------------
INTRCPT1,      U0        5.11107      26.12302     22    240.76441    0.000
 level-1,      R         9.01354      81.24393
-----------------------------------------------------------------------------

Statistics for current covariance components model
--------------------------------------------------
Deviance                       = 3798.678611
Number of estimated parameters = 2
```

上述結果與表 4.2 的數值相近，斜率與截距數值接近。離異數爲 3798.68，與表 4.2 的 3800.78 相近。

2. **模型 1：一個個體解釋變數 HomeWork**：在先前的虛無模型中增加一個個體層次解釋變數 HomeWork，操作畫面與報表列舉如下。

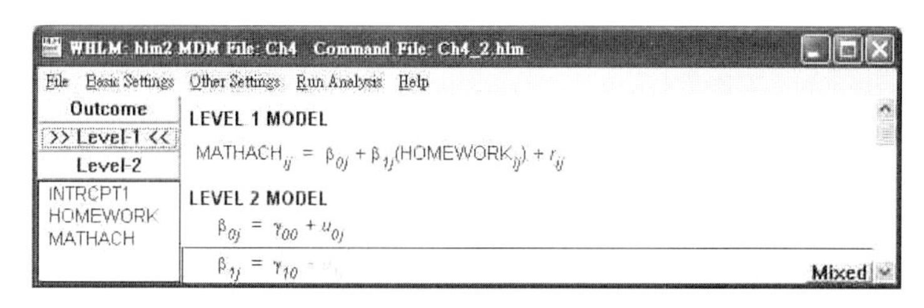

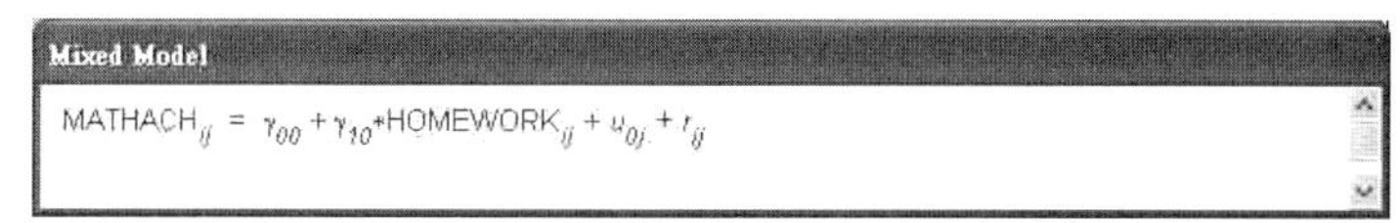


```
Final estimation of fixed effects:
----------------------------------------------------------------------------
                                        Standard              Approx.
    Fixed Effect          Coefficient   Error       T-ratio   d.f.     P-value
----------------------------------------------------------------------------
For        INTRCPT1, B0
   INTRCPT2, G00          46.355709    1.162623    39.872       22      0.000
For HOMEWORK slope, B1
   INTRCPT2, G10           2.399882    0.277197     8.658      517      0.000
```

Final estimation of variance components:

Random Effect		Standard Deviation	Variance Component	df	Chi-square	P-value
INTRCPT1,	U0	4.61942	21.33907	22	193.43667	0.000
level-1,	R	8.44298	71.28391			

Statistics for current covariance components model

Deviance = 3727.481647
Number of estimated parameters = 2

上述結果與表 4.3 的數值相近，斜率與截距數值接近。離異數爲 3727.48，與表 4.3 的 3730.49 相近。

3. **模型 2：一個個體解釋變數 HomeWork 與隨機斜率**：在先前的單一解釋變數模型中，令斜率爲隨機。操作畫面與報表列舉如下。

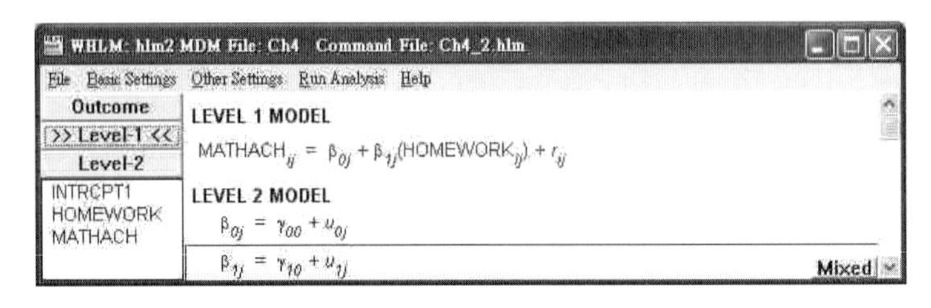

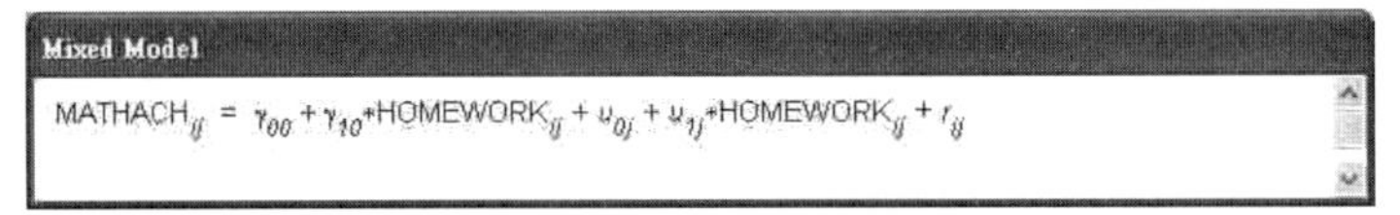

Final estimation of fixed effects:

Fixed Effect	Coefficient	Standard Error	T-ratio	Approx. d.f.	P-value
For INTRCPT1, B0					
INTRCPT2, G00	46.325566	1.758922	26.337	22	0.000
For HOMEWORK slope, B1					
INTRCPT2, G10	1.980224	0.928325	2.133	22	0.044

```
Final estimation of variance components:
--------------------------------------------------------------------------------
Random Effect            Standard     Variance     df    Chi-square  P-value
                         Deviation    Component
--------------------------------------------------------------------------------
INTRCPT1,          U0     7.90088     62.42394     22    214.58739    0.000
HOMEWORK slope,  U1       4.21008     17.72475     22    191.51840    0.000
 level-1,          R      7.30033     53.29476
--------------------------------------------------------------------------------

Statistics for current covariance components model
--------------------------------------------------
Deviance                         = 3633.724203
Number of estimated parameters = 4
```

上述結果與表 4.4 的數值相近，斜率與截距數值接近。離異數為 3633.72，與表 4.4 的 3639.04 相近。

4. **模型 3：兩個個體解釋變數 HomeWork（隨機斜率）與父母教育（固定斜率）**：在先前的單解釋變數模型中，HomeWorkd 的斜率為隨機係數，並增加一個解釋變數 EDUC。操作畫面與報表列舉如下。

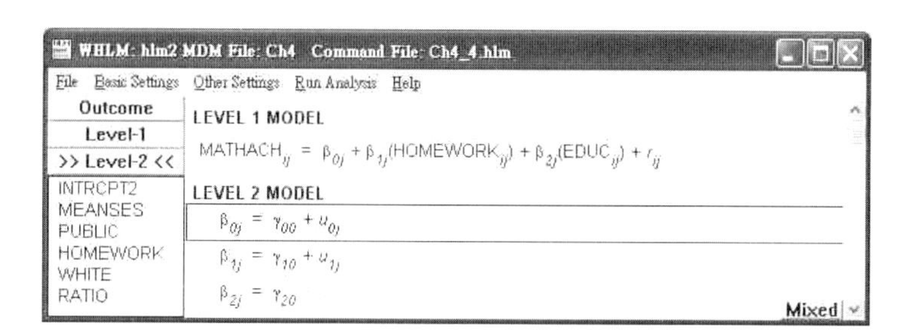

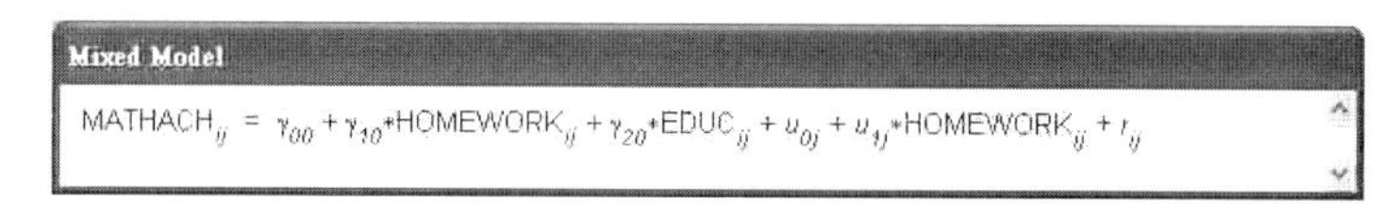


```
Final estimation of fixed effects:
-----------------------------------------------------------------------------
                                    Standard             Approx.
    Fixed Effect        Coefficient   Error      T-ratio   d.f.      P-value
-----------------------------------------------------------------------------
```

```
For       INTRCPT1, B0
   INTRCPT2, G00          38.929164   1.354136    28.748         22     0.000
For HOMEWORK slope, B1
   INTRCPT2, G10           2.210438   0.265169     8.336        516     0.000
For     EDUC slope, B2
   INTRCPT2, G20           2.471685   0.320113     7.721        516     0.000
--------------------------------------------------------------------------------

Final estimation of variance components:
--------------------------------------------------------------------------------
Random Effect             Standard      Variance     df    Chi-square  P-value
                          Deviation     Component
--------------------------------------------------------------------------------
INTRCPT1,       U0         3.52264      12.40899     22     114.22783    0.000
 level-1,       R          8.07765      65.24843
--------------------------------------------------------------------------------

Statistics for current covariance components model
 --------------------------------------------------
Deviance                         = 3674.876248
Number of estimated parameters = 2
```

上述結果與 MLn 分析的差異較大。離異數為 3674.88，與表 4.5 的 3602.45 尚且相近。

5. **模型 4：迴歸模型（HomeWork 與 EDUC 均為固定）**：在先前雙解釋變數模型中，完全不考慮組間差異。操作畫面與報表列舉如下。

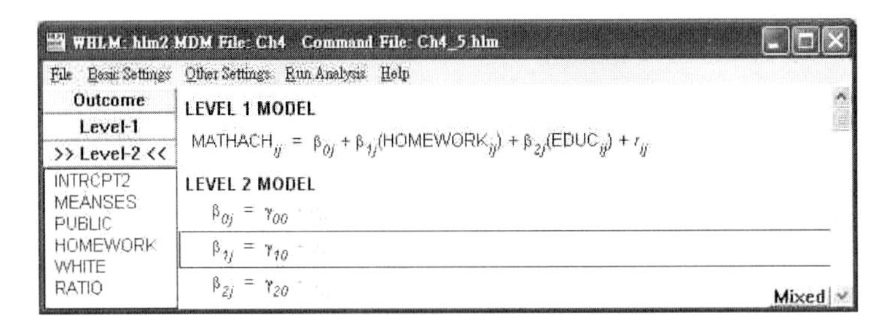

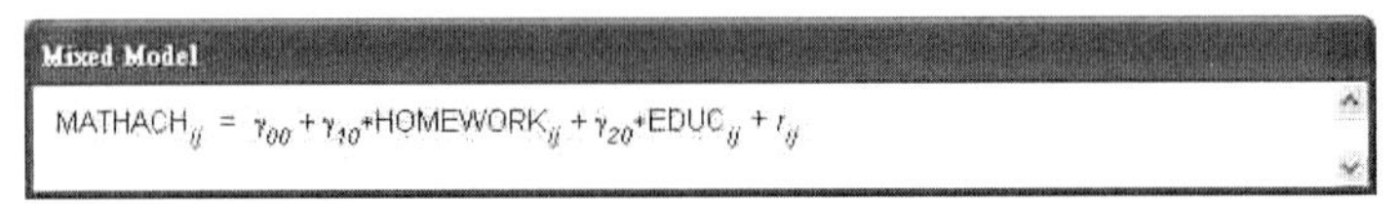

Final estimation of fixed effects:

Fixed Effect	Coefficient	Standard Error	T-ratio	Approx. d.f.	P-value
For INTRCPT1, B0					
INTRCPT2, G00	37.239150	0.996279	37.378	516	0.000
For HOMEWORK slope, B1					
INTRCPT2, G10	2.335361	0.268397	8.701	516	0.000
For EDUC slope, B2					
INTRCPT2, G20	3.003987	0.276506	10.864	516	0.000

分析結果爲傳統的迴歸分析數據，而無隨機部分的報表。固定部分的數據則與 4.2.6 節的內容相近。

6. **模型 5：完整模型（HomeWork 與 SchSize）**：個體解釋變數爲 HomeWork（隨機係數），整體解釋變數爲 Schsize。操作畫面與報表列舉如下。

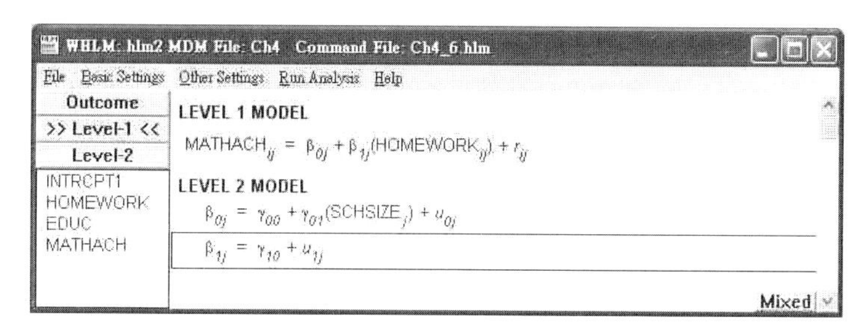

Final estimation of fixed effects:

Fixed Effect	Coefficient	Standard Error	T-ratio	Approx. d.f.	P-value
For INTRCPT1, B0					
INTRCPT2, G00	44.973309	2.710805	16.590	21	0.000

```
   SCHSIZE, G01            0.425541   0.640966     0.664        21    0.514
For HOMEWORK slope, B1
  INTRCPT2, G10            1.981071   0.929991     2.130        22    0.044
-----------------------------------------------------------------------------

Final estimation of variance components:
-----------------------------------------------------------------------------
Random Effect            Standard      Variance     df    Chi-square  P-value
                         Deviation     Component
-----------------------------------------------------------------------------
INTRCPT1,        U0       8.15003      66.42305     21    221.64408    0.000
HOMEWORK slope, U1        4.21746      17.78697     22    191.46853    0.000
 level-1,        R        7.30107      53.30560
-----------------------------------------------------------------------------

Statistics for current covariance components model
--------------------------------------------------
Deviance                        = 3634.230673
Number of estimated parameters = 4
```

分析結果爲與第 4.3.2 節內容一致，離異數爲 3634.23，與表 4.7 內容相近。

7. **模型 6：完整模型（HomeWork 與 Public）**：個體解釋變數爲 HomeWork（隨機係數），整體解釋變數改爲 Public。操作畫面與報表列舉如下。

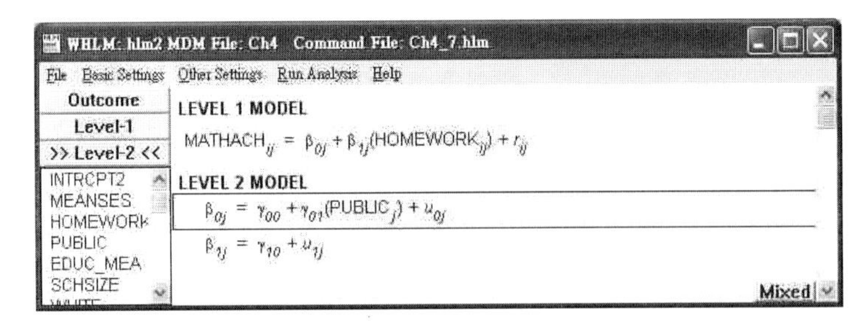

```
Final estimation of fixed effects:
----------------------------------------------------------------------------
                                       Standard             Approx.
   Fixed Effect         Coefficient   Error       T-ratio   d.f.     P-value
----------------------------------------------------------------------------
For       INTRCPT1, B0
   INTRCPT2, G00          49.050360   2.184848    22.450        21     0.000
     PUBLIC, G01          -4.061008   1.977854    -2.053        21     0.052
For HOMEWORK slope, B1
   INTRCPT2, G10           1.975273   0.918427     2.151        22     0.043
----------------------------------------------------------------------------

Final estimation of variance components:
-----------------------------------------------------------------------------
Random Effect           Standard      Variance     df    Chi-square  P-value
                        Deviation     Component
-----------------------------------------------------------------------------
INTRCPT1,        U0       7.75691      60.16958    21    192.87125    0.000
HOMEWORK slope, U1        4.16064      17.31091    22    191.40838    0.000
 level-1,        R        7.30365      53.34335
-----------------------------------------------------------------------------

Statistics for current covariance components model
--------------------------------------------------
Deviance                       = 3628.388074
Number of estimated parameters = 4
```

分析結果為與第 4.3.3 節內容一致，離異數為 3628.39，與表 4.8 的 3634.84 相近。

8. **模型 7：完整模型（HomeWork 與 Public 具交互作用）**：個體解釋變數為 HomeWork（隨機係數），整體解釋變數改為 Public，同時這兩個變數具有跨層級交互作用。操作畫面與報表列舉如下。

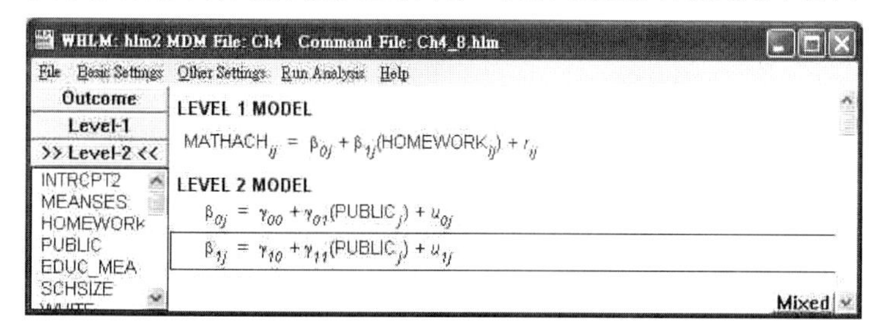

Mixed Model

$MATHACH_{ij} = \gamma_{00} + \gamma_{01}*PUBLIC_j + \gamma_{10}*HOMEWORK_{ij} + \gamma_{11}*PUBLIC_j*HOMEWORK_{ij} + u_{0j} + u_{1j}*HOMEWORK_{ij} + r_{ij}$

```
Final estimation of fixed effects:
--------------------------------------------------------------------------
                                        Standard           Approx.
   Fixed Effect            Coefficient   Error     T-ratio   d.f.     P-value
--------------------------------------------------------------------------
For        INTRCPT1, B0
   INTRCPT2, G00            48.528899   3.016041   16.090        21    0.000
     PUBLIC, G01            -3.261963   3.714613   -0.878        21    0.390
For HOMEWORK slope, B1
   INTRCPT2, G10             2.292764   1.591420    1.441        21    0.164
     PUBLIC, G11            -0.495648   1.972838   -0.251        21    0.804
--------------------------------------------------------------------------

Final estimation of variance components:
--------------------------------------------------------------------------
Random Effect            Standard      Variance     df    Chi-square  P-value
                         Deviation     Component
--------------------------------------------------------------------------
INTRCPT1,        U0        7.90919      62.55533    21     195.23100   0.000
HOMEWORK slope, U1         4.27227      18.25230    21     193.21281   0.000
 level-1,        R         7.30292      53.33262
--------------------------------------------------------------------------

Statistics for current covariance components model
--------------------------------------------------
Deviance                       = 3623.312669
Number of estimated parameters = 4
```

分析結果爲與第 4.3.4 節內容一致，離異數爲 3623.31，與表 4.10 的 3634.77 相近。

9. **模型 8：以全部 NELS88 資料的完整模型（HomeWork 與 Public 具交互作用）**：改以全體 NELS 資料來分析，個體解釋變數爲 HomeWork（隨機係數），整體解釋變數改爲 Public，同時這兩個變數具有跨層級交互作用。操作畫面、描述統計與報表列舉如下。分析結果爲與第 4.3.5 節內容一致。

LEVEL-1 DESCRIPTIVE STATISTICS

VARIABLE NAME	N	MEAN	SD	MINIMUM	MAXIMUM
HOMEWORK	21580	1.98	1.47	0.00	7.00
SES	21580	-0.04	0.79	-2.52	2.31
EDUC	21580	3.14	1.28	1.00	6.00
MATHACH	21580	51.01	10.18	26.75	71.22

LEVEL-2 DESCRIPTIVE STATISTICS

VARIABLE NAME	N	MEAN	SD	MINIMUM	MAXIMUM
PUBLIC	1003	0.78	0.42	0.00	1.00
MEANSES	1003	-0.06	0.51	-1.27	1.41
SCHSIZE	1003	3.65	1.65	1.00	7.00
WHITE	1003	2.92	2.20	0.00	7.00
RATIO	1003	17.62	4.89	10.00	30.00

WHLM: hlm2 MDM File: Ch4b Command File: Ch4_9.hlm

File Basic Settings Other Settings Run Analysis Help

Outcome
Level-1
>> Level-2 <<
INTRCPT2
PUBLIC
MEANSES
SCHSIZE
WHITE
RATIO

LEVEL 1 MODEL

$MATHACH_{ij} = \beta_{0j} + \beta_{1j}(HOMEWORK_{ij}) + r_{ij}$

LEVEL 2 MODEL

$\beta_{0j} = \gamma_{00} + \gamma_{01}(PUBLIC_j) + u_{0j}$

$\beta_{1j} = \gamma_{10} + \gamma_{11}(PUBLIC_j) + u_{1j}$

Mixed

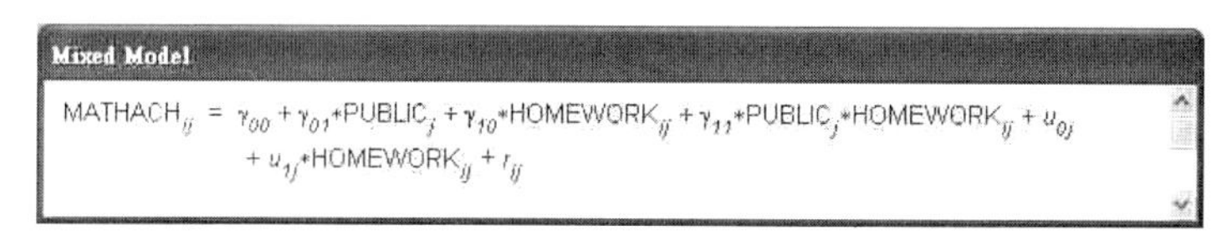

Final estimation of fixed effects:

Fixed Effect	Coefficient	Standard Error	T-ratio	Approx. d.f.	P-value
For INTRCPT1, B0					
INTRCPT2, G00	52.719676	0.380313	138.622	1001	0.000
PUBLIC, G01	-6.045854	0.425179	-14.220	1001	0.000
For HOMEWORK slope, B1					
INTRCPT2, G10	0.915709	0.102951	8.895	1001	0.000
PUBLIC, G11	0.684227	0.116472	5.875	1001	0.000

Final estimation of variance components:

Random Effect	Standard	Variance	df	Chi-square	P-value

```
                    Deviation     Component
-------------------------------------------------------------------------
 INTRCPT1,       U0       4.27147      18.24549   995    2679.21748    0.000
 HOMEWORK slope, U1       0.66345       0.44016   995    1281.82579    0.000
  level-1,       R        8.46938      71.73042
-------------------------------------------------------------------------

Statistics for current covariance components model
 --------------------------------------------------
 Deviance                       = 155540.389679
 Number of estimated parameters = 4
```

10. **模型 16：以 SES 爲解釋變數（固定斜率）**：以 School23_l1.sav 與 School23_l2.sav 的資料進行分析，個體解釋變數爲 SES，截距爲隨機，但是斜率爲固定，因此爲一個 ANCOVA 模型。操作畫面、描述統計與報表列舉如下。結果可以與第 4.4.1 節與表 4.19 的數據相比較。

LEVEL-1 DESCRIPTIVE STATISTICS

VARIABLE NAME	N	MEAN	SD	MINIMUM	MAXIMUM
SES	519	-0.00	0.88	-2.41	1.85
MATHACH	519	51.72	10.71	30.00	71.00
RATIO	519	16.76	4.93	10.00	28.00

LEVEL-2 DESCRIPTIVE STATISTICS

VARIABLE NAME	N	MEAN	SD	MINIMUM	MAXIMUM
MEANSES	23	-0.11	0.56	-1.07	1.18
MINORITY	23	2.30	2.27	0.00	7.00
RATIO	23	17.35	4.88	10.00	28.00

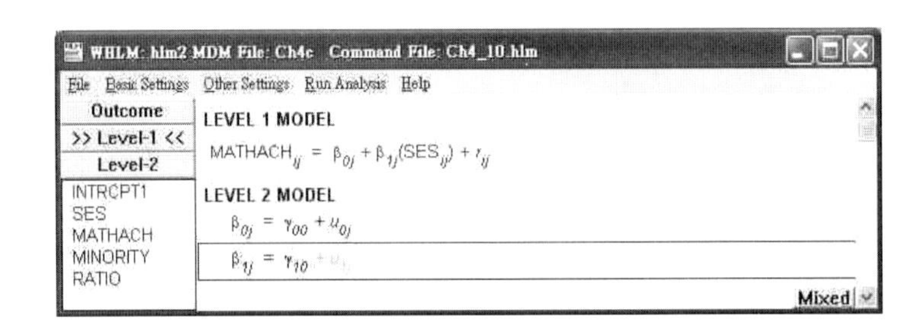

Mixed Model

$MATHACH_{ij} = \gamma_{00} + \gamma_{10}*SES_{ij} + u_{0j} + r_{ij}$

Final estimation of fixed effects:

Fixed Effect	Coefficient	Standard Error	T-ratio	Approx. d.f.	P-value
For INTRCPT1, B0					
INTRCPT2, G00	51.200859	0.850662	60.189	22	0.000
For SES slope, B1					
INTRCPT2, G10	4.332382	0.566265	7.651	517	0.000

Final estimation of variance components:

Random Effect		Standard Deviation	Variance Component	df	Chi-square	P-value
INTRCPT1,	U0	3.55394	12.63048	22	119.55640	0.000
level-1,	R	8.67917	75.32795			

Statistics for current covariance components model

Deviance = 3744.339554
Number of estimated parameters = 2

11. **模型 18：以 SES 爲解釋變數（隨機斜率）**：前述的模型增加斜率爲隨機之設定，亦即各校的 SES 解釋力不同，亦即組內迴歸係數不同質下的檢驗。操作畫面與報表列舉如下。結果可以與第 4.4.2 節表 4.20 的數據相比較。

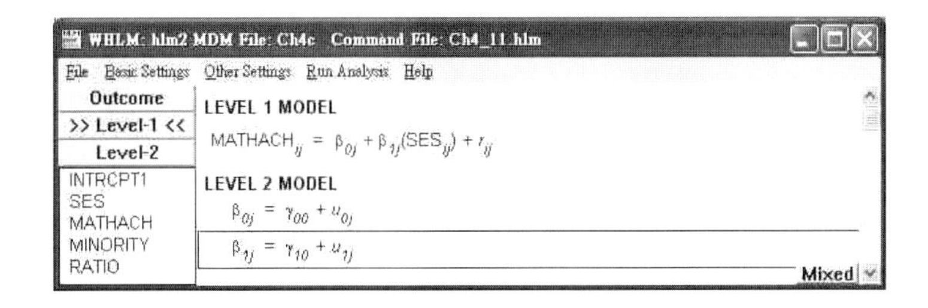

Mixed Model

$MATHACH_{ij} = \gamma_{00} + \gamma_{10}*SES_{ij} + u_{0j} + u_{1j}*SES_{ij} + r_{ij}$

```
Final estimation of fixed effects:
----------------------------------------------------------------------------
                                        Standard           Approx.
   Fixed Effect           Coefficient   Error      T-ratio   d.f.     P-value
----------------------------------------------------------------------------
For        INTRCPT1, B0
   INTRCPT2, G00            51.249012   0.857867    59.740       22     0.000
For       SES slope, B1
   INTRCPT2, G10             4.326502   0.571343     7.573       22     0.000
----------------------------------------------------------------------------

Final estimation of variance components:
-----------------------------------------------------------------------------
Random Effect           Standard      Variance     df    Chi-square  P-value
                        Deviation     Component
-----------------------------------------------------------------------------
INTRCPT1,       U0        3.59597      12.93101    22      93.95629    0.000
     SES slope, U1        0.40943       0.16763    22      29.95493    0.119
 level-1,       R         8.66987      75.16657
-----------------------------------------------------------------------------

Statistics for current covariance components model
--------------------------------------------------
Deviance                       = 3744.185212
Number of estimated parameters = 4
```

值得一提的是，表 4.20 指出第二階層的斜率變異數 MLn 因為沒有收斂而無法估計，但以 HLM6 分析時，經過 581 次疊代後完成收斂，得到數據為 0.16763。

此外，斜率與截距共變數亦可估計，數值為-1.06845。如下所示：

```
Tau
 INTRCPT1,B0     12.93101      -1.06845
      SES,B1     -1.06845       0.16763
```

12. **模型 18：完整模型（SES 與 Minority）**：將第固定 SES 變數模型中，增加一個 Minority 來解釋數學成績。操作畫面與報表列舉如下。結果可以與第 4.4.3 節與表 4.21 的數據相比較，數值相當接近。

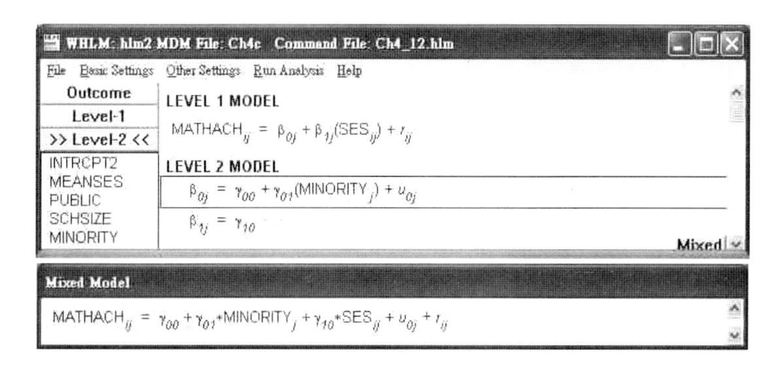

Final estimation of fixed effects:

Fixed Effect	Coefficient	Standard Error	T-ratio	Approx. d.f.	P-value
For INTRCPT1, B0					
INTRCPT2, G00	53.126616	1.177846	45.105	21	0.000
MINORITY, G01	-0.809365	0.364656	-2.220	21	0.037
For SES slope, B1					
INTRCPT2, G10	4.298969	0.561807	7.652	516	0.000

Final estimation of variance components:

Random Effect		Standard Deviation	Variance Component	df	Chi-square	P-value
INTRCPT1,	U0	3.27043	10.69573	21	110.56939	0.000
level-1,	R	8.67022	75.17275			

Statistics for current covariance components model

Deviance = 3741.610872
Number of estimated parameters = 2

13. **模型 19：完整模型（SES、MEANSES 與 Minority）**：將前述模型增加 MEANSES 來解釋數學成績。操作畫面與報表列舉如下。結果可以與第 4.4.4 節與表 4.22 的數據相比較，數值接近。

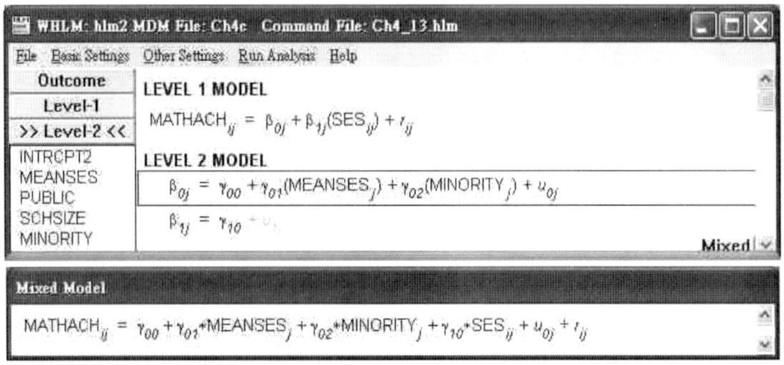

WHLM: hlm2 MDM File: Ch4c Command File: Ch4_13.hlm

File Basic Settings Other Settings Run Analysis Help

Outcome
Level-1
>> Level-2 <<
INTRCPT2
MEANSES
PUBLIC
SCHSIZE
MINORITY

LEVEL 1 MODEL

$MATHACH_{ij} = \beta_{0j} + \beta_{1j}(SES_{ij}) + r_{ij}$

LEVEL 2 MODEL

$\beta_{0j} = \gamma_{00} + \gamma_{01}(MEANSES_j) + \gamma_{02}(MINORITY_j) + u_{0j}$

$\beta_{1j} = \gamma_{10}$

Mixed

Mixed Model

$MATHACH_{ij} = \gamma_{00} + \gamma_{01}*MEANSES_j + \gamma_{02}*MINORITY_j + \gamma_{10}*SES_{ij} + u_{0j} + r_{ij}$

Final estimation of fixed effects:

Fixed Effect	Coefficient	Standard Error	T-ratio	Approx. d.f.	P-value
For INTRCPT1, B0					
INTRCPT2, G00	53.096904	1.102667	48.153	20	0.000
MEANSES, G01	2.805075	1.479369	1.896	20	0.072
MINORITY, G02	-0.692189	0.345691	-2.002	20	0.059
For SES slope, B1					
INTRCPT2, G10	3.884760	0.609773	6.371	515	0.000

Final estimation of variance components:

Random Effect		Standard Deviation	Variance Component	df	Chi-square	P-value
INTRCPT1,	U0	2.97435	8.84675	20	77.37284	0.000
level-1,	R	8.67413	75.24051			

Statistics for current covariance components model

Deviance = 3733.777145
Number of estimated parameters = 2

14. **模型 20 與 21：以全部 NELS88 資料的完整模型(SES 與 MINORITY)：**
改以全體 NELS 資料來分析個體解釋變數爲 SES 的隨機斜率（模型 17）與固定斜率（模型 18）兩個模型，整體解釋變數爲 MINORITY。操作畫面、描述統計與報表列舉如下。分析結果爲與第 4.3.5 節內容一致。但值得一提的是，模型 17 需要高達 581 疊代才完成收斂，但是以 NELS88 全體資料僅需 36 個疊代就完成模型 20 的估計，顯示大樣本的穩定度高。

LEVEL-1 DESCRIPTIVE STATISTICS

VARIABLE NAME	N	MEAN	SD	MINIMUM	MAXIMUM
SES	21580	-0.04	0.79	-2.52	2.31
MATHACH	21580	51.01	10.18	26.75	71.22

LEVEL-2 DESCRIPTIVE STATISTICS

VARIABLE NAME	N	MEAN	SD	MINIMUM	MAXIMUM
MINORITY	1003	2.92	2.20	0.00	7.00

模型20（隨機斜率）

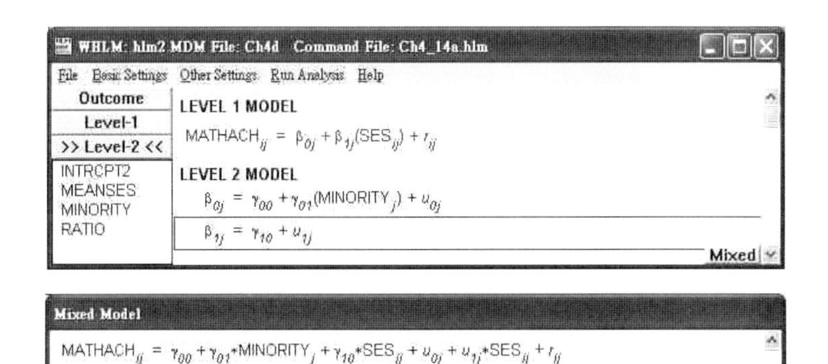


```
Tau
 INTRCPT1,B0     8.61899     1.55414
      SES,B1     1.55414     0.97739
```

```
Final estimation of fixed effects:
----------------------------------------------------------------------------
                                        Standard             Approx.
   Fixed Effect            Coefficient   Error      T-ratio   d.f.     P-value
----------------------------------------------------------------------------
For       INTRCPT1, B0
   INTRCPT2, G00            53.019885   0.183085   289.592     1001     0.000
   MINORITY, G01            -0.701021   0.049459   -14.174     1001     0.000
For      SES slope, B1
   INTRCPT2, G10             4.722316   0.093508    50.502     1002     0.000
----------------------------------------------------------------------------

Final estimation of variance components:
-----------------------------------------------------------------------------
Random Effect           Standard      Variance     df    Chi-square  P-value
                        Deviation     Component
-----------------------------------------------------------------------------
INTRCPT1,       U0       2.93581       8.61899     997   2941.02907    0.000
     SES slope, U1       0.98863       0.97739     998   1265.30708    0.000
 level-1,       R        8.34312      69.60766
-----------------------------------------------------------------------------

Statistics for current covariance components model
--------------------------------------------------
Deviance                        = 154161.398591
Number of estimated parameters = 4
```

模型21（固定斜率）

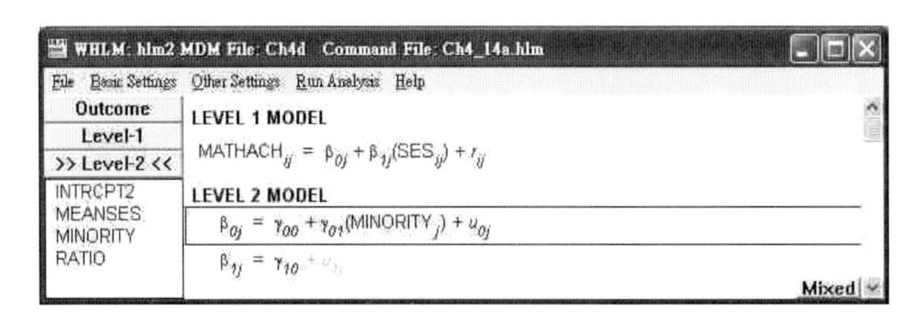

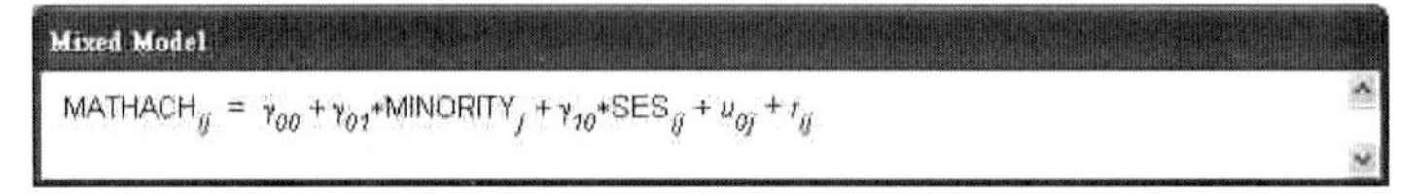

```
Final estimation of fixed effects:
----------------------------------------------------------------------------
                                   Standard             Approx.
   Fixed Effect         Coefficient  Error      T-ratio  d.f.     P-value
----------------------------------------------------------------------------
For       INTRCPT1, B0
   INTRCPT2, G00          53.159701  0.186969   284.323     1001    0.000
   MINORITY, G01          -0.710193  0.051580   -13.769     1001    0.000
For      SES slope, B1
   INTRCPT2, G10           4.762326  0.087482    54.438    21577    0.000
----------------------------------------------------------------------------

Final estimation of variance components:
-----------------------------------------------------------------------------
Random Effect           Standard      Variance     df    Chi-square  P-value
                        Deviation     Component
-----------------------------------------------------------------------------
INTRCPT1,       U0        2.96766       8.80703  1001    3732.92052    0.000
 level-1,       R         8.36266      69.93403
-----------------------------------------------------------------------------

 Statistics for current covariance components model
 --------------------------------------------------
 Deviance                       = 154192.380873
 Number of estimated parameters = 2
```

15. **模型 22 與 23（跨層級交互作用有無）**：以 HomeWork（個體層次）與 Ratio（總體層次）來解釋數學成績，若沒有跨層級交互作用爲模型 22，有跨層級交互作用但是移除 Ratio 主要效果的模型爲模型 23，操作畫面與報表列舉如下。分析結果爲與第 4.5.1 與 4.5.2 節內容一致。

模型22（無交互作用的完整模型）

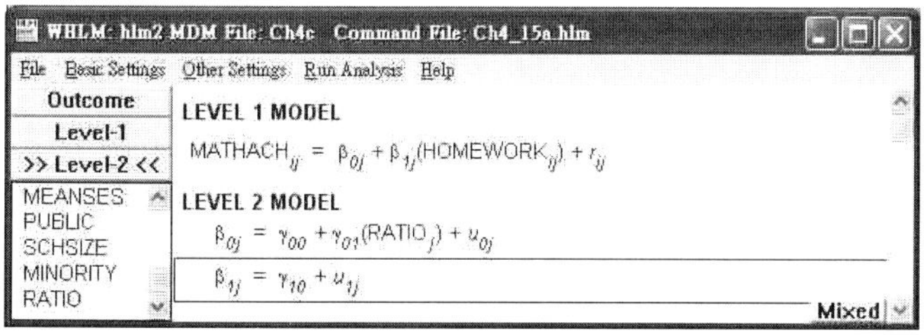

WHLM: hlm2 MDM File: Ch4c Command File: Ch4_15a.hlm
File Basic Settings Other Settings Run Analysis Help
Outcome
Level-1
>> Level-2 <<
MEANSES
PUBLIC
SCHSIZE
MINORITY
RATIO
LEVEL 1 MODEL
$MATHACH_{ij} = \beta_{0j} + \beta_{1j}(HOMEWORK_{ij}) + r_{ij}$
LEVEL 2 MODEL
$\beta_{0j} = \gamma_{00} + \gamma_{01}(RATIO_j) + u_{0j}$
$\beta_{1j} = \gamma_{10} + u_{1j}$
Mixed

```
Tau
 INTRCPT1,B0      63.47967     -27.70346
 HOMEWORK,B1     -27.70346      17.74187

Final estimation of fixed effects:
 ----------------------------------------------------------------------------
                                         Standard             Approx.
    Fixed Effect          Coefficient    Error       T-ratio   d.f.     P-value
 ----------------------------------------------------------------------------
 For       INTRCPT1, B0
    INTRCPT2, G00          47.961614   4.083201    11.746        21     0.000
       RATIO, G01          -0.094423   0.212384    -0.445        21     0.661
 For HOMEWORK slope, B1
    INTRCPT2, G10           1.979281   0.928857     2.131        22     0.044
 ----------------------------------------------------------------------------

 Final estimation of variance components:
 -----------------------------------------------------------------------------
 Random Effect           Standard      Variance     df    Chi-square  P-value
                         Deviation     Component
 -----------------------------------------------------------------------------
 INTRCPT1,        U0       7.96741      63.47967    21     211.41431    0.000
 HOMEWORK slope,  U1       4.21211      17.74187    22     191.49632    0.000
  level-1,        R        7.30098      53.30431
 -----------------------------------------------------------------------------

 Statistics for current covariance components model
 --------------------------------------------------
 Deviance                       = 3636.637671
 Number of estimated parameters = 4
```

模型23（有交互作用，但是沒有RATIO主效果的模型）

WHLM: hlm2 MDM File: Ch4c Command File: Ch4_15b.hlm

File Basic Settings Other Settings Run Analysis Help

Outcome
Level-1
>> Level-2 <<

MEANSES
PUBLIC
SCHSIZE
MINORITY
RATIO

LEVEL 1 MODEL

$MATHACH_{ij} = \beta_{0j} + \beta_{1j}(HOMEWORK_{ij}) + r_{ij}$

LEVEL 2 MODEL

$\beta_{0j} = \gamma_{00} + u_{0j}$

$\beta_{1j} = \gamma_{10} + \gamma_{11}(RATIO_j) + u_{1j}$

Mixed

Mixed Model

$$MATHACH_{ij} = \gamma_{00} + \gamma_{10}*HOMEWORK_{ij} + \gamma_{11}*RATIO_j*HOMEWORK_{ij} + u_{0j} + u_{1j}*HOMEWORK_{ij} + r_{ij}$$

```
Tau
 INTRCPT1,B0      62.55451      -27.79939
 HOMEWORK,B1     -27.79939       18.09403

Final estimation of fixed effects:
 ----------------------------------------------------------------------------
                                        Standard             Approx.
    Fixed Effect         Coefficient   Error      T-ratio   d.f.     P-value
 ----------------------------------------------------------------------------
 For       INTRCPT1, B0
    INTRCPT2, G00          46.330611   1.760574    26.316       22     0.000
 For HOMEWORK slope, B1
    INTRCPT2, G10           2.884107   2.156618     1.337       21     0.196
       RATIO, G11          -0.052584   0.112271    -0.468       21     0.644
 ----------------------------------------------------------------------------

 Final estimation of variance components:

 -----------------------------------------------------------------------------
 Random Effect           Standard      Variance     df    Chi-square  P-value
                         Deviation     Component
 -----------------------------------------------------------------------------
 INTRCPT1,        U0       7.90914      62.55451    22     214.54664    0.000
 HOMEWORK slope, U1        4.25371      18.09403    21     194.54422    0.000
  level-1,        R        7.30054      53.29782
 -----------------------------------------------------------------------------

 Statistics for current covariance components model
 --------------------------------------------------
 Deviance                       = 3637.890963
 Number of estimated parameters = 4
```

由這些報表，對照表 4.25 與 4.26 的數據，發現在標準誤的估計，乃至於變異數的估計有些微差異，可能是取樣的差異、MLn 與 HLM 估計設定的差異所造成，但是不至於影響結果的解釋。

16. **模型 22 與 23：以全部 NELS88 資料的完整模型(跨層級交互作用)**：前述模型改以全體 NELS 資料來分析，共有三個模型：模型 A 有個體解釋變數 HomeWork 與整體解釋變數 Ratio，以及跨層級交互作用。模型 B 則沒有交互作用（模型 22），模型 C 有交互作用，但是移除 Ratio 的主要效果（模型 23），操作畫面與報表列舉如下。分析結果為與第 4.5.3 節內容一致。

模型A（具交互作用的完整模型）

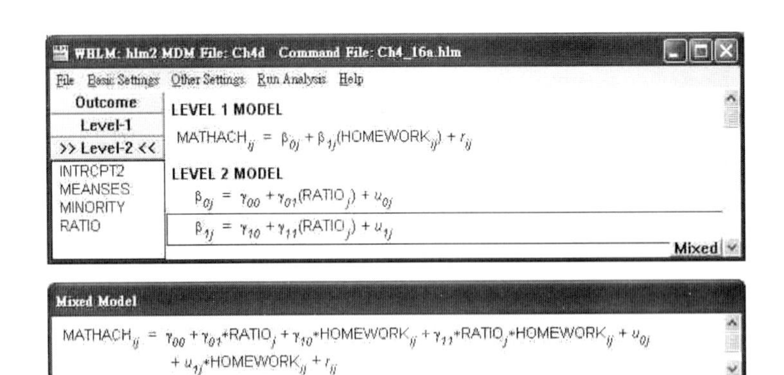

Final estimation of fixed effects:

Fixed Effect	Coefficient	Standard Error	T-ratio	Approx. d.f.	P-value
For INTRCPT1, B0					
INTRCPT2, G00	51.428679	0.699058	73.569	1001	0.000
RATIO, G01	-0.199725	0.038113	-5.240	1001	0.000
For HOMEWORK slope, B1					
INTRCPT2, G10	1.522710	0.182348	8.351	1001	0.000
RATIO, G11	-0.002737	0.010003	-0.274	1001	0.784

Final estimation of variance components:

Random Effect		Standard Deviation	Variance Component	df	Chi-square	P-value
INTRCPT1,	U0	4.83262	23.35420	995	3140.68616	0.000

```
HOMEWORK slope, U1       0.72301       0.52275   995     1339.08415     0.000
 level-1,       R        8.46981      71.73764
--------------------------------------------------------------------------------
Statistics for current covariance components model
 --------------------------------------------------
 Deviance                        = 155697.233748
 Number of estimated parameters = 4
```

模型B（沒有交互作用的完整模型。模型22）

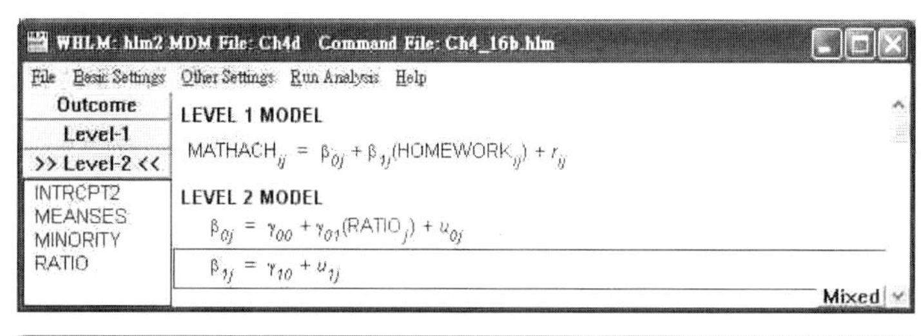

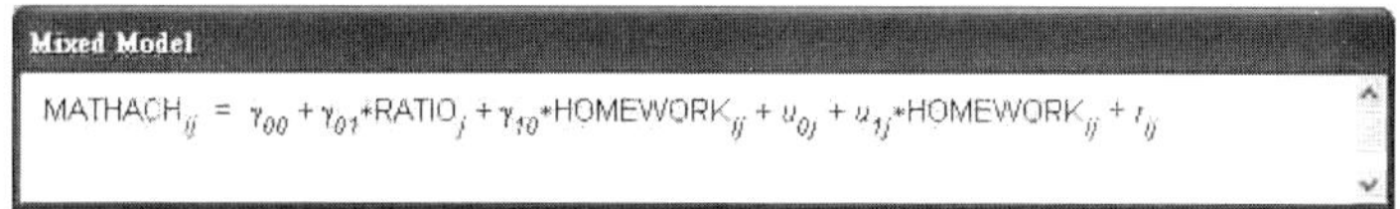


```
Final estimation of fixed effects:
--------------------------------------------------------------------------------
                                     Standard            Approx.
   Fixed Effect        Coefficient   Error       T-ratio   d.f.     P-value
--------------------------------------------------------------------------------
For        INTRCPT1, B0
   INTRCPT2, G00        51.522033   0.609025     84.598      1001     0.000
      RATIO, G01        -0.204991   0.032803     -6.249      1001     0.000
For HOMEWORK slope, B1
   INTRCPT2, G10         1.474319   0.049112     30.019      1002     0.000
--------------------------------------------------------------------------------

Final estimation of variance components:
--------------------------------------------------------------------------------
Random Effect            Standard      Variance     df    Chi-square  P-value
                         Deviation     Component
--------------------------------------------------------------------------------
INTRCPT1,        U0       4.83044      23.33311    995    3140.83350    0.000
HOMEWORK slope, U1        0.72419       0.52445    996    1338.26455    0.000
 level-1,        R        8.46947      71.73189
```

```
Statistics for current covariance components model
--------------------------------------------------
Deviance                       = 155688.100163
Number of estimated parameters = 4
```

模型C（有交互作用，無Ratio主要效果的完整模型。模型23）

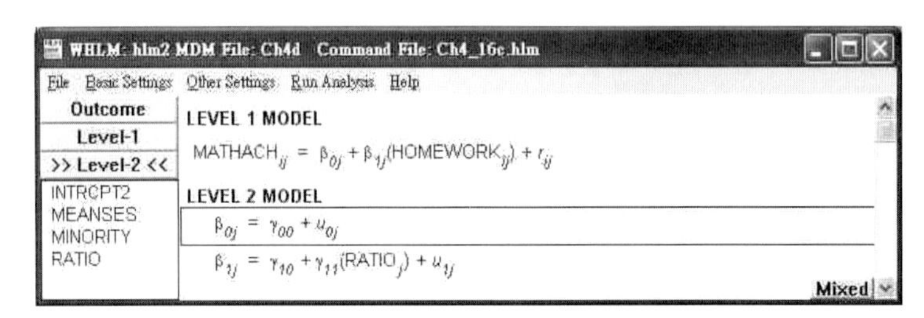

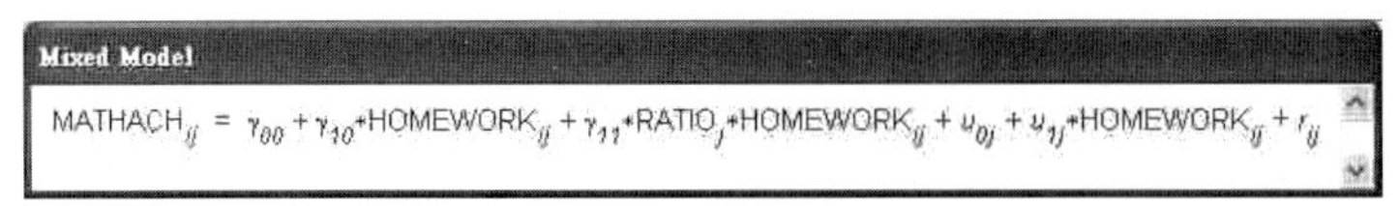

Final estimation of fixed effects:

Fixed Effect	Coefficient	Standard Error	T-ratio	Approx. d.f.	P-value
For INTRCPT1, B0					
INTRCPT2, G00	47.897513	0.187282	255.750	1002	0.000
For HOMEWORK slope, B1					
INTRCPT2, G10	2.005700	0.159072	12.609	1001	0.000
RATIO, G11	-0.030022	0.008632	-3.478	1001	0.001

Final estimation of variance components:

Random Effect	Standard Deviation	Variance Component	df	Chi-square	P-value
INTRCPT1, U0	4.92501	24.25576	996	3235.56995	0.000
HOMEWORK slope, U1	0.74647	0.55722	995	1359.58085	0.000
level-1, R	8.46927	71.72859			

```
Statistics for current covariance components model
 --------------------------------------------------
 Deviance                       = 155717.828679
 Number of estimated parameters = 4
```

A、B、C 三個模型的檢驗結果與表 4.27 幾乎完全相同。顯示大樣本分析結果的穩定性高。有關 HLM6 的操作方法，讀者可以參考軟體的指導手冊，或到網站http://www.ssicentral.com/下載相關文件。

第 5 章

多層次分析的重要議題

Frequently Asked Questions

5.1 緒論

雖然多層次模型是一種相當受到限制的模型，但是卻是很重要、具有高度類化性的一種從線性迴歸模型所衍生出來的統計方法。換言之，有關迴歸係數的穩定性、多元共線性的影響、模型假設的檢驗等這些在迴歸模型中就已經是困擾的大問題，在多層次模型中勢必更加的複雜。而其他一些比較小的問題，在面對多層次模型的特殊構造之時，也必須有一個新的解答或作必要的修正。例如解釋變數的中心化（平減）[1]，以及當我們有多重變異來源所造成的估計問題等等。正因爲多層次模型具有階層性的結構，具有特殊的跨層級的交互作用，因此對於解釋變數的中心化處理也就特別的重要。而面對不同層級的多重變異來源這種特殊現象，使得我們在定義**解釋變異**（explained variance）與**模式變異**（modeled variance）時顯得格外的複雜，而且要以不同以往的方法來界定。但是，如果在只具有單一層次的模型，或是脈絡模型，問題就不會這麼複雜了。

爲了順應網際網路的快速發展，本章我們以逐點式的常見問題（Frequently Asked Questions; FAQ）的形式來進行幾個重要議題的討論。本章的所匯集的 FAQ 問題，多是從多層次郵件社群中的討論所延伸而來（註 1）。從這些 FAQ 問題中，我們可以發現使用多層次分析的研究者多會關心哪些問題。同時由於多層次分析軟體越來越多，研究者現在可以處理越來越複雜的模型，對於結果分析與解釋的問題也越來越多。以下我們就分別討論六個常見的問題：

譯註：

[1] 本書將中心化譯爲平減，係取「減去平均數」之意。與經濟學上的術語「平減指數」(implicit price deflator)（代表物價的變動）無關。平減若以總平均數爲之，稱爲總平減，以組平均數爲之則稱爲組平減。平減只是減去平均數，亦即以平均數進行平移，並非標準化（因爲並沒有除以標準差）。

1. 將解釋變數以總平均數進行**中心化**（centering）（總平減），以及以組平均數進行中心化（組平減）等數學轉換的影響為何？
2. **解釋變異量**（explained variance）在階層線性模型是如何定義的？階層線性模型是不是有與 R^2 類似的概念？我們可不可以說結果變數的百分之多少的變異歸因於團體因子，多少百分比的變異歸因於個體因子？如果我們增加或減少變數，所估計的統計數據會有如何的改變？
3. 如果使用階層線性模型，那麼我們應如何交代迴歸分析的**統計檢定力**（power）？
4. 多層次分析的係數可以是非隨機且對於各組都是固定值，也可以是非隨機但是在各組間存在著變動的數值，也可以是隨機的（也就是自成一個變數）。這些不同的作法應如何選擇？不同的選擇之間有何差異？
5. 什麼是 FIML、REML、EM、IGLS、RIGLS、EB/ML、OLS、GLS？
6. **多元共線性**（multicollinearity）在多層次分析當中有多麼嚴重？

與前面的章節相比，本章無可避免的涉及較多的方法學與技術層次的討論。但是我們會強調概念的理解，說明中盡量以非正式的數學語言，同時以前面範例與結果來解釋說明。

5.2 中心化的影響

常見問題一：解釋變數以總平均數或組平均數進行中心化的影響為何？

中心化的影響，我們將以第四章當中的 NELS88 資料庫子樣本的數據分析來說明。基本上，中心化問題並不是一個可以簡單回答的問題，因為中心化的影響會隨著資料型態、變項關係與研究目的不同而有所不同。讀者可能會認為，多層次分析的資料操弄就好像傳統迴歸分析一樣具有類似的效果，對於解釋變數加減一個常數並不影響資料的關係。也正因為如此，對於中心化的影響，我們將以傳統分析的觀點來介紹。然後進一步的去說明在多層次迴歸中，中心化影響的差異，以及所造成的特殊且無法預期的作用。

5.2.1 固定效果迴歸模型的中心化

Aiken 與 West（1991）曾經把傳統迴歸模型的中心化問題進行完整深入的討論。中心化是指把每一個個體的解釋變數都減去某一個數值，通常是總平均數，但也可能是其他數值，來將變數的中心點進行位移。基本上，每一個分數減去同一個數值並不會改變數據間的關係。Aiken 與 West（1991）指出，如果模型中僅有第一階層的變數，將一個變數進行加減對於變數的變異數不會有影響，乃至於與其他變項的共變數與相關也都不會有任何改變。在傳統的固定效果迴歸分析中，截距就好像是一個自由估計的參數，使得模型的穩定性得以確保，讓解釋變數的原點得以維持在某一個特定的位置。中心化的作用，是在使分數改成**離差分數形式**（deviation form），但是不影響迴歸係數的強度，僅影響截距的數值。換句話說，中心化改變了截距，但是迴歸係數維持恆定（註 2）。

在實務上，傳統固定效果線性模型之所以要進行中心化，目的在改變截距的意義以便於解釋。以離差分數來代替原始分數影響截距，也就影響了它的解釋與應用方式。以原始分數所建立的模型，截距是指當所有的解釋變數數值為 0 時的反應變數的數值。在社會科學領域中，以迴歸分析來探討的研究問題，例如態度或智力測驗對學習的影響，解釋變數並不會有 0 的數值，0 並沒有任何的意義。在這種情況下，解釋變數的中心化使得截距具有意義，如果以平均數作為新的中心點，截距所反應的是解釋變數為平均數時的反應變數的數值。

5.2.2 多層次模型的中心化

爲了從技術層面來回答多層次模型中心化的影響這個問題，我們引用 Kreft 等人（1995）的著作，但是在說明上做了些微的改變。首先，如果一個模型在第一階層有一個解釋變數 x，帶有一個隨機的截距、一個隨機的斜率。此時，第二階層的解釋變數 z，可能會與截距與斜率產生交互作用，得到下列多層次模型：

$$\underline{y}_{ij} = \underline{\alpha}_j + \underline{\beta}_j x_{ij} + \underline{\varepsilon}_{ij} \tag{5.1a}$$

$$\underline{\alpha}_j = \alpha + \gamma_0 z_j + \underline{\delta}_{0j} \tag{5.1b}$$

$$\underline{\beta}_j = \beta + \gamma_1 z_j + \underline{\delta}_{1j} \tag{5.1c}$$

進行整理合併後，三個方程式可整合爲一個混合模型方程式。方程式的固定部分如下：

$$\mathrm{E}(\underline{y}_{ij}) = \alpha + \beta x_{ij} + \gamma_0 z_j + \gamma_1 x_{ij} z_j \tag{5.2a}$$

隨機部分如下：

$$\underline{y}_{ij} - \mathrm{E}(\underline{y}_{ij}) = \underline{\delta}_{0j} + x_{ij}\underline{\delta}_{1j} + \varepsilon_{ij} \tag{5.2b}$$

我們所關心的是學生層次的解釋變數 x。公式 5.1 中的 x 變數是以原始分數形式存在，如果進行總平均中心化（總平減），x_{ij} 即可以 $\ddot{x}_{ij}$ 來代替。該變數是取總平均離均差 $\ddot{x}_{ij} = x_{ij} - \bar{x}_{.}$。由於每一個人所減掉的數值爲同一個常數（所有的人都減掉同一個平均數），因此此一中心化分數（總平減分數）所得到的結果，除了截距 α 不同之外，其他都與使用原始分數得到的結果一樣。

總平減比組平減（以組平均數來進行中心化）簡單許多。由於各組的組平均並不相同，每一組（脈絡）的個體所減掉的數值並不相同，組平減後的解釋變數 $\tilde{x}_{ij}$ 爲原始分數減去各組平均數 $\tilde{x}_{ij} = x_{ij} - \bar{x}_{j}$。使用此一組平減變數來取代原始分數形式變數，將使模型產生變化。若將組平減變數帶回方程式後重新平衡，組平均數在方程式的角色就如同其他第二層次的解釋變數，如下式所示：

$$\underline{\alpha}_{j} = \alpha + \gamma_{01}\bar{x}_{j} + \gamma_{02}z_{j} + \underline{\delta}_{0j} \tag{5.3}$$

方程式中增加了平均數之後，對於其他參數估計將產生影響，我們將以實際範例來說明。

當隨機斜率加入之後，統計的相等性將不復存在，但是值得注意的是，即使統計的恆等性即使存在，參數估計值也未必相同。從實際運用的角度來看，組平均數的中心化與原始分數所建立的模型是不相同的，在此必須強調的是，組平均數的中心化有其不同的使用目的，可用於檢驗不同的理論。

5.2.3 總平均中心化（總平減）

首先我們先來討論解釋變數進行總平減的影響。首先，解釋變數可拆解成平減後總和與總平均數兩個部分。若把公式 5.2a 與 5.2b 中的解釋變數 x_{ij} 改以離均差 $\ddot{x}_{ij}$ 與總平均 $\bar{x}$ 來表示，然後將每一項依照下標加以整理，我們會發現兩個固定係數：截距 α 的數值與第二階層的

係數 γ_0 產生了改變。總平減後的方程式元素 $\beta\bar{x}$ 與 $\gamma_1\bar{x}$，分別加入了截距 α 與第二層斜率 γ_0，如下所示：

$$\mathrm{E}(\underline{y}_{ij}) = [\alpha + \beta\bar{x}] + \beta\ddot{x}_{ij} + [\gamma_0 + \gamma_1\bar{x}]z_j + \gamma_1\ddot{x}_{ij}z_j \qquad (5.4a)$$

公式 5.4a 當中，兩個括弧內都增加了一項被總平均數加權的係數。從總平減變數的係數，可以輕易的計算出以原始分數來進行估計的係數值。當一個模型使用總平減變數來進行參數估計時，迴歸方程式當中的兩個中心化前的係數（以原始分數來計算得出的係數）可以直接將 α 或 γ_0 減去平均數乘以 β 或 γ_1 來得出。

另一個可以明顯看到模型產生改變之處，是截距變異數的數值。變異數變化量仍與平均數有關。以公式 5.4a 進行類似的整理後，可以得到下式：

$$\underline{y}_{ij} - \mathrm{E}(\underline{y}_{ij}) = (\underline{\delta}_{0j} + \bar{x}\underline{\delta}_{1j}) + \ddot{x}_{ij}\underline{\delta}_{1j} + \varepsilon_{ij} \qquad (5.4b)$$

很明顯的，使用原始資料與總平減資料進行估計，雖然參數估計值會發生變動，但是並沒有改變模型的組成與變數的關係。將公式 5.2a 與公式 5.4a，以及 5.2b 與公式 5.4b 加以比對，基本上都是相同的模型，前者使用原始的解釋變數 x_{ij}，後者使用平減後的解釋變數 $\ddot{x}_{ij}$。依照 Kreft 等人（1995）所使用的術語，原始分數模型與總平減模型爲**等值線性模型**（equivalent linear model）。但這並不是說所有的參數估計結果是真的相等。等值模型會有相同的適配度，相同的預測值，相同的殘差。至於參數估計值的數值，則可利用數學方法來證明其間的關係。

5.2.4 分組平均中心化（組平減）

接下來，讓我們看看如果把解釋變數 x_{ij} 以分組平均數進行組平減會有什麼影響。此時組平減變數為 $\tilde{x}_{ij} = x_{ij} - \bar{x}_j$，而 $\bar{x}_j$ 為組平均數。如同第 5.2.3 節的程序，我們可以把 $x_{ij} = \tilde{x}_{ij} + \bar{x}_j$ 代入公式 5.5 中，再把各項加以整理，會得到與前面總平減類似的參數組合的變化，只是我們要把公式 5.4a 當中的總平均數改成組平均數。也就是：

$$\mathrm{E}(\underline{y}_{ij}) = [\alpha + \beta\bar{x}_j] + \beta\tilde{x}_{ij} + [\gamma_0 + \gamma_1\bar{x}_j]z_j + \gamma_1\tilde{x}_{ij}z_j \qquad (5.5a)$$

對於隨機部分，則為：

$$\underline{y}_{ij} - \mathrm{E}(\underline{y}_{ij}) = (\underline{\delta}_{0j} + \bar{x}_j\underline{\delta}_{1j}) + \tilde{x}_{ij}\underline{\delta}_{1j} + \varepsilon_{ij} \qquad (5.5b)$$

公式 5.5a 再一次顯示了截距與第二層解釋變數 z_j 的係數受到了影響，但是此時問題出在於我們不再可能將這兩項還原成原始分數的資料型態。公式 5.5a 中的平均數不是先前的總平均數為單一數值，而是每一組都不同。導致每一組的截距 α 被減去一個不同的數值，因而沒有一個共同的截距值。相同的情況發生在公式 5.5a 的第二層解釋變數 z 的係數，以及公式 5.5b 的截距變異數。

組平減模型與原始分數模型的相異不僅在於固定部分，也在隨機部分。但是在兩種情況下則不然，第一是當每一組的平均數 $\bar{x}_j$ 等於總平均數 $\bar{x}$。此種狀況可能發生在重複量數研究，但幾乎不會發生在社會科學與組間差異有關的研究中（例如學校效能研究）。

另外一種會發生組平減與原始分數兩種模型為等值模型的情況，是當模型中只有隨機截距，斜率為常數（非隨機）時，此時組平均數又變成了第二層的解釋變數。簡單來說，當γ_1=0 時，斜率爲固定值，因此$\underline{\delta}_{1j}$=0，且$z=\bar{x}_j$。此時，模型的適配與僅帶有一個隨機截距、但第二層次沒有平均數爲解釋變數的原始分數模型的適配會相等，這兩種簡化的模型爲等值模型，組平減模型的參數估計可以透過數學過程轉換出與這種簡化原始分數模型相同的數據。

5.2.5 範例說明

有許多文獻指出，私立學校對於學生的學習成就有正向的效果（Coleman et al., 1982），其中一個原因是私立學校較公立學校具有平等主義（egalitarian）的傾向。以下的章節，我們利用 MELS88 的資料來檢驗這個現象。同時藉由平減模型與原始分數模型的比較，來說明研究結果可能出現的差異。範例中，解釋變數的處理方式分別有脈絡內的平減（centered within contexts; CWC）與原始分數（raw scores; RS）兩種不同作法。

Raudenbush 與 Bryk（1986）以高中及以上層級學校的資料庫所進行的研究結果指出，私立學校在[SES]與[數學成績]兩變數之間具有顯著的關係，亦即學校層次的解釋變數[公立]與學生層次解釋變數[SES]對於[數學成績]的交互影響具有統計的顯著性，此即爲跨層級交互作用。Raudenbush 與 Bryk（1986）的研究數據指出，天主教學校較具有公平主義的精神，在天主教學校中，「較低社經地位的學生在天主教學校表現的比較好，但是高社經地位的學生在公立學校表現的比較好」（Raudenbush & Bryk, 1986, p.13）。我們重複了 Raudenbush 與 Bryk（1986）的模型，並以 NELS88 的資料庫中的 21580 位學生與 1003 間學校的資料，來檢驗私立與公立學校的差異。所使用的模型如同前面幾章一樣，以[數學成績]爲反應變數，以學生層次解釋變數[家庭作業]與[SES]來進行預測。在 NELS88 資料庫中，大多數學校爲公立學校（80%），其餘 20%可以區分爲天主教學校（10%）、宗教學校（4%）與非宗教學校（6%）。在 Raudenbush 與 Bryk 的模型中，變項均經過了平減（CWC）處理，而我們則是同時以 CWC 與 RS 兩種模式來進行分析。

分析過程中，我們提出了三種模型來匹配觀察資料，所使用的個體層次解釋變數都是[家庭作業]與[SES]，但是平減程序則有不同。各模型的第二層解釋變數都有[公立]，但有的模型則另外增加了[生師比]。三個模型分別爲 RS 模型、CWC 模型但沒有將平均數置回第二層作爲解釋變數（CWC(N)）、CWC 模型但把平均數置回第二層作爲解釋變數（CWC(M)）。

這些模型有時候會被誤以爲是等值模型，甚至是沒有把平均數置回第二層作爲解釋變數的這個模型也會以爲與其他兩種模型相等。在第三種模型（CWC(M)）中，變數經過平減，但被減去的平均數則被置回第二層作爲解釋變數，此時平減變數的組間變異被移除了，但是平均數的差異在第二層獲得還原。被移去的是解釋變數的組間變異。此一組間變異在整個模型中扮演重要的角色。在我們的實際範例中即可看出，以平均數進行中心化平減，造成變數在各組間的變異被移除，包括[家庭作業]與[SES]兩個變數，對於公私立別變數的效果影響很大（見表 5.1 與 5.2）。這兩個表的差別在於模型的不同，包括 RS、CWC(N)、CWC(M)。最後一個模型是 Raudenbush 與 Bryk 所使用的模型。

表 5.1 中，平減後的變數以底線來表示，如[SES]與[家庭作業]。[家庭作業]在 RS 模型中被使用，而[家庭作業]被使用在兩個 CWC 模型中。所有的模型都有[公立]這個變數，私立學校編碼爲 0，公立學校編碼爲 1。值得注意的是表 5.1 的第三個模型多了兩個第二層次解釋變數[SES 平均數]與[家庭作業平均數]。在 RS 模型，平均數並沒有納入模型中，因爲並沒有任何的平減程序，因此，平均數的資訊仍保留在模型中。表 5.1 的模型對於[SES]與[家庭作業]都是設定爲隨機斜率。

表 5.1　各變數在不同模型的效果（加底線的變數是經過平減者）

	RS		CWC(N)		CWC(M)	
	EST	SE	EST	SE	EST	SE
截距	50.16	0.28	55.06	0.35	47.53	0.47
[家庭作業]	1.24	0.05	N/A		N/A	
[家庭作業]	N/A		1.18	0.05	1.20	0.05
[SES]	4.35	0.09	N/A		N/A	
[SES]	N/A		3.84	0.10	3.85	0.10
[公立]	-2.06	0.29	-5.42	0.39	+0.62	0.28
[SES 平均數]	N/A		N/A		8.14	0.25
[家庭作業平均數]	N/A		N/A		1.65	0.20
[SES]斜率變異數	0.47	0.33	1.65	0.44	1.71	0.44
離異數 Deviance	153333		153986		153004	

如表 5.1 所示，不僅在係數部分或是模型適配度（離異數）上，而兩個 CWC 模型的不同，RC 模型與其他兩個模型的結果並不相同。差異的主因是 CWC(N)模型對於[SES]與[家庭作業]兩個變數的學校間差異被移除的結果。平均數的差異經平減後從原始資料中被去除且沒有被置回。按理說，CWC(M)模型應該與 RS 模型最接近，CWC(N)就不然。從數據中可知的確是 CWC(N)的適配度最差（離異數最高）。

固定效果的差異主要是在[公立]變數的係數與截距。[家庭作業]與[SES]係數的估計值，在原始與平減模型都非常接近，標準誤也非常接近相等。在隨機部分，我們僅列出了[SES]的斜率變異數，而 RS 與 CWC 模型間的差異得到了相反結論。三個模型對於[SES]的斜率變異數的估計值數值都不同，但標準誤則非常接近。在 RS 模型，變異數並不顯著，但是在兩個 CWC 模型都是顯著的。

相同的差異現象也發生在[公立]的固定效果上。在 RS 模型，[公立]變數具有高度的負向效果，係數為-2.06，在 CWC(N)模型強度更高，係數達-5.42，但是在 CWC(M)模型則改變了方向，成為+0.62，數值雖小但是達到顯著水準。這三個係數均具有統計的顯著性，但強度不同，更重要的是方向也不同。很明顯的，公私立別的效果可以從負向效果變成正向效果，端視我們如何處理原始資料。平減但不置回平均數對於私立學校最有利，也就是 CWC(N)模型的結果，從原始的 RS 模型的-2.06 提高到-5.42。平減但置回平均數對於公立學校有利，[公立]的效果量變成+0.62，會變成對於公立學校有利的結果是導因於平均數的被納入估計，也就是說，[SES]與[家庭作業]的校間差異被還原，造成結論的改變。

表 5.1 的三個模型並不是等值模型，可以從離異數指標中看出，這三個模型對於資料的適配並不相等，CWC(N)模型的離異數指標最高，也就是對於觀察資料有最差的適配，這並不令人驚訝，因為 CWC(N)模型已把[SES]與[家庭作業]的組間差異移除，平均數亦未置回，改變幅度最大。另外，在隨機部分的明顯差異，是在 RS 模型中，[SES]斜率的隨機性並沒有達到統計的顯著性。但是在兩個 CWC 模型則達到統計的顯著性。這些發現會影響後續的分析，我們將在下面的章節中繼續介紹。

5.2.6 跨層級交互作用

在 RS 模型中，我們的研究結論指出[SES]與[數學成績]的關係在各校之間並沒無顯著不同。因為[SES]斜率的隨機性未達統計顯著水準，導致我們無法透過學校的特質，例如[公立]與[生師比]來解釋[SES]在學校間的差異，因為學校差異並不存在。相對的，在兩個 CWC 模型中，[SES]的斜率變異數具有統計顯著性，因而可以進一步探討[SES]與[數學成績]的關係在各校間的差異是否可以被學校特質變數來解釋。因此，我們可以提出一個新模型，把[公立]與[SES]的跨層級交互作用，以及[公立]與[家庭作業]的跨層級交互作用納入 CWC 模型中。

表 5.2　RS 與 CWC 模型的跨層級交互作用

	RS		CWC(N)		CWC(M)	
	EST	SE	EST	SE	EST	SE
截距	54.00	0.57	60.30	0.68	48.74	0.65
[家庭作業]	0.86	0.10	N/A		N/A	
[家庭作業]	N/A		0.76	0.10	0.80	0.10
[SES]	4.30	0.09	N/A		N/A	
[SES]	N/A		2.96	0.26	2.97	0.26
[公立]	-3.35	0.37	-5.57	0.38	0.44	0.29
[生師比]	-0.16	0.02	-0.29	0.03	-0.06	0.02
[家庭作業平均數]	N/A		N/A		1.62	0.20
[社經地位平均數]	N/A		N/A		7.98	0.25
[公立]×[家庭作業]	0.48	0.11	1.65	0.11	0.51	0.11
[公立]×[SES]	N/A		1.03	0.28	1.03	0.28
離異數 Deviance	153272		153853		152963	

新模型以 RS、CWC(N)與 CWC(M)三個模型進行分析的固定效果結果列於表 5.2。在這個模型中，不論是以原始分數或是平減分數形式，[SES]與[家庭作業]仍然爲學生層次的解釋變數。學校層次的解釋變數則是虛擬的[公立]，另外增加了一個反應各校班級規模的[生師比]變數。三個模型中，除了 RS 模型，對於[SES]與[家庭作業]兩個變項都設定爲具有隨機截距與隨機斜率。在 RS 模型，[SES]具有固定的斜率，因爲在表 5.1 中，顯示[SES]的斜率的隨機性並沒有統計的顯著性。同樣的理由，表 5.2 中的 RS 模型並沒有與[SES]有關的跨層級的交互作用。

分析的結果再一次的指出變項中心化的影響。當第二階層沒有平均數置回的模型，包括 RS 與 CWC(N)模型，強化了[公立]與[生師比]兩個學校層次解釋變數的影響力。在 RS 模型，[公立]的效果很強，估計值爲-3.35，z 值爲 9.05；在 CWC(N)模型，[公立]的效果甚至更強，估計值爲-5.57，z 值爲 14.7。但是在 CWC(M)模型中，[公立]的效果卻變成正向，但是沒有達到統計的顯著水準，z 值只有 1.52。此外，另一個學校層次的解釋變數[生師比]的係數強度，也有類似的情況，在 RS 模型，強度為-0.29，z 值為 8，在 CWC(N)模型則提高到-0.29，z 值為 9.67，但是到了 CWC(M)模型又再次降低，強度為-0.06，z 值為 3。這些學校層次解釋變數係數數值的變化，說明了從 CWC 模型中增減平均數會影響學校層級的係數。

資料的操弄，例如平減與模型中平均數的增減都會產生影響。不同模型的比較可以看出，這些操弄對於學校層次效果的影響會得到不同的結論，但是在學生層次，影響則有限，在各模型間得到類似的結論。

我們還有一個問題並未回答，亦即哪一個模型才是正確的，這個問題並沒有辦法單從技術層次來回答，因為表 5.2 的三個模型都是「正確的」。如何選擇，必須就研究者本身對於資料本身的理解與理論知識，以及研究的目的來考量。如果研究者感興趣的是模型能夠解釋反應變數的變異量的多寡，而不是在於第二階層的效果，那麼利用 RS 模型來適配觀察資料是最簡單的作法。研究者不必去擔心如何處理平均數的問題，因為一開始平均數就沒有被中心化處理。同時，如果研究者較關心的是個別學生的表現，而不是學校間的差異時，RS 模型也是最好的選擇。

CWC 模型的選擇，則在於研究者想要把學生層次與學校層次的效果加以分離這層考量，因此，有兩個模型需要分別檢測，個別的學生模型與整體的學校模型。在這種情況下，中心化的決定以及是否置回平均數，就必須基於理論來考量。以我們的例子來看，如果理論指出[SES]與[家庭作業]也是重要的學校層次的特徵，那麼我們就必須考慮是否要在比較不同類型的學校（公私立）之前就先把各校的差異控制住，當然，不同的作法所得到的結果就會不同。

RS、CWC(N)、CWC(M)三個模型的選擇由研究者決定，我們的例子說明了此一選擇具有關鍵性的影響，而且，這個決定很難抉擇。

從技術的角度來看，中心化是不錯的選擇，因爲他可以去除隨機截距與斜率的高相關，以及第一層、第二層與跨層級交互作用之間的高相關（參見 5.7）。中心化使得模型較爲穩定，使得研究者所報告的係數多少具有獨立性。從統計學的觀點來看，我們知道平減模型透過去除第一（學生）與第二（學校）層級變數的相關，成爲較穩定的模型。但是在另一方面，中心化或許能夠讓一個並不符合研究需要的模型變得更適配，但這似乎一點意義也沒有。

承如我們在第二章所討論的，脈絡模型可以在平減或未平減的情況下達到良好適配。那時候的討論是在固定係數模型的情況下，探討總變異數如何被切割成不同的部分。但是對於脈絡效果的解釋，會因爲我們有沒有對於資料進行操弄而有所不同。在第二章中，原始分數模型的脈絡效果是以 $b_W - b_B$ 來定義，而平減後的脈絡效果則爲 b_B。在 RC 模型，平減會得到一樣的效果，另外加上隨機係數的效果。在固定以及 RC 模型中，對於是否進行中心化平減程序的取決原理也是一樣：在不同的情況下有所不同，如果一旦決定要進行平減，那麼本書的建議是把平減用的平均數置回模型之中。如果沒有這麼做，研究者以 CWC(N)模型來進行估計，那麼研究者所估計得到的效果並沒有控制住學校間差異。這個效果並沒有控制平減後的第一層次解釋變數的平均數效果，然而在成長曲線模型，這種效果恰好是研究者所要的，因爲成長曲線模型的解釋變數是時間。

藉由這些有關中心化影響的討論，以及藉由實際資料與真實研究問題的演示，我們希望引起研究者對於這個問題的重視，我們的數據提供了一個理由，促使研究者去認真思考中心化不僅在提供統計上的穩定性而已。如果平減程序被正確使用，可以讓研究者獲致更明確、不被混淆的參數估計結果的回報，這個回報在固定係數模型或隨機係數模型，都是一樣會很明顯的！

5.3 模式變異

常見問題二：解釋變異量或 R^2 在階層線性模型是如何定義的？階層線性模型是不是有與 R^2 類似的概念？我們可不可以說結果變數的百分之多少的變異歸因於群體因子，多少百分比的變異歸因於個體因子？如果我們增加或減少變數，所估計的統計數據會有如何的改變？

從使用者的觀點來重新定義多層次模型當中的多元相關平方（R^2）與**解釋變異量**（explained variance）（註 3）是很有意思的。但是很不幸的，這並不是一個可以簡單回答的問題，因爲有關組間變異數有兩種不同的定義：τ^2 與 ω^2，前者在本書中已有相當程度的討論，後者則是由 Snijders 與 Bosker（1994）所定義。以兩種的其中一種對於組間或組內變異數的估計都會得到不同的結果。我們並不想花費篇幅來討論這兩種方法以何者來估計 R^2 會較佳，因爲 R^2 的應用在多層次模型受到諸多限制。只有在經過中心化後，以及模型中帶有隨機截距的模型中，R^2 的概念才能被清楚的定義。之所以會有限制的主要理由，是在具有隨機斜率的模型中，變異數無法進行獨立完整的估計。我們的討論是建立在 Snijders 與 Bosker（1994）的觀點之上，也就是模式變異與中心化有關。

在一般的迴歸分析（OLS），並沒有對於組間差異進行估計。一個具有單一解釋變數 x_{ij} 的標準迴歸模型如下：

$$\underline{y}_{ij} = a + bx_{ij} + \underline{\varepsilon}_{ij} \tag{5.6}$$

誤差項 $\underline{\varepsilon}_{ij}$ 的平均數爲 0，變異數爲 σ^2，參數 σ^2 的最大概似估計值就是殘差變異數。換言之，圍繞在迴歸線周圍的殘差平方和就是殘差變異。

我們應該很熟悉迴歸當中的變異數分析摘要表，歸因於迴歸的SS（平方和）與歸因於殘差的 SS 相加後得到結果變項 y_{ij} 的總離均差平方和，在第二章所介紹的脈絡模型也有相同的概念，因爲雖然解釋變數不太一樣，但是估計方法都是用 OLS 法來處理。在這些例子中，模型中僅有一個變異數有關的成分項，反應了殘差平方和。在這種情況下，當模型具有明確的模式變異或多元相關平方的概念，才能計算出迴歸模型的解釋變異量。

但是，儘管在前述最簡單的想法下，如果我們要宣稱有多少變異是被哪一個解釋變數所解釋，會受到整個多層次模型的分析原理以及所使用的名詞與術語的諸多限制而遭遇困難。當解釋變數之間沒有相關時，模式變異是迴歸係數的平方和（這種狀況僅存在於各實驗組具有相等受試者的實驗研究當中的解釋變數）。此時解釋變數的迴歸係數的平方和，即是模型中導因於該解釋變數的**模式變異**（modeled variance）。但是這一個說法無法套用在當解釋變數之間具有相關的情形，不幸的是，解釋變項之間通常很難沒有相關，就好像心理學上對於「基因」能夠解釋多少，「環境」可以解釋多少，或是種族與社經地位各可以解釋多少的這種無止境的辯論。社會科學家對於這些爭議其實提出了一些解決之道，但是都是在迴歸分析的架構下所提出，而且並不是十分具有說服力。以下，我們可以看到如果應用了多層次模型來進行參數估計，或是多層次模型是正確的模型，那麼這些問題就會變得非常複雜。

5.3.1 隨機截距模型

到了現在，大家對於隨機係數模型應該已經非常熟悉，加底線的變數是隨機變數，模型的公式如下：

$$\underline{y}_{ij} = \underline{\alpha}_j + \beta x_{ij} + \underline{\varepsilon}_{ij} \tag{5.7a}$$

其中截距與第二層的解釋變數 z 有關：

$$\underline{\alpha}_j = \alpha + \gamma z_j + \underline{\delta}_j \tag{5.7b}$$

這兩個方程式中都帶有一個誤差項，分別是第一層解釋變數的殘差項 $\underline{\varepsilon}_{ij}$（變異數爲 σ^2），與第二層解釋變數的殘差項 $\underline{\delta}_j$（變異數爲 τ^2）。如果這兩個變異數可以加總得到有意義的總變異，我們的問題或許得以解決。但是很不幸的，這兩個變異數分別處於兩個層次，會有相互混淆的問題，我們可以在下面有關變異性的討論中看到這裡面的問題。

在一個模型中，**離異數**（deviance，以 Δ 表示）的公式如下：

$$\Delta = m \log \omega^2 + m(n-1)\log \sigma^2 + \frac{SSQ_B(\gamma, \beta)}{\omega^2} + \frac{SSQ_W(\beta)}{\tau^2} \tag{5.8}$$

上述公式中，m 是組數，n 爲每一組內的觀察值數（組內樣本數），爲了便於說明，我們假設各組爲人數相等的平衡組設計。SSQ_B 是組間平方和，SSQ_W 是組內平方和。ω^2 的數值是組間變異的總合，稱爲**總組間變異**（total between variance），$\omega^2 = \sigma^2 + n\tau^2$。

爲了簡化，我們也假設所有的變數都經過了總平減的處理，所以我們可以拿掉公式 5.7 當中的 α（$\underline{\alpha}_j$ 項的固定部分）。另外，我們以 $\tilde{x}_{ij}$ 與 $\tilde{y}_{ij}$ 表示經過組平減的變數，$\bar{x}_j$ 與 $\bar{y}_j$ 表示組平均數，我們可以試圖解釋爲何變異數會有混淆的現象，組內的平方和定義如下:

$$SSQ_W(\beta) = \sum_{j=1}^{m}\sum_{i=1}^{n}(\tilde{y}_{ij} - \beta\tilde{x}_{ij})^2 \tag{5.9a}$$

組間的平方和定義如下：

$$SSQ_B(\gamma,\beta)=n\sum_{j=1}^{m}(\bar{y}_j-\gamma z_j-\beta\bar{x}_j)^2 \tag{5.9b}$$

這個方程式所告訴我們的是第二層的迴歸係數γ僅作用在組間平方和，但是第一層的迴歸係數β則在兩層都發生作用。這就是一種混淆（confounding）：我們無法很順利的將參數分離成組間與組內兩部分。

公式 5.8 也顯示了離異性的計算被變異成分加權，但是我們看到了更進一步的混淆現象，也就是公式 5.8 的第三項，組間平方和 $SSQ_B(\gamma,\beta)$ 具有ω^2的訊息，ω^2與σ^2及τ^2都有關，組間與組內平方和都有涉及β的訊息（公式 5.8 的後面兩項），在第二章我們已經討論過，此一現象說明了迴歸係數β同時具有組內與組間的成分。因此公式 5.8 當中的SSQ_W與SSQ_B被迴歸係數β所混淆。如果第一層解釋變數x經過組平減，這個混淆問題就會消失，因為所有的$\bar{x}_j$是 0，導致$SSQ_B(\gamma,\beta)$當中沒有β係數存在，β係數的最大概似估計值$\hat{\beta}$即為b_W。另一種說法，我們在公式 5.2 當中可以增加組平均數為第二層解釋變數，亦即$\bar{x}_j$會有自己的迴歸係數，因此我們仍然可以讓$\hat{\beta}=b_W$。

在β與γ兩個參數的最大概似估計值的推導之後，可以計算出變異成分的最大概似估計值，我們需要針對組間與組內變異進行定義：

$$\hat{\sigma}^2=\frac{1}{m(n-1)}SSQ_W(\hat{\beta}) \tag{5.10a}$$

$$\hat{\omega}^2=\frac{1}{m}SSQ_B(\hat{\gamma},\hat{\beta}) \tag{5.10b}$$

前面我們已經定義了總組間變異爲 ω^2，而 $\omega^2 = \sigma^2 + n\tau^2$，意味著截距變異（或組間變異）$\tau^2$ 的估計方法爲：

$$\hat{\tau}^2 = \frac{(\hat{\omega}^2 - \hat{\sigma}^2)}{n} \tag{5.10c}$$

此一公式必須是 $\hat{\tau}^2$ 爲非負數下才成立，但是如果發生了 $\hat{\sigma}^2 > \hat{\omega}^2$ 的現象，導致 $\hat{\tau}^2$<0 的不合理情況，那會是一大麻煩。

5.3.2 使用虛無模型來計算 R^2

在第四章的分析當中，我們有時候會在虛無模型中定義所謂的多層次模型的 R^2 或被解釋變異量。**虛無模型**（null model）是只有隨機截距的模型，截距的誤差項涉及了第二層誤差項（$\underline{\delta}_j$）與第一層誤差項（$\underline{\varepsilon}_{ij}$）兩個層次。因此：

$$\underline{y}_{ij} = \alpha + \underline{\delta}_j + \underline{\varepsilon}_{ij} \tag{5.11}$$

誤差項的變異數分別爲變異成分 $\hat{\tau}_0^2$（反應的是組間變異數）與 $\hat{\sigma}_0^2$（反應的是組內變異數）。在平衡組設計的情況下，$\hat{\tau}_0^2$ 反應的是 SSQ_W，而 $\hat{\sigma}_0^2$ 反應的就是 SSQ_B。

如果更進一步將隨機截距模型增加變數，我們可以發現新的變異成分估計值，$\hat{\tau}_1^2$ 與 $\hat{\sigma}_1^2$，如果把前面虛無模型的變異成分估計值減去新的變異成分，可以發現誤差項降低了。換言之，我們預期透過增加個體層次的解釋變數，可以減少學校內的變異，然而學校層次的解釋變數僅能降低學校間的變異。在某一個層次的誤差變異的減少可以利用削減百分比的形式來表現，也就是**解釋變異量**（explained variance）

的數值（R^2）。在虛無模型中，兩個 R^2 的計算，可以利用公式 5.12 來求出：

$$\hat{R}_B^2 = \frac{\hat{\tau}_0^2 - \hat{\tau}_1^2}{\hat{\tau}_0^2} \tag{5.12a}$$

$$\hat{R}_W^2 = \frac{\hat{\sigma}_0^2 - \hat{\sigma}_1^2}{\hat{\sigma}_0^2} \tag{5.12b}$$

公式顯示了兩個 R^2 的計算都是拿虛無模型的變異數減去新模型的變異數。也就是與原來的虛無模型相比較的差異作爲削減的比例。然而這個簡單的公式有其限制，因爲有可能得到負的 R^2，也就是公式 5.10c 當中 $\hat{\tau}^2<0$ 的不合理情況。在第一章我們也曾經提到，在隨機斜率模型，我們並不採用這個公式。

5.3.3 使用總組間變異

基於 Snijders 與 Bosker（1994）對於**總組間變異**（total between variance; $\hat{\omega}^2$）的定義，可以闡明增加解釋變數對於組內與組間變異的影響。首先，我們增加一個第二層解釋變數，此時並沒有組內變異的變動，因此 $\hat{\sigma}_1^2$ 與 $\hat{R}_W^2$ 維持不變，但是總組間變異 $\hat{\omega}^2$ 會減低，而 $\hat{\omega}^2 = \hat{\sigma}^2 + n\hat{\tau}^2$，因此 $\hat{\tau}_1^2$ 也會減少。亦即 $\hat{R}_B^2$ 會增加，對研究者來說是很正面的結果。

如果我們增加一個不影響組間變異的第一層解釋變數（例如經過組平減的變數），$\hat{\sigma}_1^2$ 減少而 $\hat{R}_W^2$ 增加，這也是正面的結果。但是 $\hat{\omega}_1^2$ 保持不變，意味著 $\hat{\tau}_1^2$ 會增加，公式 5.12a 所定義的 $\hat{R}_B^2$ 會減少，這就很奇怪了。我們增加一個變數，不影響組間變異，但是組間解釋變異量卻降低了。這又是因爲混淆效應的影響。

如果我們改以下式來定義 $\hat{R}_B^2$：

$$\hat{R}_B^2 = \frac{\hat{\omega}_0^2 - \hat{\omega}_1^2}{\hat{\omega}_0^2} \tag{5.13}$$

若使用總組間變異，$\hat{R}_B^2$就不會改變，這樣還比較有意義。這就是 Snijders 與 Bosker（1994）所主張的概念。

一般來說，變項有組間與組內變異兩個部分，因此增加變數會使 $\hat{\sigma}_1^2$ 與 $\hat{\omega}_1^2$ 都變小，但增加一個對於組間變異影響很小的變數，多會提高 $\hat{\tau}_1^2$，進而造成組內相關的提高。

5.3.4 結語

這一節當中，我們說明了增加了解釋變數後，多層次模型誤差變異可能會增加，這個現象違反了我們直覺，因爲傳統上的理解是增加變數會降低（或不影響）誤差變異。會有 SSQ_B 或 SSQ_W 降低的這個現象，在本節已經利用公式來說明。公式的推導說明了當 $\hat{\omega}^2$ 維持不變的情況下，改變 σ^2 與 τ^2 的一部份會影響 σ^2 與 τ^2 的另一部份。SSQ_W 與 SSQ_B 的混淆效果可以藉由解釋變數的組平減，然後將平減的平均數作爲第二層解釋變數這個作法來避免。在 5.2 節中已經詳細的說明了這一種資料處理方法對於結果解釋的影響。一般而言，我們會建議在計算 $\hat{R}_B^2$ 與 $\hat{R}_W^2$ 不要讓公式內容太過於複雜，這兩個參數在定義上具有爭議且非常模糊，尤其在隨機斜率模型的應用上有其限制。

5.4 統計檢定力

常見問題三。如果我們使用多層次線性模型，迴歸分析的檢定力如何說明？

這個問題無法以一般通則性的答案來回應。本節所列舉的檢定力函數只是多種可能中的幾種。拋開其他的層面不談，函數的形式受到虛無模型的一些條件而有影響。前面已經提到了，虛無模型將變異數切割成組內與組間兩個部分，可能會有高度或低度的組內相關。若與第一章的表 1.1（Barcikowski 的研究結果）來說明，若將團體的規模與組內相關強度一起考慮之下，對於拒絕虛無假設的統計檢定力會有不同的影響（α 水準假設為 0.05）。

統計檢定力是正確拒絕虛無假設的機率。因此檢定力與虛無假設有關，而且是當虛無假設為偽的特殊情況。在此一情況下，有關虛無模型的一些假設都可能會違反：

- $\underline{\varepsilon}_{ij}$ 為獨立
- $\underline{\varepsilon}_{ij}$ 為平均數為 0，變異數為 σ^2 的常態分配
- $\underline{\delta}_j$ 亦為獨立且平均數為 0，變異數為 τ^2 的常態分配
- $\underline{\delta}_j$ 與 $\underline{\varepsilon}_{ij}$ 相互獨立

同時，檢定力曲線可能會因為估計方法的不同、ICC 強度的不同、解釋變項效果強度的不同、觀察值數目的不同，而有不同。

讓我們從一個簡單的模型開始，最簡單的單一解釋變數多層次模型是帶有隨機截距的模型：

$$\underline{y}_{ij} = \underline{\alpha}_j + \beta x_{ij} + \underline{\varepsilon}_{ij} \tag{5.14a}$$

$$\underline{\alpha}_j = \alpha + \underline{\delta}_j \tag{5.14b}$$

爲了討論一項特殊效果的檢定：β 效果的檢定統計檢定力，我們需要對於理論模型與真實模型的適配性，以及 β 係數的估計方法加以定義。因爲統計檢定力是以發現一個具有顯著性的效果的機率來定義，此時該效果必須存在於模型中，且利用顯著性考驗來檢驗之。顯著性考驗非常倚重被估計的 β 係數的標準誤的計算，因此 β 係數的估計抽樣變異決定了迴歸模型的檢定力。如果抽樣誤差估計出來的數值很小，檢定力就會很大。如果抽樣誤差被估計出很大的數值，那麼檢定力就會很小。

我們可以利用三種 $\hat{\beta}$ 參數抽樣變異數估計值來證明。第一種方法是最大概似法的變異數，以 $V(\hat{\beta}_{ML})$ 表示。第二種是最小平方估計，以 $V(\hat{\beta}_{OLS})$ 表示，此種方法會對於多層次模型的變異數進行校正，因爲他把組內相關納入考量。第三種估計值是不處理組內相關的傳統迴歸分析（OLS），此時 OLS 的變異數估計值爲 V_{OLS}。在此我們並不想列出這些估計方法的公式，因爲大家不會有興趣去花費這個心力。但是我們可以說明：「不正確的」OLS 的變異數估計值爲 V_{OLS} 有最小的數值，而「正確的」OLS 的變異數估計值 $V(\hat{\beta}_{OLS})$ 數值最大，最大概似法的變異數 $V(\hat{\beta}_{ML})$ 則居中。

$$\hat{V}_{OLS} \le V(\hat{\beta}_{ML}) \le V(\hat{\beta}_{OLS}) \tag{5.15}$$

在此可以得到一個結論，是使用「不正確的」OLS 估計值 V_{OLS} 因爲有最小的標準誤，因此會得到最高的檢定力，但是這並不是適當的估計法。如果我們認爲組內相關不存在，我們「低估」迴歸係數的標準誤，我們較可能得到顯著的檢定結果，同時我們可能會錯誤的拒絕虛無假設，在表 1.1 的 Barcikowski 研究數據已經證明了這一點。我們再以圖 5.1 來說明。

在此我們區分出三種可用於顯著性考驗的標準誤：

1. 不處理組內相關的傳統迴歸分析（OLS）標準誤。在檢定時，我們若用 $\hat{V}_{OLS}$ 來求出標準誤是錯誤的（如果帶有第一層解釋變數的多層次模型爲真），除非假定組內相關爲 0。
2. β 係數 OLS 估計值的標準誤 $V(\hat{\beta}_{OLS})$。此一標準誤是正確的標準誤，因爲他把組內相關納入考量。
3. β 係數的最大概似估計值的標準誤 $V(\hat{\beta}_{ML})$。也是正確的標準誤形式。

5.4.1 範例

在本節當中，我們將討論一些簡單的顯著性考驗的檢定力問題。我們將使用虛無假設 $\beta = 0$ 的單尾檢驗爲範例，因此在 α 水準爲 0.05 時，如果所計算出來的 $\hat{\beta}$ 除以標準誤大於 α 水準下的臨界值 $z(\alpha)$，以一般的常態理論下的 z 值爲大於或等於 1.96，我們即可拒絕 H0。在真實的情況下，我們可能以錯誤的標準誤來進行考驗。更清楚的說，如果我們以最大概似法來計算 $\hat{\beta}$ ，正確的標準誤則是 $V(\hat{\beta}_{ML})$的平方根，如果我們以 OLS 法，我們應該求 $V(\hat{\beta}_{OLS})$的平方根。但是我們也可能以 OLS 法求出 $\hat{V}_{OLS}$ 的平方根爲標準誤，依據公式 5.14，在階層模型中，這就不是正確的標準誤。我們拒絕 H0 的機率（檢定力），亦即 $\hat{\beta}$ ，除以標準誤，會大於 $z(\alpha)$。

以三種不同的標準誤來進行顯著性考驗，所得到的拒絕虛無假設的機率，可得到三條函數，列於圖 5.1。這些函數是以單尾檢定、組內相關爲 0.5（$V_B(x)$ 與 $V_T(x)$ 的比值）、$\omega^2 = 10$ 、$\sigma^2 = 10$ 、α=0.05 等特定條件所得到的檢定力函數。水平軸爲 β 的真值，垂直軸爲在 β 真值下，拒絕虛無假設 $\beta = 0$ 的機率。

圖 5.1 的解讀如下：虛無假設的拒絕，發生在當真值大於 0（單尾檢定）的情況下。當虛無假設必須被拒絕時（即真值大於 0 時），

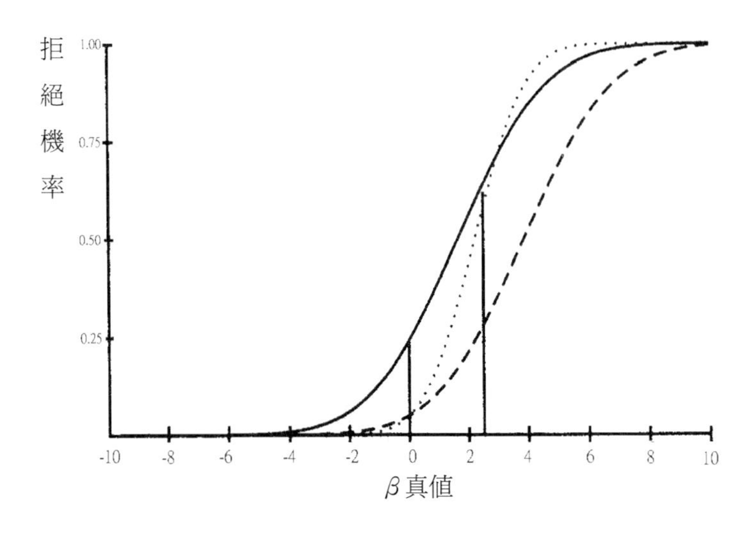

圖 5.1 檢定力函數圖（拒絕機率為 β 係數的函數）

拒絕虛無假設的機率越大，該方法的檢定力越大。另一個同樣重要的問題是三種方法的偏誤，當 β 的真值為 0 時，錯誤拒絕虛無假設的機會越高，偏誤越大。這三條曲線反應了前面我們所討論的三種狀況。實線是使用錯誤的 OLS 法估計值的檢定力，短虛線是使用正確的 OLS 法估計值的檢定力，點虛線是使用最大概似估計值亦具有正確標準誤的檢定力。

圖形顯示當 β 的真值越大時，這三種方法拒絕虛無假設的機率都會增加，這三種方法與 β 真值的關係具有一致性，但是函數的變動性是不一樣的。圖中以 OLS 法得到的錯誤標準誤的檢定力函數的那條實線，在 β 真值為 0 時，拒絕虛無假設的機率過高。在這裡以及在表 1.1 都可以看到，使用錯誤的標準誤拒絕虛無假設的機率大約為 0.25，而非正確的 0.05，因此可以說這個檢定是非常偏頗的考驗。我們太急於拒絕而沒有保護到虛無假設。

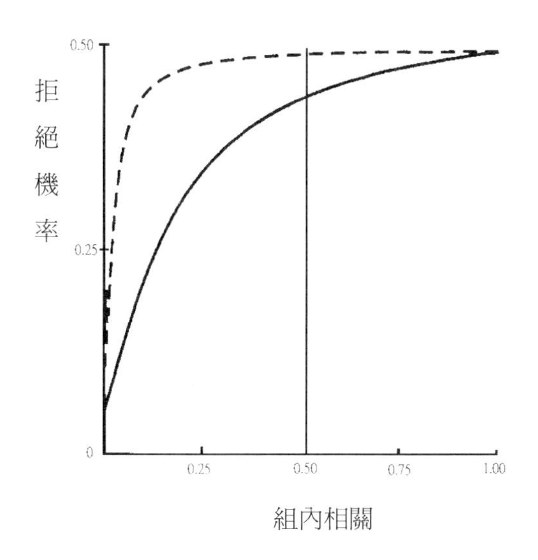

圖 5.2 第一類型錯誤與組內相關的函數關係

在此同時，使用錯誤標準誤的那條實線的檢定力，在 β 的真值爲 0 到 2.5 間（β 爲真但是不高），拒絕虛無假設的機率都是最高的。當 β 的真值到達 2.5 時，以最大概似法求得的檢定力點的虛線，拒絕虛無假設的機率最高。而短虛線（以 OSL 法估計的正確標準誤）雖然是不偏的（當 β=0 時，α=0.05），在三種狀況中具有最低的檢定力。

整體來說，最大概似法檢定力曲線具有最佳的結果。首先，他具有正確反應第一類型錯誤的能力，第二，他能最快達到機率爲 1.00 來拒絕虛無假設的檢定力。使用正確的標準誤的 OLS 估計值則有最低的檢定力，在整個真值範圍內，所拒絕的虛無假設都是最少的一種估計法。最大概似估計法即沒有偏誤，也有接近完美的檢定力。

當各組的規模很小且組內相關很高時，使用錯誤的標準誤的 OLS 估計法會更容易錯誤拒絕虛無假設。圖 5.2 更清楚的說明此一現象。圖 5.2 是當 β=0 的虛無假設爲真，以 V_{OLS} 計算出的錯誤標準誤進行考驗的結果。我們繪出了錯誤拒絕虛無假設的機率，在兩種不同的組樣本人數與不同組內相關強度下的變化。在圖 5.2 中，組內相關的大小放在橫軸，錯誤拒絕虛無假設的機率放在縱軸，在單尾檢驗的情況下，最高的拒絕機率爲 0.50。實線爲組樣本人數爲 10 的情況，短虛線爲組樣本人數爲 100 的情況。圖 5.2 的兩條曲線與第一章的表 1.1 的趨勢相同。當組內相關大於 0.5 時，α 水準會到達最大值（接近 0.50）。尤其是當組內樣本數很大時。實線表示組內樣本數較小者（本範例爲 10），錯誤拒絕虛無假設的機率會比組內樣本數大者爲低。圖 5.2 顯示，使用不正確的標準誤所進行的顯著性考驗，會過度容易拒絕真實的虛無假設，即使在中度的組內相關的情況下也如此。在雙尾檢定的情況，或以 t 檢定檢驗變異成分時，結果也大致相同。

5.4.2 模擬研究的發現

蒙地卡羅法（Monte Carlo）是另一種用來探討多層次模型的檢定力的方法。許多不同的參數都可以拿來檢驗，每一種狀況都反應了一種「理想上」的最大檢定力。我們可以區分出研究者所關心的兩類參數：固定效果（γ）與隨機效果或變異成分（τ）。摘述如下：

- γ 估計值：個體層次的斜率參數（γ_{10}）、截距參數（γ_{00}）、個體與總體間的跨層級交互作用參數（γ_{11}），總體層次的截距參數（γ_{01}）與斜率參數（γ_{11}）。
- 變異成分：個體變異數（σ^2）、總體層次的截距變異數（τ_{00}）與斜率變異數（τ_{11}）、以及截距與斜率的共變數（τ_{01}）。

有關 γ 估計值的研究，據我們所知有三個模擬研究（Bassiri, 1998; Kim, 1990; Mok, 1995）以及兩篇有關檢定力的理論性論文（Snijders & Bosker, 1994; Cohen, 1995）。Bassiri 與 Kim 的兩個研究指出在檢驗不同的組內相關、樣本數、不同的組數下的 γ 估計值的檢定力。另外有兩個模擬研究報告了變異成分在不同的組內相關、不同的組數、組內樣本數下的變化（Busing, 1993; van der Leeden, & Busing, 1994）。

Bassiri 的研究所使用的條件爲：

- 兩種不同的組內相關 0.10 與 0.25
- 10 到 150 的不同組數
- 5 到 150 的不同組內樣本數

Kim 的研究則以第二次國際數學研究（the Second International Mathmatics Study; SIMS）的資料進行再次檢驗。他的模擬研究隨機選擇 50 個樣本，檢驗不同條件的影響：

- 不同的關係型態：低強度、高強度、混合強度模型
- 25、50、100、200 四種不同組數
- 10、20、40 三種不同組內樣本數

以模擬研究所得到的結果非常接近。兩個研究的結論指出，第一層估計值的變化原理與第二層估計值有所不同，也與跨層級交互作用的估計不同。第一層估計值爲了達到理想的檢定力，總樣本數是重要的因素。此一原則也適用於傳統的線性模型，但是當組內相關很高時，多層次模型需要較大的樣本數來補強。第二層估計值的檢定力大小則取決於組數的多寡。當問及我們到底是需要較多的組數，還是各組當中需要較多的觀察值，另外有三個研究談及這個議題。Snijders 與 Bosker（1994）計算了增加組數與檢定力的消長關係，以及所耗費的成分問題。研究結果指出，增加組數比增加組內樣本數要耗費許多倍的成本。另外兩個研究也探討了類似的問題（Cohen, 1995; Mok, 1995）但是可惜的是都沒有正式發表。

Cohen（1995）的研究檢驗了隨機增加一個學校或在一個學校中

隨機增加一個學生的影響，然後以近似函數來估計變異成分的標準誤或迴歸係數的標準誤，以求得每個學校理想的抽樣人數。在多數的情況下，此一數目是組間與組內變異成分的比值的平方根。此一比值決定了研究的成本。

在 Mok（1995）的研究，模擬的發現如下：

「與過去典型的叢集抽樣設計的研究文獻一樣，本研究發現如果研究者的能力能夠獲得 n 個樣本，以在 J 個學校各取樣 I 個學生來表示，那麼以較多的學校數（較大的 J）與較少的學生（較小的 I）會比較少的學校數（較小的 J）與較多的學生（較大的 I）的偏誤較小，效能更好。」

Bassiri（1988）與 de Leeden & Busing（1994）分別對於跨層級交互作用的檢定力進行探討。這兩個研究均指出，爲了獲得理想跨層級交互作用的檢定力，至少要有 30 個組，每組要有 30 個觀察值。同時，研究也發現當有 60 個組，每一組 25 個觀察值時（總樣本爲 1500），會得到相當理想的檢定力。在較少組數的時候，例如 30 組時，每一組需要更多的樣本以獲得 0.90 的檢定力。當組數較大的時候，例如 150 組時，每一組只要 5 個觀察值就可獲得 0.90 的檢定力，此時的總樣本數爲 750。當組數或組內樣本數較少時，對於跨層級交互作用的檢定力會快速降低。爲了獲得 0.90 以上的跨層級交互作用檢定力，Bassiri 發現多選擇一些組，會比在各組內多選擇一些觀察值來得有幫助。

這兩個模擬研究對於變異成分在不同條件下的狀況時，發現與估計所使用的算則方法無關（IGLS 或 RIGLS），其變異成分會有低估與偏誤的現象，偏誤在 300 個組以上時不會發生。當抽樣的組數少時，例如 5 或 10，得到的參數估計會有很大的變化，且沒有包括真值。有關這些研究，請參考第 5.6 節的討論。

5.4.3 結語

有關檢定力的差異，係發生在固定效果的變異成分。經本節的說明，我們的結論是最大概似估計法具有最高統計檢定力。但是因爲固定效果不受估計方法的影響，而標準誤會受影響，我們的結論是在多層次模型中，對於固定效果的估計，以 EB/ML 估計法平均而言會有最高的檢定力，以及最小的第一類型錯誤犯錯率（參見圖 5.1 與圖 5.2）。

一般來說，爲了獲得研究者所需的足夠檢定力，觀察值要多。除非研究者所探究的現象有非常強且容易被偵測到的效果。然而，研究最理想的樣本數爲何，每一個研究都有所不同。當組數很少時，隨機成分會被低估（在 IGLS 時），或有較大的標準誤（在 RIGLS 時）。對於跨層級效果，要有足夠檢定力，組內樣本數不能太少，且組數要大於 20。

有關檢定力的問題，非常受到效果強度的影響。對於各參數，乃至於組內相關皆然。尤其是第二層的估計值與跨層級的交互作用。在本節一開始就已經提到，第三個經常被問到的問題很難一言以蔽之。當然還有更多的狀況可以分析，但是當我們檢驗越多的條件，得到的結果也越趨複雜而模糊。模擬研究的結果指出，固定效果的結論遠比隨機效果來得直接、清楚。基於其他的理由，例如研究的成本效益與取樣可能性的考量下，有關較多的組數與較多的組內樣本數哪一個重要，是一個較有意義的問題。前面所舉出的三篇論文都提到了這個問題，讀者可以參考之。

5.5 隨機問題

常見問題四：多層次分析當中的係數可以是非隨機且對於各組都是固定值，也可以是非隨機但是在各組間是變動，也可以是隨機的（也就是自成一個變數）。這些不同的作法應如何選擇？不同的選擇之間有何差異？

也是一樣的，這個問題的答案，也是隨著不同的狀況而有不同。如果模型中帶有隨機斜率，或是模型中僅有一個隨機截距時，狀況都不盡相同。當模型中，組間與組內迴歸係數的相對大小，以及個體層次變異數與總體層次變異數的比例，也都會影響這個問題的答案。為了簡化說明，我們將說明增加一個隨機截距或隨機斜率後，對於固定效果估計的影響。此一改變的影響可大可小，取決於第一層變異數 σ^2 的大小與第二層變異數 τ^2 的大小。

5.5.1 ANCOVA、RANCOVA 與簡單迴歸

首先，我們來看看共變數分析，模型為：

$$\underline{y}_{ij} = \alpha_j + \beta x_{ij} + \underline{\varepsilon}_{ij} \tag{5.16}$$

上式看起來很類似於一般迴歸模型（OLS），從截距的下標 j 來看，我們可以預期各組的截距有所不同。而由於截距為平均數（在此處應為調整後平均數），各組平均數是假設有所不同。在一個 ANCOVA 模型，平均數的比較是主要的焦點，因此每一組有其自己的截距，而截距是被設定為固定的，數值未知。所有的組都有相同斜率 β 的迴歸線。

相對應的隨機係數模型，稱爲 RANCOVA，看起來非常相似，所不同的是截距並不只是變動的數值（如公式 5.16），而且是隨機。在公式 5.17 中，α 項帶有底線。截距是變動的或隨機的，不僅具有統計上的重要性，也有理論上的意義。RANCOVA 的模型如下：

$$\underline{y}_{ij} = \underline{\alpha}_j + \beta x_{ij} + \underline{\varepsilon}_{ij} \tag{5.17a}$$

$$\underline{\alpha}_j = \alpha + \underline{\delta}_j \tag{5.17b}$$

ANCOVA 與 RANCOVA 最重要的差異在於概念層次，公式 5.16 的 α_j 項可爲任何一組數值，他們可能非常的不一樣，也可能是二分的數值，或是其中的截距特別大，其他的差不多，諸如此類。相對的，公式 5.17a 的 $\underline{\alpha}_j$ 項，則假設是來自一個平均數爲 α，變異數爲 τ^2 的常態分配母體中的一個隨機樣本。此一假設使得截距項數值具有某種規律，尤其是當組數很大時。

同時，我們也可以觀察到一個現象，當總體層次的變異數 τ^2 爲 0 時，公式 5.17b 當中即沒有殘差項，而 RANCOVA 模型成爲 $\underline{y}_{ij} = \alpha + \beta x_{ij} + \underline{\varepsilon}_{ij}$，如此即成爲一個傳統的線性迴歸模型而不是共變數模型，因爲 α 爲一常數，在組間不會有任何變化。

公式 5.16 與 5.17 相比較的結果，我們可以發現 ANCOVA 的平均數結構非常清楚，每一組有一條迴歸線，而各迴歸線呈現平行（參見第三章的圖 3.1）。在 RANCOVA，則僅有一條迴歸線，但是變異數的結構較爲清楚（參見第三章的圖 3.4）。特別是在同一組的觀察值具有相關時，結構更爲明確。另一個兩者的主要差異，是在 ANCOVA 中，我們主要是以平均數來進行模型的分析，但是在 RANCOVA，則主要是依賴變異數與共變數的分析。這些差異也在第三章的第 3.3 節與 3.4 節的圖形中可以看出來（註 4）。

另外，比較 ANCOVA 與 RANCOVA 對於 β 係數的最大概似估計值的差異也是非常有意思。Longford（1993）曾經進行詳細的說明。我們在此僅作大略的說明。

爲了解釋的完整性，我們仍再一次與一般的 OLS 迴歸分析（僅有一個變異數成分 σ^2，各組的截距 α_j 均等於 α）進行比較。如果我們從 OLS 迴歸轉向 ANCOVA，我們可以看到讓截距可以自由變動後對於斜率的影響，如果在轉向 RANCOVA，我們可以看到讓截距成爲一個隨機變數的影響。我們所說的所有的 β 係數估計值，都是組間迴歸係數 b_B 的加權平均數，以及組內迴歸係數 b_W，在 ANCOVA 與 RANCOVA 模型中都是不偏估計值。

我們的起點在於典型的脈絡方程式（公式 2.7），我們再一次的列於下：

$$b_T = \eta^2(x)b_B + (1 + \eta^2(x))b_W \tag{5.18}$$

記得 $\eta^2(x)$ 是組內相關的平方，也就是組間變異數所佔的比例。此一公式告訴我們如果我們進行簡單迴歸（也就當斜率估計值爲 b_T 時）轉向 ANCOVA（也就當斜率估計值爲 b_W 時），將會發生什麼事。如果 $\eta^2(x)$ 接近 0，全體迴歸係數 b_T 與組內迴歸係數 b_W 將會接近相等。當組間平均數差異很小時，此一現象就會發生。同樣的，如果 b_B 與 b_W 接近相等時，不論 $\eta^2(x)$ 多大，b_T 都會接近 b_B 與 b_W。

當 RANCOVA 爲平衡組設計時，每一組的觀察值數目相等，最大概似估計的關係式會非常類似公式 5.18。雖然因爲涉及到變異成分，關係式會顯得較爲複雜，但是結構基本上是一樣的。兩者都是 b_B 與 b_W 的加權平均數，權數爲沒有負值，且總和爲 1。斜率的最大概似估計值公式如下：

$$\hat{\beta}_{ML} = \frac{\lambda^2\eta^2(x)}{\lambda^2\eta^2(x) + (1 - \eta^2(x))} b_B + \frac{(1 - \eta^2(x))}{\lambda^2\eta^2(x) + (1 - \eta^2(x))} b_W \tag{5.19}$$

而

$$\lambda^2 = \frac{\sigma^2}{\sigma^2 + n\tau^2} \tag{5.20}$$

λ^2是第一層變異數σ^2與組間變異數ω^2的比值。我們在第 5.3 節已經討論過，$\omega^2 = \sigma^2 + n\tau^2$。

RANCOVA 的β係數最大概似估計值（$\hat{\beta}_{ML}$）將介於b_B與b_W兩個極端數值之間。如果所有的變異數都存在第一層時，λ^2=1；也就是說，如果第二層的變異數爲τ^2=0，則$\hat{\beta}_{ML} = b_T$。這是有意義的，因爲我們剛剛提到，在這種情況下，RANCOVA 會變成帶有一個固定截距α的簡單線性模型。

如果組間變異數與第一層變異數σ^2相比之下大了許多，則λ^2接近 0，$\hat{\beta}_{ML}$會接近 ANCOVA 的估計值b_W。如果組內樣本數非常大時，就會發生這個狀況，因爲$n\tau^2$會很大。

如果$\eta^2(x)$=1，也就是說如果 x 是一個整體層次的變數而沒有組內變異數時，則$\hat{\beta} = b_B$；相反的，如果 x 是一個平減後的個體層次變數而沒有組間變異數時，則$\hat{\beta} = b_W$。

因此，對於如果把截距設定爲隨機會發生什麼事這個問題的回答，仍然是很無奈的且不令人滿意的一句話：視狀況而定。讓我們比較一下 ANCOVA 與 RANCOVA 兩者，如果$n\tau^2$很大（也就是第二層變異數或組內樣本數很大，或兩者很大時），兩者將不會有很大的差異。此時λ^2接近 0。公式 5.19a 中b_B的權數會接近 0，導致 RANCOVA 中的最大概似估計值會接近b_W。同理，如果$\eta^2(x)$很小，兩種模型也不會有很大的差異。對於 RANCOVA 若與簡單迴歸有別，在$\hat{b}_B$與$\hat{b}_W$之間必定有相當程度的差異。但是即使$\hat{b}_B$與$\hat{b}_W$之間非常不同，若截距變異數τ^2非常小，我們仍然會得到$\hat{\beta}_{ML}$接近b_T的結果。

5.5.2 固定與隨機斜率

如果隨機斜率也考慮進來，事情就更不單純了。此時本節的問題就變成了：讓我們先估計斜率變異數爲 0（也就是斜率爲固定值）的子模型中的斜率與截距，然後估計模型當中的斜率（但是不加上「讓 β 爲隨機」這個條件）。此時截距與斜率的 $\hat{\alpha}$ 與 $\hat{\beta}$ 的估計會發生什麼事？

讓我們先看一個帶有一個解釋變數的簡單模型：

$$\underline{y}_{ij} = \alpha_j + \underline{\beta}_j x_{ij} + \underline{\varepsilon}_{ij} \tag{5.20a}$$

斜率與截距都是隨機：

$$\underline{\alpha}_j = \alpha + \underline{\delta}_{0j} \tag{5.20b}$$

$$\underline{\beta}_j = \beta + \underline{\delta}_{1j} \tag{5.20c}$$

爲了簡單起見，我們將一些條件加以限定使得模型成爲平衡模型（註 5）：我們假設每一組人數 n 相等，x_{ij} 爲組平減後的資料型態，x_{ij} 變數的平方和（s_j）在各組也相同。進一步的，我們假設第二層變異數 $\underline{\delta}_{0j}$ 與 $\underline{\delta}_{1j}$ 獨立無關，變異數分別爲 τ_0^2 與 τ_1^2。雖然這些限制與重複量數的平衡設計不同，但這些限定使得模型顯得很特別。我們仍然希望我們所推知的結果，即使在這些限定不存在的情況下，仍是真實有用的。

在我們限定這些假設的情況下，經過一些很厭煩的計算程序，我們可以發現 α 的最大概似估計值總是接近調整後平均數。當然，此一調整是以 β 的最大概似估計值來進行的調整，調整的方法近似於公式

5.18 與 5.19，提供了另一組 b_B 與 b_W 的加權平均數。

$$\hat{\beta}_{ML} = \frac{\lambda_0^2 \eta^2(x)}{\lambda_0^2 \eta^2(x) + \lambda_1^2 (1-\eta^2(x))} b_B + \frac{\lambda_1^2 (1-\eta^2(x))}{\lambda_1^2 \eta^2(x) + \lambda_1^2 (1-\eta^2(x))} b_W \quad (5.21a)$$

此時，我們得到兩個組內與組間變異數比值。一個是與隨機截距有關的 λ_0^2，另一個是與隨機斜率有關的 λ_1^2。

$$\lambda_0^2 = \frac{\sigma^2}{\sigma^2 + n\tau_0^2} \quad (5.21b)$$

$$\lambda_1^2 = \frac{\sigma^2}{\sigma^2 + n\tau_1^2} \quad (5.21c)$$

如果 τ_1^2 =0，也就是斜率不是隨機，則公式 5.21a 的估計結果會與公式 5.19a 的結果相同。由這兩個公式的比較，我們可以得知「讓斜率爲隨機」會發生什麼事情。

此時，我們可以進行與第 5.5.1 節相同的討論。如果 $\lambda_0^2 \eta^2(x)$ 比 $\lambda_1^2 (1-\eta^2(x))$ 小很多，則 $\hat{\beta}_{ML}$ 會接近 b_W，讀者若檢閱公式 5.21，可以發現何時這個幾個乘積項會很大，何時會很小。

如果 λ_0^2 與 λ_1^2 大約相等，則 $\hat{\beta}_{ML}$ 會接近 b_T。如果讓斜率設爲隨機，λ_1^2 的估計值將會減小。此時如果其他的條件維持一定，表示 $\hat{\beta}_{ML}$ 會接近 b_B。

依照同樣的邏輯，我們可以探討如果「讓斜率設爲隨機」時，迴歸係數的標準誤會發生什麼改變。但是與第 5.4 節一樣，此時我們必須十分小心，因爲標準誤取決於兩者：我們所假設的模型，以及真實模型。我們可能會提出一個並不正確的模型，例如將斜率設定爲固定，但是事實上是隨機。但是我們也可以假設一個模型帶有隨機斜率但是「事實」上是固定。因爲固定是隨機的一種特殊狀況，也就是說他並不是「錯誤的」。但是我們可以預期，「讓斜率設爲隨機」在兩種情況下，會有非常不同的結果。

如果我們增加更多的變數，然後讓其中一個變數的迴歸係數設定爲隨機，其他則否，讀者會覺得整個問題變得十分複雜，這是一點都不令人訝異的反應。若要進行這類的討論，我們就不得不利用矩陣代數，但這已經超過了本書所預期的目的。

5.6 估計方法與算則

常見問題五。什麼是 FIML，REML，EM，IGLS，RIGLS，EB/ML，OLS，GLS？

Leeuw 與 Kreft（1995）的文章指出，對於**模型**（models）、**技術**（techniques）與**算則**（algorithms）三個概念進行區辨是很重要的一件事。

模型（model），特別是**統計模型**（statistical model），是由一組描述隨機變數之間的關係的方程式所組成。值得注意的是，隨機係數模型雖是在處理固定的預測變數，但是方程式中總是帶著一個隨機項（在本書中以劃底線來表示），由殘差項與（或）隨機係數所組成。模型中通常會有一組未知的參數（parameter），用以描述特殊的模型狀態（instance）。如果我們的模型是個單一常態分佈的隨機變數，則模型的參數就是這個常態分配的平均數與變異數。如同本章對於中心化（平減）的討論所提及的，有時相同的模型（相同的一群隨機變數），可以不同的**參數化**（parameterization）方式來描述其內容。

統計技術（statistical technique）是一種功能（或軟體），可以把資料輸入，製造出未知參數的數值。更廣義來說，統計技術是將資料轉換成一組統計數，這些統計數可以用來估計模型的參數，但是也可以作爲描述統計量，或產生圖或表。統計技術通常是透過將**統計原理**（statistical principle）應用到一個模型之上而發生功能。統計原理可能是最大概似法，或是最小平方法，諸如此類。如果模型是多層次這種特殊的模型，那麼應用最大概似法的統計原理，就是要我們去計算模型參數的最大概似估計值。

技術是透過**算則**（algorithm）來實踐。當我們決定使用最大概似估計值來估計模型參數，我們仍然可能使用不同的算則來進行運算。事實上，說得更明確的話，我們可以說即使選擇了某種算則，也不完全決定我們能做什麼。在許多情況下，去比較使用相同算則的不同電腦軟體是有意義的，就好像我們說相同的技術背後有不同的算則是一樣的道理。

對於上述三個名詞有所區分之後，我們可以開始來討論一些在多層次分析常用的技術與算則。在第一章當中，我們已經討論了不同的模型與進行算則應用的不同電腦軟體。

在多層次模型，學者所取用的最重要統計原則是**最大概似法**（maximum likelihood）。然而，名詞的使用有時會有一些混淆，因爲人們可能取用相同的統計原理，但是處理方法略有不同。多層次模型把依變數以 $\underline{y}$ 來描述，然後應用最大概似法在模型參數的估計。$\underline{y}$ 的分配被假設爲常態分配，平均數決定於迴歸係數（本書的符號爲 γ_{st}），變異量數則決定於變異成分，我們以 ω_{st} 與 σ^2 來表示。這些參數有其相對應的技術來估計，簡單來說就是最大概似法，但是有時也稱爲**完全訊息最大概似法**（full information maximum likelihood; FIML）。

另外替代的作法，是我們可以將最大概似原理應用到最小平方殘差的估計，稱爲**限制性或殘差最大概似法**（restricted or residual maximum likelihood; REML）。意味著我們必須先移除固定變數的效果。記住，模型中的殘差與固定效果是沒有關連的。殘差的分配也是常態，因爲從 $\underline{y}$ 計算殘差只是把加權的總和拿掉而已。但是殘差的分配不再受到固定效果的估計值（γ_{st}）的影響，僅受到變異成分的影響。

因此，應用最大概似法來估計殘差，意味著我們不能估計迴歸係數。這時，並不能盡符我們的需要，因此我們可以納入其他的原則來估計迴歸係數。此時其他的原則爲**一般**或**加權最小平方法**（generalized or weighted least squares; GLS），其中我們使用估計變異成分去建立權數矩陣。

其他的原則也可以拿來應用，例如**貝氏**（Bayes）與特殊的**實證貝氏**（empirical Bayes），在一個完全的貝氏取向中，未知的參數被視爲是已知分配的隨機變數，如此一來，貝氏迴歸就非常類似於隨機係數迴歸。隨機係數的分配遵循先驗的分配。在完整的貝氏統計學中，我們運用先驗的分配於貝氏定理中，來計算參數的實證分配。其中導出十分複雜的計算過程，這個過程經常是透過**馬可夫鏈**（Markov chain）**蒙地卡羅算則**（Monte Carlo algorithm）來完成，例如**吉柏司樣本法**（Gibbs sampler）。在實證貝氏，我們並不假設一個先驗的分配是完全已知，但是我們需假設他取決於一些已經被我們估計得出的未知參數。因此此一取向非常近似於隨機係數或多層次取向。事實上，實證貝氏法基本上就等於是最大概似法。

如果今天算則是我們所關心的主題，那麼就有很多選擇了。HLM 軟體（Bryk et al., 1996）使用的是 EM 算則來計算出 REML 的估計值，以及一些特殊步驟來加速**收斂**（convergence）。EM 算則是一種普遍用來當資料中具有遺漏值（或隨機參數）時來計算最大概似估計值的作法。這種特殊形式的概率提出一種逼近我們要求得最大化複雜函數的一個簡單方法，在最大化這個簡單函數的每個步驟，我們會形成一個新的且較佳的逼近值。EM 是建立在這種必定會收斂，但是很費時的這種運算過程中。

Gauss-Newton 法，在多層次分析中被稱爲**計分法**（method of scoring），在每次的**疊代**（iteration）過程中，需要另外進行一些工作，但是由於可以加速收斂的速度，因此需要較少的疊代。此一方法是建立在較接近概似函數的基礎上，可以應用於 FIML 與 REML 兩種方法。VARCL 軟體（Longford, 1990）就是使用 FIML 法。兩種方法都可以應用在 MLn 軟體，而 IGLS 是應用未受限的最大概似估計（FIML），RIGLS 應用受限的最大概似估計（REML）。後面兩種軟體是基於當如果我們知道變異成分後，概似函數只是簡單的去估計最佳的迴歸係數，或是當如果我們知道迴歸係數後，概似函數去估計最佳的變異成分的這種計算過程中。因此，我們有兩種代替這兩種最小化的技術。第一是先猜測變異成分，然後以 GLS 法來求出最佳的迴歸係數。當給定了迴歸係數之後，我們可以以變異成分的二次函數來逼近概似函數。我們也可以以 GLS 來進行最小化程序，來找出新的變異成分，諸如此類。

對於這些技術與算則的細節的瞭解超過本書的範圍，我們希望讀者不要被這些英文縮寫給徹底打敗，同時也能夠區別 REML 與 RIGLS 等這些名詞的不同。REML 是定義一個能夠被最小化的**損失函數**（loss function），也就是一種統計技術；而 RIGLS 則是定義可求得特定損失函數最小化的一種方法。

5.6.1 FIML 與 REML 何者爲佳?

有關 FIML 與 REML 法的選擇，與某些原因有關。一方面是因爲兩種方法在 MLn 軟體都提供，其中 IGLS 是用來計算 FIML 估計值，RIGLS 是用來計算 REML 估計值，但是如何以及爲何選擇哪一種方法，則不是十分清楚。在 Bryk 與 Raudenbush（1992）的軟體中，REML 有時表現的比 FIML 法來得好，尤其是較小的資料庫。所謂小的資料庫是指組數較少，而不是每一組人數。REML 法是在固定效果被估計後才計算殘差。Goldstein（1995）在他的書中討論了兩種方法的差異，但是也沒有清楚的指出哪一種方法應該使用在哪一種情況下。只留下一些資訊以及模擬研究的結果。從這些資訊中，我們得知所有的估計方法中，對於變異成分估計最重要的條件是要有足夠數量的組數。

因爲蒙地卡羅的模擬是評估多層次估計方法的統計特性的技術，我們在此報告一些模擬研究的結果。

這些研究是基於對於某些參數進行人爲操弄產生的資料進行重複估計的結果，因此並非完備的結果。多數的模擬是以低度組內相關（$r \leq 0.25$）所進行，以符合多數社會科學研究的特性。兩個研究探討了固定參數估計值（γ）的特性（Kim, 1990; van der Leeden and Busing, 1994），兩個研究檢驗變異成分在不同估計方法時的特性（Busing, 1993; van der Leeden, & Busing, 1994）。後面兩個研究的結果在第 5.6.3 節中描述，而有關 Kim 的研究設定則請參考第 5.4.2 節的介紹。

5.6.2 固定係數估計方法的影響

Kim 所比較的各種估計方法包括 OLS、GLS、與 EB/ML 法（REML 形式）。結果顯示在各種條件之下，估計的結果是相同的，同時研究結果也顯示，若要獲得不偏的估計值，不一定要用到像 EB/ML 法這種複雜度高的技術。他所比較的幾種方法都可以獲得不偏估計值。

我們重新計算 Kim 研究所獲得的固定參數估計值的效能，來進行 OLS、GLS 與 EB/ML 三種估計法的比較。可以發現 GLS 與 EB/ML 法的 γ 估計值是相同的。在 OLS 與 EB/ML 法之間則有些微的差異，OLS 法的結果會有較大的估計變異數。但是在大樣本的情況下就不會這樣，OLS 與其他兩種方法在大樣本時對於 γ 的估計並沒有差別。OLS 法的效能在各種條件下都可以達到 0.90 的水準，若與其他方法相比之下有較低的效能的話，表示該方法要獲得更多的觀察值才能獲得相同的效能水準。整個的結論大致如下：

- 在隨機係數模型中，GLS 對於固定參數的估計可獲得理想的結果。
- OLS 在估計隨機係數的起始值的軟體設定，效能稍微低了一些。
- GLS 與 EB/ML 法具有相同的效能。
- 所有三種方法所得到的 γ 估計值都是不偏的。

Van der Leeden 與 Busing（1994）也進行了 OLS、GLS 與 RIGL（也就是 HLM 中的 REML 法）三種估計方法在處理跨層級估計值上的比較。研究結果就如同 Kim 的研究發現，這三種方法對於跨層級的 γ 估計都沒有差別。而且這三種估計法都可獲得不偏估計值。

5.6.3 變異成分估計法

Busing（1993）與 van der Leeden（1994）針對變異成分的估計方法進行模擬研究。前者是以以非限定方法（IGLS or FIML）來估計變異成分，後者則是以限定方法（RIGLS or REML）來估計變異成分。兩個研究都是使用 MLn 軟體（Rasbash et al., 1990）來進行參數估計，估計方法是在不同樣本大小、組內相關、組數等條件下來進行比較。研究的條件如下：

- 0.20、0.40、0.60、0.80 的組內相關
- 截距與斜率之間具有 0.25、0.50、0.75 的相關
- 樣本數，為下面有關組數與組內樣本數等各條件的組合
- 組數：5、10、25、50、100、300
- 組內樣本數：5、10、25、50、100
- 斜率、截距、斜率與截距的共變數等各變異成分以及標準誤的相對不偏性的結果
- 每個狀況都進行 1000 次重複

變異成分以 IGLS 與 RIGLS 估計的比較發現，RIGLS 是比較不會產生偏誤但效能較差的估計方法，因此很難說兩種方法哪一種較為理想。同時估計的複雜度與估計效能之間的消長在不同的情況下也顯得沒有規則。這些研究的作者也無法對於何時該用何種方法給出一個明確的建議。

這兩個研究指出，在第一次疊代後所報告出來的變異成分的 GLS 估計值，比起在收斂之後得到的估計值，精確度較低。對於 IGLS 與 RIGLS 兩種方法，隨著疊代的進行，各疊代的均方誤降低，截距的變異成分估計值的精確度則會增加。相對於前面一節有關固定效果的研究，隨機效果的估計會隨著疊代的進行而會有所改善。

5.6.4 結論

模擬研究的結果指出，以 OLS、GLS、REML 三種估計法來進行固定效果的估計都可得到不偏估計的結果。這三種方法在固定效果估計上的差異在於運作的效率。OLS 法在分析大型資料時，雖然可得到不偏估計值，但是效能較差。對於變異成分的估計，各估計法何者較佳並沒有清楚的定論。一般來說，RIGLS（REML）會比 IGLS（FIML）偏誤較小，但是 RIGLS（REML）的缺點是較不精確。

5.7 多元共線性

常見問題六：多元共線性在多層次分析中的問題有多嚴重？

在典型的迴歸分析中，多元共線性是一個非常重要的議題。在 Belsley（1991）的著作中有一完整的討論。在多層次分析，多元共線性也是非常重要的問題。在一個完整的多層次模型中，我們會有三種預測變數：第一層解釋變數、第二層解釋變數與跨層級交互作用（爲第一層與第二層變數的乘積），這些變數可以區分爲組間與組內兩部分：

$$x_{ij} = x_{.j} + (x_{ij} - x_{.j}) \quad (5.22)$$

上式中的組平均數 $x_{.j}$ 與離均差 $x_{ij}-x_{.j}$ 彼此獨立無關，第二層變數的組內變異則為 0。若第一層解釋變數進行組平減後，組間成分亦為 0，此時組平減後的第一層變數與第二層變數也是無關的。再者，如果第一層解釋變數經過組平減，則與任何一個第二層解釋變數的跨層級交互作用都無關。

如果我們在多層次模型中再增加一個跨層級交互作用，會造成何種影響值得觀察。在第四章當中，我們已經看到交互作用會壓制第一層的主要效果，導致一些不穩定的情況發生。

如果忽略多層次模型不只具有一個變異成分這個特性，我們可以套用增加變數來偵測跨層級交互作用增加的影響的一般理論（Weisberg, 1985 第 2.4 節），亦即增變數理論（added-variable theory）來瞭解這個現象。

假設我們利用一組解釋變數 $x_1, x_2, \ldots x_p$ 來進行迴歸分析，若我們增加一個額外的變數 z，會有兩個議題：

- 如果增加 z 變數後，$\beta_1,\ldots,\beta_p$ 會產生什麼變化？
- z 變數的迴歸係數 γ 為何？

對於第一個問題的回答很簡單，如果對於 y 以 z 變數作迴歸，計算出殘差為 $\tilde{y}$。我們也對每一個 x 變數以 z 變數作迴歸，計算出殘差為 $\tilde{x}_1,\ldots,\tilde{x}_p$。然後我們可以 $\tilde{y}$ 以 $\tilde{x}_1,\ldots,\tilde{x}_p$ 這一組變數作迴歸，計算出 $\tilde{\beta}_1,\ldots,\tilde{\beta}_p$ 這一組係數。此時新的 $\tilde{\beta}$ 係數就是我們增加了 z 變數之後，從 $\tilde{x}_1,\ldots,\tilde{x}_p$ 進行迴歸分析所得到的 β 係數。如果 z 變數是跨層級交互作用，意味著在進行迴歸分析之前，我們已經從第一層及第二層抽離了跨層級交互作用的效果。如果 z 變數與任一個 x 變數的相關很高，很明顯的這個 x 變數的變異將會被大量移除，他的 β 係數值就會有很明顯的改變。

第二個問題也可以利用相同的邏輯來分析，為了計算新增加的 z 變數的 γ 係數，我們可以把 y 以 $\tilde{x}_1,\ldots,\tilde{x}_p$ 進行迴歸分析，計算出新的

殘差項 y^{+}，然後把 z 變數也以 $\tilde{x}_1,\ldots,\tilde{x}_p$ 進行迴歸分析，計算出殘差項 z^{+}，最後把 y^{+} 以 z^{+} 作迴歸，即可得到 γ 係數。如果 z 變數是跨層級交互作用，意味著在進行迴歸分析之前，我們已經從第一層及第二層抽離了與 z 有關的效果。如果我們假設在進行這項移除之後，已經沒有什麼有關 z 變數的訊息被留下來，因此 z 變數的迴歸係數就會非常不穩定。

由於多層次分析具有一個以上的變異成分，因此前面所討論的狀況相對是很單純的，第四章中即有一些複雜的模型，數學計算過程非常複雜，尤其是當我們把跨層級交互作用以隨機項來處理之時，算式更是複雜。因此我們僅作上述的討論，另外再以一些數據來示範。

在完整的 NELS88 資料庫中，我們選擇[家庭作業]與[SES]變數（在本節各以 H 與 S 來表示），然後以聚合程序計算出各校的[平均家庭作業]與[平均社經地位]兩個第二層變數（各以 $\overline{H}$ 與 $\overline{S}$ 來表示）。我們可以得到四個跨層級交互作用項：$\overline{H}H$、$\overline{H}S$、$\overline{S}H$、$\overline{S}S$。以[數學成績]（以 M 表示）作為依變項，因此共有九個變數。這九個變項的相關係數矩陣列於表 5.3。

表 5.3　第一層、第二層與跨層級交互作用項的相關係數矩陣（下三角形內為原始分數相關矩陣，上三角形為組平減分數相關矩陣）

	H	S	$\overline{H}$	$\overline{S}$	$\overline{H}H$	$\overline{H}S$	$\overline{S}H$	$\overline{S}S$	M
H	.	0.11	0.00	0.00	0.97	0.12	0.05	-0.01	0.19
S	0.21	.	0.00	0.00	0.11	0.97	-0.01	-0.19	0.25
$\overline{H}$	0.38	0.34	.	0.52	0.00	0.00	0.00	0.00	0.30
$\overline{S}$	0.20	0.65	0.52	.	0.00	0.00	0.00	0.00	0.45
$\overline{H}H$	0.93	0.28	0.63	0.34	.	0.12	0.18	-0.00	0.18
$\overline{H}S$	0.23	0.96	0.39	0.66	0.33	.	-0.00	-0.06	0.24
$\overline{S}H$	0.21	0.52	0.48	0.81	0.40	0.59	.	0.07	0.01
$\overline{S}S$	0.07	0.02	0.21	0.18	0.16	0.19	0.29	.	-0.01
M	0.29	0.48	0.30	0.45	0.33	0.47	0.37	0.07	.

表 5.3 的下三角形中，[家庭作業]與[SES]變數爲原始分數的資料型態，上三角形則是組平減的資料型態。很明顯的，在對角線以上的相關係數都比較小，很多相關係數都爲 0 或接近 0。顯示如果把第一層變數進行組平減處理後，多元共線性問題並不嚴重。但是我們仍可以看到非常高的相關係數，例如 H 與 $\overline{H}H$ 之間，S 與 $\overline{H}S$ 之間。這是因爲[家庭作業]（H）的變異，幾乎全發生在組（學校）內，因此[平均家庭作業]（$\overline{H}$）在各校之間就沒有差異，帶有[平均家庭作業]（$\overline{H}$）的跨層級交互作用 $\overline{H}H$ 與 $\overline{H}S$ 幾乎等於原來的第一層的 H 變數。造成 S 與 $\overline{H}S$ 的迴歸係數會非常不穩定。不僅在原始資料時如此，在組平減資料中亦然。此外，S 變數的變異多存在於學校之間，因此 $\overline{S}H$ 與 H 會有很大的不同，而會接近 $\overline{S}$。

從相關係數的分析可以得到兩個結論：第一，即使在固定係數模型，跨層級交互作用的使用會有很大的問題。在原始資料型態的模型中，甚至於組平減的模型，估計結果會十分不穩定。整體來說，組平減程序可以減緩多元共線性的威脅。第二層解釋變數與第一層解釋變數及跨層級交互作用變數兩者之間的相關接近 0，表示我們只要擔心跨層級交互作用與相對應的第一層解釋變數的高相關問題就好了。

註解：

1. 該網路社群為 multilevel@mailbase.ac.uk，想參與社群討論者，僅需寄出一封主旨為：join multilevel your name 到前述地址即可，參與者可以張貼意見給所有會員。利用網際網路者可由下列網址獲得協助：http://www.ioe.ac.uk/multilevel 或 http://www.medent.umontreal.ca/ 與 http://www.edfac.unimelb.edu.au/multilevel/ 加以連結。

2. 假設迴歸方程式右項為 $\alpha+\beta x$，在 x 變數上增加一個常數 c，截距會變成 $\alpha-\beta c$，因為 $\alpha+\beta x=(\alpha-\beta c)+\beta(x+c)$。

3. 依循 Snijders 與 Bosker（1994）的說法，我們將使用「模式變異」（modeled variance）一詞以避免混淆。

4. 這是一個討論混淆原因的好機會，我們在第 3.9 節已經有所提及。在 RANCOVA 模型中，有一個基本的參數τ^2，亦即隨機截距$\underline{\alpha}_j$的變異數。此一變異數反應了截距在不斷獨立重複實驗後的變異情形，我們假設所有的截距都有相同的變異數。在 ANCOVA 中，模型中則無截距變異數，但是我們仍可以計算出 m 個固定截距的變異數，用以反應截距變動的情形。最後，我們可以計算 m 個 ANCOVA 的估計數$\hat{\alpha}_j$的變異數，這所有的變異數的概念都是有關聯的，但是卻不相同。說明了模型特性的差異，主要是看參數估計量的差別。

5. 從更一般性的情況下可以得到更多結果，但是看起來會非常複雜，或是需要用矩陣來說明。

附錄　NELS88 資料庫編碼表

SEX　COMPOSITE SEX
性別

Label	Code	次數	%
Male 男	1	10564	0.49
Female 女	2	11016	0.51

RACE COMPOSITE RACE
種族別

Label	Code	次數	%
Asian or Pacific Islander	1	1277	0.06
Hispanic, regardless of race	2	2633	0.12
Black, not of Hispanic origin	3	2480	0.11
White, not of Hispanic origin	4	14933	0.69
American Indian or Alaskan Native	5	257	0.01

BYS79A TIME SPANT ON MATH HOMEWORK EACH WEEK
每週做數學作業時間

Label	Code	次數	%
None	0	1779	0.08
less than 1 hour	1	8949	0.41
1 hour	2	4942	0.23
2 hours	3	2285	0.11
3 hours	4	1653	0.08
4-6 hours	5	1563	0.07
7-9 hours	6	262	0.01
10 or more	7	147	0.01

G8CTRL SCHOOL CONTROL COMPOSITE
學校類型

Label	Code	次數	%
Public school	1	16952	0.79
Catholic school	2	2327	0.11
private, other religious affiliation	3	944	0.04
private, no religious affiliation	4	1357	0.06

BYSES SOCIO-ECONOMIC STATUS COMPOSITE
社經地位

Mean	-0.04
Variance	0.63

BYPARED PARENTS' HIGHEST EDUCATION LEVEL
父母最高教育水準

Label	Code	次數	%
Did not finish H.S.	1	2116	0.1
H.S. grad or GED	2	4099	0.19
GT H.S. & LT 4yr degreee	3	8627	0.4
College graduate	4	3341	0.15
M.A. or equivalent	5	2086	0.1
Ph.D., M.D., other	6	1311	0.06

BYTXMNR MATHEMATICS NUMBER RIGHT
數學答對題數

Mean	51.01
Variance	103.72

BYSC47D CLASSROOM ENVIRONMENT IS STRUCTURED
班級環境結構性

Label	Code	次數	%
Not at all accurate	1	213	0.01

	2	439	0.02
	3	2360	0.11
	4	10588	0.49
very much accurate	5	7980	0.37

BYSCENRL　TOTAL SCHOOL ENROLLMENT COMPOSITE
學校規模

Label	Code	次數	%
1-199 students	1	1045	0.05
200-399	2	4331	0.2
400-599	3	5404	0.25
600-799	4	4666	0.22
800-999	5	2911	0.13
1000-1199	6	1584	0.07
1200+	7	1639	0.08

G8URBAN　URBANICITY COMPOSITE
都會與城鄉

LABEL	Code	次數	%
Urban	1	6500	0.3
Suburban	2	8998	0.42
Rural	3	6082	0.28

G8REGON　COMPOSITE GEOGRAPHIC REGION OF SCHOOL
學校所在地理區域

Label	Code	次數	%
NORTHEAST	1	4246	0.2
NORTH CENTRAL	2	5659	0.26
SOUTH	3	7470	0.35
WEST	4	4205	0.19

G8MINOR　PERCENT MINORITY IN SCHOOL
學校中的少數民族比例

Label	Code	次數	%
None	0	2760	0.13
1-5%	1	4905	0.23
6-10%	2	2478	0.11
11-20%	3	2928	0.14
21-40%	4	3173	0.15
41-60%	5	1879	0.09
61-90%	6	1943	0.09
91-100%	7	1514	0.07

BYRATIO　COMPOSITE STUDENT-TEACHER RATIO
生師比

Label	Code	次數	%
10 and below	10	1451	0.07
	11	780	0.04
	12	599	0.03
	13	1514	0.07
	14	1665	0.08
	15	1895	0.09
	16	2002	0.09
	17	1486	0.07
	18	1924	0.09
	19	1426	0.07
	20	1043	0.05
	21	1161	0.05
	22	800	0.04
	23	1009	0.05
	24	522	0.02
	25	523	0.02

26	455	0.02
27	241	0.01
28	294	0.01
29	239	0.01
30	524	0.02

參考文獻

Aiken, L. S., & West, S. G. (1991). *Multiple Regression: Testing and interpreting interaction*. Newbury Park, CA: Sage.

Airy, G. B. (1861). *On the Algebraical and Numerical Theory of Errors of Observations and the Combination of Observations.* Macmillan, London.

Aitkin, M. A., & Longford, N. T. (1986). Statistical modeling issues in school effectiveness studies. *Journal of the Royal Statistical Society A, 149*, 1-43.

Barcikowski, R. S. (1981). Statistical power with group mean as the unit of analysis. *Journal of Educational Statistics, 6*(3), 267-85.

Baron, R. M., & Kenny, D. A. (1986). The moderator-mediator variable distinction in social psychological research: Conceptual, strategic, and statistical considerations. *Journal of personality and Social Psychology, 51*, 1173-82.

Bassiri, D. (1988). *Large and small sample properties of maximum likelihood estimates for the hierarchical linear model*. Ph.D. thesis, Department of Counseling, Educational Psychology and Special Education, Michigan State University.

Belsley, D. A. (1991). *Conditioning Diagnostic.* Wiley, New York.

Beran, R., & Hall, P. (1992). Estimating coefficient distributions in random coefficient regressions. *Annals of Statistics, 20,* 1970-84.

Boyd, L. H., & Iversen, G. R. (1979). *Contextual Analysis: Concepts and Statistical Techniques.* Wadsworth, Belmont, CA.

Bryk, A. S., & Raudenbush, S. W. (1992). *Hierarchical Linear Models: Applications and Data Analysis Methods*. Sage Publications, Newbury Park, CA.

Bryk, A. S., Raudenbush, S. W., Seltzer, M., & Congdon, R. T. (1988). *An introduction to HLM: Computer Program and User's Guide*. University of Chicago.

Bryk, A. S., Raudenbush, S. W., & Congdon, R. T. (1996). *HLM: Hierarchical Linear and Nonlinear Modeling with the HLM/2L and HLM/3L Programs*. Scientific Software international, Chicago.

Burstein, L. (1980). The analysis of multilevel data in educational research and evaluation. *Review of Research in Education, 8*, 158-233.

Burstein, L., Linn, R. L., & Capell, F. J. (1978). Analyzing multilevel data in the presence of heterogeneous within-class regressions. *Journal of Educational Statistics, 3*, 34-83.

Burstein, L., Kim, K.-S., & Delandshere, G. (1989). Multilevel investigation of systematically varying slopes: Issues, alternatives, and consequences. In R. D. Bock (ed.), *Multilevel Analysis of Educational Data*. Academic Press, New York.

Busing, F. M. T. A. (1993). *Distribution characteristics of variance estimates in two-level models. Preprint PRM 93-04.* Psychometrics and Research Methodology, Leiden. Netherlands.

Chamberlain, G. (1984). Panel data. In Z. Griliches and M. D. Intriligator (Eds.), *Handbook of Econometrics*, Volume 2. North-Holland, Amsterdam.

Chow, G. C. (1984). Random and changing coefficient models. In Z. Griliches and M. D. Intriligator (Eds.), *Handbook of Econometrics*, Volume 2. North-Holland, Amsterdam.

Cochran, W. G. (1977). *Sampling Techniques.* Wiley, New York.

Cohen, M. P. (1995). *Sample sizes for survey data analyzed with hierarchical linear models.* National Center of Education Statistics, Washington, DC.

Coleman, J., Hoffer, T., & Kilgore, S. (1982). Cognitive outcomes in public and private schools. *Sociology of Education, 55*, 162-82.

Cressie, N. A. C. (1991). *Statistics for Spatial Data*. Wiley, New York.

Cronbach, L. J., & Webb, N. (1975). Between class and within class effects in a reported aptitude x treatment interaction: A reanalysis of a study by G. L. Anderson. *Journal of Educational Psychology, 67*, 717-24.

Davidian, M., & Gallant, A. R. (1 992). *NLMIX A Program for Maximum Likelihood Estimation of the Nonlinear Mixed Effects Model with a Smooth Random Effects Density.* Department of Statistics, North Carolina State University, Raleigh, NC.

de Leeuw, J. (1994). Statistics and the sciences. In I. Borg and P. Mohler (Eds.), *Trends and Perspectives in Empirical Social Research*, pp. 139-48. Walter de Gruyter, Berlin.

de Leeuw, J., & Kreft, I. G. G. (1986). Random coefficient models for multilevel analysis. *Journal of Educational Statistics, 11*, 57-86.

de Leeuw, J., & Kreft, I. G. G. (1995). Questioning multilevel models. *Journal of Educational and Behavioral Statistics, 20,* 171-90.

Dielman, T. E. (1992). *Pooled Cross-Sectional and Time Series Data Analysis.* Marcel Dekker, New York.

Diggle, P. J., Liang, K.-Y., & Zeger, S. L. (1994). *Analysis of Longitudinal Data*. Clarendon Press, Oxford.

Draper, D. (1995). Inference and hierarchical modeling in the social sciences. *Journal of Educational and Behavioral Statistics, 20*(2), 115-47.

Duncan, O. D., Curzort, R. P., & Duncan, R. P. (1966). Statistical Geography: Problems in Analyzing Areal Data. Free Press, Glencoe, IL.

Efron, B., & Morris, C. N. (1975). Data analysis using Stein's estimator and its generalizations. *Journal of the American Statistical Association, 74*, 311-19.

Eisenhart, C. (1947). The assumptions underlying the analysis of variance. *Biometrics, 3*, 1-21.

Engel, B. (1990). The analysis of the unbalanced linear models with variance components. *Statistica Neerlandica, 44*, 195-219.

Fisher, R. A. (1918). The correlation between relatives on the supposition of Mendelian inheritance. *Transactions of the Royal Society of Edinburgh, 52*, 399-433.

Fisher, R. A. (1925). *Statistical Methods for Research Workers.* Oliver and Boyd, Edinburgh and London.

Geisser, S. (1980). Growth curve analysis. In P. R. Krishnaiah (ed.), *Handbook of Statistics,* Volume 1. North-Holland, Amsterdam.

Goldstein, H. (1987). *Multilevel Models in Educational and Social Research.* Griffin, London.

Goldstein, H. (1995). *Multilevel Statistical Models.* Edward Arnold, London.

Hartley, H. O., & Rao, J. N. K. (1967). Maximum likelihood estimation for the mixed analysis of variance model. *Biometrika, 54*, 93-108.

Harville, D. A. (l977). Maximum-likelihood approaches to variance component estimation and to related problems. *Journal of the American Statistical Association, 72,* 320-40.

Hastie, T., & Tibshirani, R. (1990). *Generalized Additive Models.* Chapman & Hall, London.

Hastie, T., & Tibshirani, R. (1993). Varying coefficient models (with discussion). *Journal of the Royal Statistical Society B, 55*, 757-96.

Hedekcr, D. (1989). Random regression models with autocorrelated errors. Ph.D. thesis, University of Chicago.

Hedekcr, D. (1989) Random rcgrcssion inodcls with autocorrclatcd crrors. Ph.IJ. thesis, University of Chicago.

Hedeker, D., & Gibbons, R. (1993a). *MIXOR. A Computer Program for Mixed Effects Ordinal Probit and Logistic Regression Analysis.* University of Illinois at Chicago.

Hedeker, D., & Gibbons, R. (1993b). *MIXREG. A Computer Program for Mixed Effects Regression Analysis with Autocorrelated Errors.* University of Illinois at Chicago.

Hedcker, D., & Gibbons, R. D. (1994). A random effects ordinal regression model for multilevel analysis. *Biometrics, 50*, 933-44.

Hemelrijk, J. (1966). Underlining random variables. *Statistica Neerlandica, 20*, 1-7.

Hemmerle, W. J., & Hartley, H. O. (1973). Computing maximum likelihood estimates for the mixed A.O.V. model using the W-transformation. *Technometrics, 15*, 819-31.

Henderson, C. R. (1953). Estimation of variance and covariance components. *Biometrics, 9*, 226-52.

Hsiao, C. (1986). *Analysis of panel Data.* Cambridge University Press, Cambridge.

Jennrich, R., & Schluchter, M. (1986). Unbalanced repeated measures models with structured covariance matrices. *Biometrics, 42*, 805-20.

Johnson, L. W. (1977). Stochastic parameter regression: an annotated bibliography. *International Statistical Review, 45*, 257-72.

Johnson, L. W. (1980). Stochastic parameter regression: an additional annotated bibliography. *International Statistical Review, 48*, 95-102.

Kim, K.-S. (1990). *Multilevel data analysis: A comparison of analytical alternatives.* Ph.D. thesis, University of California, Los Angeles.

Kreft, I. G. G. (1994). Multilevel models for hierarchically nested data: Potential applications in substance abuse prevention research. In L. M. Collins and L. A. Seitz (Eds.), *Advances in Data Analysis for Prevention intervention Research.* Research Monograph 108. National institute on Drug Abuse, Washington, DC,

Kreft, I. G. G., de Leeuw, J., & Kim, K.-S. (1990). *Comparing four different statistical packages for hierarchical linear regression: Genmod, HLM, ML2, VARCL.* Preprint 50. UCLA Statistics, Los Angeles, CA.

Kreft, I. G. G., de Leeuw, J., and van der Leeden, R. (1994) Review of five multilevel analysis programs: BMDP-SV, GENMOD, HLM, ML3, VARCL. *American Statistician, 48*, 324-35.

Kreft, I. G. G., de Leeuw, J., & Aiken, L. (1995). The effect of different forms of centering in hierarchical linear models. *Multivariate Behavioral Research, 30*, 1-22.

Lazarsfeld, P. F., & Menzel, H. (1969). On the relation between individual and collective properties. In A. Etzioni (Ed.), *A Sociological Reader on Complex Organizations*, pp. 499516. Holt, Rinehart k Winston, New York.

Lindley, D. V. and Smith, A. F. M. (1972). Bayes estimates for the linear model. *Journal of the Royal Statistical Society B, 34*, 1-41.

Lindsey, J. K. (1993). *Models for Repeated Measurements*. Clarendon Press, Oxford.

Longford, N. (1993). *Random Coefficient Models.* Oxford University Press, Oxford.

Longford, N. T. (1990). *VARCL: Software for Variance Component Analysis of Data with Nested Random Effects* (Maximum Likelihood). Educational Testing Service, Princeton. NJ.

McMillan, N. J., & Berliner, M. J. (1994). *A spatially correlated hierarchical random effect model for Ohio corn yield. Technical Report 10*. National institute for Statistical Sciences, Research Triangle Park, NC.

Mok, M. (1995). *Sample size requirements for a 2-level designs in educational research*. Macquaric University, Sydney, Australia.

Morris, C. N. (1983). Parametric empirical Bayes inference: Theory and application. *Journal of the American Statistical Association, 78*, 47-65.

National Research Council (1992). Combining Information, Statistical Issues and Opportunities for Research. National Academy Press, Washington, DC.

Pothoff, R. F. and Roy, S. N. (1964). A generalized multivariate analysis of variance model useful especially for growth curve problems. *Biometrika, 51*, 313-326.

Prosser, R., Rasbash, J., and Goldstein, H. (1991). Data analysis with ML3. Technical report. Institute of Education, University of London.

Rao, C. R. (1965). The theory of least squares when parameters are stochastic and its application to the analysis of growth curves. *Biometrika, 52*, 447-58.

Rasbash, J., and Woodhouse, G. (1995). *MLn Command Reference.* Institute of Education, University of London.

Rasbash, J., Prosser, R., and Goldstein, H. (1990). *ML3. Software for Three-Level Analysis. User's Guide*. Institute of Education, University of London.

Rasbash, J., Prosser, R., and Goldstein, H. (1991). *ML3. Software for Three-Level Analysis. User's Guide for V2.* Institute of Education, University of London.

Raudenbush, S. W., and Bryk, A. S. (1986). A hierarchical model for studying school effects. *Sociology of Education, 59*, 1 -17.

Robinson, W. S. (1950). Ecological correlations and the behavior of individuals. *Sociological Review, 15*, 351-7.

Rosenberg, B. (1973). A survey of stochastic parameter regression. *Annals of Economic and Social Measurement, 2*, 381-97.

Rubin, H. (1950). Note on random coefficients. In T. C. Koopmans (ed.), *Statistical*

Inference in Dynamic Economic Models. Wiley, New York.

Samuels, M. L., Casella, G., and McCabe, G. P. (1991). Interpreting blocks and random factors (with discussion). *Journal of the American Statistical Association, 86,* 798-821.

Saunders, D. R. (1956). Moderator variables in prediction. *Educational and Psychological Measurement, 16*, 209-22.

Scheffé, H. (1956). Alternative models for the analysis of variance. *Annals of Mathematical Statistics, 27,* 251-71.

Searle, S. R. (1979). Notes on variance components estimation. A detailed account of maximum likelihood and kindred methodology. Technical report BU-673-M, Biometrics Unit, Cornell University, Ithaca, NY.

Searle, S. R., Casella, G., and McCulloch, C. E. (1992). *Variance Components.* Wiley, New York.

Smith, A. F. M. (1973). A general Bayesian linear model. *Journal of the Royal Statistical Society B, 35*, 67-75.

Snijders, T. A. B., and Bosker, R. J. (1994). Modeled variance in two-level models. *Sociological Methods and Research, 22,* 342-63.

Speed, T. P. (1987). What is an analysis of variance? (with discussion). *Annals of Statistics, 15*, 885-941.

Spjøtvoll, E. (1977). Random coefficients regression models. A review. *Mathematische Operationsforschung und Statistik, 8*, 69-93.

Strenio, J. L. F., Weisberg, H. I., and Bryk, A. S. (1983). Empirical Bayes estimation of individual growth curve parameters and their relationship to covariates. *Biometrics, 39*, 71-86.

Swamy, P. A. V. B. (1971). *Statistical Inference in a Random Coefficient Model.* Springer-Verlag, New York.

Tate, R. (1985). Methodological observations on applied behavioral science. *Journal of Applied Behavioral Science, 21*(2), 221-34.

Thomson, R. (1980). Maximum likelihood estimation of variance components. *Mathematiche Operationsforschung und Statistik, Serie Statistik, 11*, 545-61.

Timm, N. H. (1980). Multivariate analysis of variance of repeated measurements. In P. R. Krishnaiah (ed.), *Handbook of Statistics*, *Vol. 1*, North-Holland, Amsterdam.

van der Leeden, R., and Busing, F. M. T. A. (1994). First iteration versus IGLS/RIGLS estimates in two-level models: a Monte Carlo study with ML3. Preprint PRM 94-03. Psychometrics and Research Methodology, Leiden,

Netherlands.

Velicer, W. F. (1972). The moderator variable viewed as heterogeneous regression. *Journal of Applied Psychology, 56*, 266-9.

Wald, A. (1947). A note on regressions analysis. *Annals of Mathematical Statistics, 18*, 586-9.

Wansbeek. T. J. (1980). *Quantitative effects in panel data modelling.* Ph.D. thesis, University of Leiden.

Weisberg, S. (1985). *Applied Linear Regression* (2nd edition). Wiley, New York.

Wilk, M. B. and Kempthorne, O. (1955). Fixed, mixed, and random models. *Journal of the American Statistical Association, 50*, 1144-67.

Woodhouse, G. (1995). *A Guide to MLn for New Users.* Institute of Education, University of London.

索 引

中文

英文

國家圖書館出版品預行編目資料

多層次模型分析導論／Ita Kreft, Jan de Leeuw著；邱皓政 譯.
--初版.--臺北市：五南，2006［民95］
面； 公分.
譯自：Introducing multilevel modeling
ISBN 978-957-11-4313-2（平裝附光碟片）
1.社會科學－研究方法 2.社會學－研究方法
501.2 95005236

1H41

多層次模型分析導論

作　　者－Ita Kreft, Jan de Leeuw
譯　　者－邱皓政(151.1)
發 行 人－楊榮川
總 編 輯－王翠華
主　　編－張毓芬
責任編輯－侯家嵐
封面設計－鄭依依
出 版 者－五南圖書出版股份有限公司
地　　址：106台北市大安區和平東路二段339號4樓
電　　話：(02)2705-5066 傳　　真：(02)2706-6100
網　　址：http://www.wunan.com.tw
電子郵件：wunan@wunan.com.tw
劃撥帳號：01068953
戶　　名：五南圖書出版股份有限公司
法律顧問　林勝安律師事務所　林勝安律師
出版日期　2006年4月初版一刷
　　　　　2016年2月初版四刷
定　　價　新臺幣450元